Quando a Ciência Encontra a Religião

Ian G. Barbour

Quando a Ciência Encontra a Religião

Tradução
PAULO SALLES

EDITORA CULTRIX
São Paulo

Dados Internacionais de Catalogação na Publicação (CIP)
(Câmara Brasileira do Livro, SP, Brasil)

Barbour, Ian G.
Quando a ciência encontra a religião / Ian G. Barbour ; tradução Paulo Salles. São Paulo : Cultrix, 2004.

Título original : When science meets religion
Bibliografia
ISBN 85-316-0851-1

1. Religião e ciência I. Título

04-5634 CDD-215

Índices para catálogo sistemático:

1. Religião e ciência 215

O primeiro número à esquerda indica a edição, ou reedição, desta obra. A primeira dezena à direita indica o ano em que esta edição, ou reedição, foi publicada.

Edição	Ano
1-2-3-4-5-6-7-8-9-10-11	04-05-06-07-08-09-10-11

Direitos de tradução para o Brasil
adquiridos com exclusividade pela
EDITORA PENSAMENTO-CULTRIX LTDA.
Rua Dr. Mário Vicente, 368 — 04270-000 — São Paulo, SP
Fone: 6166-9000 — Fax: 6166-9008
E-mail: pensamento@cultrix.com.br
http://www.pensamento-cultrix.com.br
que se reserva a propriedade literária desta tradução.

Impresso em nossas oficinas gráficas.

Aos meus netos

Graham Ojala-Barbour
Alexandra Albers
Reed Ojala-Barbour

para as quais, neste início de novo milênio, a ciência e a religião vão continuar suscitando questões relevantes

Sumário

Prefácio

Quando a religião deparou pela primeira vez com a ciência moderna, no século XVII, o encontro foi amigável. Os fundadores da revolução científica, em sua maioria, eram cristãos devotos, que diziam estudar, em seu trabalho científico, a obra do Criador. Já no século XVIII, muitos cientistas acreditavam num Deus que havia planejado o universo, mas não mais num Deus pessoal envolvido ativamente no mundo e na vida humana. No século XIX, alguns cientistas eram hostis à religião — embora o próprio Darwin alegasse que o processo de evolução (mas não os detalhes de cada espécie) havia sido planejado por Deus.

No século XX, a interação da religião com a ciência adotou várias formas. As novas descobertas científicas puseram em xeque muitas idéias religiosas clássicas. Reagindo a isso, algumas pessoas defenderam doutrinas tradicionais, outras abandonaram a tradição e outras ainda reformularam antigos conceitos à luz da ciência. Neste início de novo milênio, há indícios de uma renovação do interesse por esses temas entre os cientistas, os teólogos, a mídia e o público. Seis das questões mais amplamente debatidas são abordadas na seqüência dos capítulos deste livro.

Ciência e Religião: Inimigas, Estranhas ou Parceiras?

Ciência e religião são geralmente vistas como inimigas empenhadas num combate mortal. Nas duas áreas, há algumas pessoas dando uma agressiva continuidade à guerra, especialmente quanto ao tópico da evolução. Mas é possível evitar o conflito se a ciência e a religião forem duas estranhas, ocupando domínios separados, a uma distância segura uma da outra. A ciência, segundo se diz, preocupa-se com relações causais entre fatos, enquanto a religião se preocupa com o sentido e o propósito de nossa vida. Os dois tipos de especulação fornecem perspectivas complementares sobre o mundo, separadas e independentes uma da outra, e não em conflito. No entanto, muitas pessoas, hoje, buscam uma parceria mais construtiva. Afirmam que a ciência levanta questões que ela própria não é capaz de responder. Por que, afinal, existe um Universo? Por que ele tem a ordem que tem, e não outra? Será produto de um planejamento inteligente? Muitos partidários do diálogo têm consciência das limitações do seu próprio campo e não reivindicam a posse de todas as respostas. E alguns teólogos estão reformulando as idéias tradicionais de Deus e da natureza humana, levando em conta as descobertas da ciência ao mesmo tempo em que procuram ser fiéis à mensagem central de sua herança religiosa.

No Princípio: Por que Ocorreu o *Big-bang*?

Os astrônomos têm apresentado provas convincentes de que o Universo primordial expandiu-se de modo muito rápido, a partir de uma bola de fogo minúscula e incrivelmente quente, há quinze bilhões de anos. Mas como podemos explicar o próprio início, no qual as leis da física deixam de valer? O teísta o vê como o instante da criação e o início do tempo. Mas o ateu pode responder que talvez exista uma extensão de tempo infinita, em que vários Universos teriam surgido de modo espontâneo, por mero acaso. Segundo uma outra explicação, talvez exista um Universo oscilante, em que uma fase anterior de contração precedeu a atual fase de expansão. Em qualquer caso, o tamanho e a duração enormes do Universo fazem com que a breve existência da humanidade, num planeta menor, pareça insignificante. A religião encontra a ciência na interpretação da história cósmica.

Física Quântica: Um Desafio às Nossas Concepções da Realidade?

A física clássica era determinista e reducionista ao supor que o comportamento de todos os objetos poderia ser previsto com exatidão a partir do conhecimento preciso de seus menores componentes. A física quântica, ao contrário, admite que há uma incerteza intrínseca na previsão dos eventos nos níveis atômico e subatômico. É também holística, ao mostrar que o comportamento de um todo maior não é simplesmente a soma do comportamento de suas partes, mas envolve leis próprias do sistema. Além disso, o mundo quântico jamais pode ser conhecido como é em si mesmo, mas apenas no modo como interage com o observador num determinado sistema experimental. A física quântica sugere, assim, as possibilidades abertas do futuro, a interconexão dos eventos e as limitações do conhecimento humano. Alguns intérpretes teístas propõem que Deus determina as indeterminações que as leis da física quântica deixam em aberto. Defensores do misticismo oriental dizem que o holismo quântico fundamenta sua crença na unidade essencial de todas as coisas. A nova física tem levado cientistas, filósofos e teólogos a estimulantes discussões sobre o tempo, a causalidade e a natureza da realidade.

Darwin e o Gênesis: Deus Cria por Meio da Evolução?

Todos nós já ouvimos falar nos debates entre cientistas ateus e literalistas bíblicos a respeito da teoria da evolução de Darwin. Mas, entre esses dois extremos, muitos cientistas e teólogos acreditam tanto na evolução quanto em Deus. Do lado científico, novos conceitos de complexidade e auto-organização vêm sendo utilizados para descrever como surge uma hierarquia de níveis superiores. Alguns cientistas têm enfatizado o papel das informações na biologia molecular, na história evolutiva e no desenvolvimento embrionário, e sugerido que a forma das relações é mais importante do que a matéria na qual é expressa. Do lado teológico, muitos autores têm rejeitado a visão medieval de um Universo estático, em que todas as criaturas teriam sido criadas em suas formas atuais. Eles vêm examinando a idéia de um Universo dinâmico, criado durante um longo período de tempo, por um Deus que é imanente à natureza, mas que também a transcende, e afirmam que esse modelo de criação contínua harmoniza-se com a acepção bíblica do Espírito Santo ativo na natureza, assim como na vida humana.

Natureza Humana: Somos Determinados por Nossos Genes?

As comparações entre irmãos gêmeos (de genes idênticos) e não gêmeos (que compartilham a metade dos genes) demonstram que muitas formas de comportamento são fortemente influenciadas pela herança genética. Em outros estudos, demonstrou-se que lesões em certas áreas do cérebro e mudanças no equilíbrio químico cerebral afetam drasticamente certas habilidades mentais. Alguns cientistas concluem que a liberdade humana é ilusória. Outros argumentam que, embora nossas decisões sejam seriamente limitadas por nossos genes e neurônios, ainda podemos fazer escolhas num restrito campo de possibilidades. A dependência entre a vida mental e espiritual e os processos biológicos põe em xeque os tradicionais dualismos corpo/alma e matéria/mente. Tanto os cientistas quanto os teólogos vêm elaborando visões do eu corporificado e social compatíveis com as descobertas da neurociência e da antropologia — e também com a visão bíblica da pessoa como atividade unificada de pensamento, sentimento, vontade e ação. A tarefa, aqui, é mostrar que um ser humano pode ser ao mesmo tempo um organismo biológico e um eu responsável.

Deus e a Natureza: Deus Pode Agir num Universo de Leis Estritas?

Um Deus que planejasse o Universo e em seguida o abandonasse estaria demasiado distante da vida humana para ter importância religiosa. Mas é possível que Deus tenha alguma função permanente num mundo determinado por leis científicas? Uma resposta tradicional é a de que Deus, para atingir finalidades predeterminadas, mantém relações redutíveis a leis e age por meio delas. Mas seria a predestinação compatível com a liberdade humana e com a presença do mal e do sofrimento no mundo? Alguns teólogos têm sugerido que devemos rejeitar a clássica idéia de onipotência divina. Falam de uma autolimitação de Deus, ao criar um mundo no qual a liberdade humana e a regularidade das leis naturais fossem possíveis. Outros empregam conceitos da ciência atual para expressar os modos como Deus pode agir sem violar as leis da ciência — por exemplo, Deus como determinador de indeterminações, ou como transmissor de informações. Alguns dos trabalhos mais criativos de hoje envolvem a colaboração entre cientistas e teólogos, com apoio na experiência contínua de uma comunidade religiosa e, ao mesmo tempo, levando em conta seriamente as descobertas da ciência moderna. Essas questões cruciais são examinadas nos capítulos a seguir.

Introdução

- *Quarenta e cinco por cento dos americanos acreditam que "Deus criou o homem, com uma forma praticamente igual à de hoje, há não mais de 10 mil anos". Quarenta por cento acreditam que "o homem se desenvolveu, durante milhões de anos, a partir de formas de vida menos avançadas, mas o processo foi guiado por Deus". Dez por cento acreditam que Deus não participou do processo. Em outros países de industrialização avançada, a parcela dos que interpretam a Bíblia ao pé da letra e rejeitam a evolução é bem menor – apenas 7% na Grã-Bretanha, por exemplo.*[1]

- *Uma pesquisa de 1997 entre cientistas americanos apurou que 39% deles acreditavam "num Deus para o qual se pode rezar na expectativa de obter uma resposta" – em comparação com 42%, numa pesquisa de 1916 que adotava as mesmas perguntas e um idêntico método de amostragem. Os resultados desafiavam a idéia amplamente difundida de que as crenças religiosas tinham sofrido uma queda drástica entre os cientistas no século XX.*[2]

- *Nos últimos anos, tem surgido uma crescente literatura tratando das relações entre ciência e religião. A média de livros publicados por ano sob o tópico "Religião e Ciência" da Biblioteca do Congresso triplicou de 71, na década de 1950, para 211, na década de 1990.*[3]

Em 1990, no primeiro capítulo de *Religion in an Age of Science*, propus uma tipologia quádrupla como auxílio para se classificar a grande variedade de maneiras como as pessoas relacionam ciência e religião.[4] Mantive as mesmas classificações, exceto pequenas mudanças, na edição revista e ampliada do livro, em 1997.[5] No presente volume, essa tipologia é utilizada como estrutura de organização de cada capítulo.

1. *Conflito*. Os literalistas bíblicos acreditam que a teoria da evolução entra em conflito com a fé religiosa. Os cientistas ateus alegam que a prova científica da evolução é incompatível com qualquer forma de teísmo. Ambos os grupos concordam ao afirmar que uma pessoa não pode acreditar em Deus e na evolução ao mesmo tempo, embora discordem quanto ao princípio que admitem. Para ambos, ciência e religião são inimigas. Esses dois grupos opostos ganham a maior parte da atenção da mídia, uma vez que um conflito rende notícias mais emocionantes do que os esclarecimentos feitos por pessoas entre esses dois extremos, as quais admitem tanto a evolução quanto alguma forma de teísmo.

2. *Independência*. Um outro ponto de vista sustenta que a ciência e a religião são estranhas, que podem coexistir desde que mantenham uma distância segura uma da outra. De acordo com essa visão, não deveria existir conflito, porque a ciência e a religião se referem a diferentes domínios da vida ou aspectos da realidade. Além disso, as afirmações científicas e teológicas são dois gêneros de linguagem que não competem um com o outro, pois cumprem funções completamente diferentes na vida humana. São respostas para perguntas contrastantes. A ciência investiga como as coisas funcionam e lida com fatos objetivos; a ciência lida com valores e com o sentido último. Uma outra versão da tese da Independência afirma que os dois gêneros de investigação fornecem perspectivas complementares do mundo, as quais não se excluem mutuamente. O conflito surge apenas quando as pessoas ignoram essas distinções — isto é, quando os religiosos fazem afirmações científicas, ou quando os cientistas extrapolam sua área de especialização e promovem filosofias naturalistas. Podemos aceitar tanto a ciência quanto a religião se as mantivermos em compartimentos estanques de nossa vida. A compartimentalização evita o conflito, mas ao preço de impedir qualquer interação construtiva.

3. *Diálogo*. Uma das formas de diálogo é a comparação entre os métodos das duas áreas, que podem se mostrar semelhantes mesmo quando reconhecidas as diferenças. Os modelos conceituais e as analogias, por exemplo, são utilizados para imaginar o que não se pode observar diretamente (Deus ou uma partícula subatômica, digamos). Numa outra visão, o diálogo pode surgir quando as fronteiras da ciência suscitam questões-limite que a própria ciência não é capaz de responder (um exemplo: por que o Universo é dotado de ordem e inteligibilidade?). Uma terceira forma de diálogo ocorre quando se empregam conceitos da ciência como analogias para falar das relações de Deus com o mundo. A transmissão de informações é um conceito importante em várias ciências; pode-se interpretar o padrão dos eventos irreproduzíveis, na história cósmica, como se incluísse uma transmissão de informações vindas de Deus. Ou pode-se conceber Deus como o determinador das indeterminações deixadas em aberto pela física quântica, sem qualquer violação das leis da física. Tanto cientistas quanto teólogos se engajam como parceiros de diálogo na reflexão crítica sobre tópicos como esses, ao mesmo tempo em que cada domínio respeita a integridade do outro.

4. *Integração*. Um gênero mais sistemático e abrangente de parceria entre ciência e religião ocorre entre aqueles que buscam uma integração mais próxima entre as duas disciplinas. A longa tradição de teologia natural tem buscado na natureza uma prova (ou pelo menos um indício sugestivo) da existência de Deus. Recentemente, os astrônomos têm argumentado que as constantes físicas do Universo inicial parecem ter sido ajustadas em sintonia fina, como se fruto de um planejamento. Se a taxa de expansão, um segundo depois do *big-bang*, tivesse sido menor, ainda que levemente, o Universo teria entrado em colapso antes que os elementos químicos necessários à vida pudessem formar-se; se a taxa de expansão tivesse sido maior, mesmo ligeiramente, a evolução da vida não poderia ter ocorrido. Outros autores partem de uma tradição religiosa específica e argumentam que algumas de suas crenças (idéias como onipotência divina ou pecado original, por exemplo) precisam de uma reformulação à luz da ciência.

> Esse gênero de abordagem é o que denomino *teologia da natureza* (inserida numa tradição religiosa), para diferenciá-lo da *teologia natural* (que raciocina a partir da ciência, apenas). Numa outra visão, é possível utilizar um sistema filosófico, tal como a filosofia de processo, para interpretar o pensamento científico e religioso dentro de um quadro conceitual comum. Minhas simpatias pessoais, como ficará evidente, recaem sobre o Diálogo e a Integração (especialmente a teologia da natureza e a utilização cautelosa da filosofia de processo), mas espero ter descrito com precisão todas as quatro posições.

Em 1995, John Haught apresentou uma tipologia um pouco diferente — e talvez mais fácil de memorizar, porque todos os termos começam com a mesma letra.[6] As duas primeiras categorias, Conflito e Contraste, são equivalentes às duas primeiras do meu esquema. A terceira, Contato, mescla a maior parte dos temas do que denominei Diálogo e Integração. Ele introduz um quarto tópico, Confirmação, o que significa não a confirmação de determinadas doutrinas teológicas, como se poderia supor, mas sim a justificação, pela ciência, de concepções de base originalmente derivadas da teologia — como, por exemplo, a crença na racionalidade e inteligibilidade do mundo, o que eu trato como uma forma de Diálogo.

Ted Peters propõe uma classificação óctupla e mais elaborada.[7] Ele divide, por exemplo, o Conflito em três categorias distintas: Cientificismo, Criacionismo Científico e Autoritarismo Eclesiástico. Acrescenta ainda a categoria da Sobreposição Ética — crucial, é claro, para a discussão das aplicações da ciência e da tecnologia. Minha tipologia foi desenvolvida para a ciência pura, como forma de conhecimento, e não para a ciência aplicada em seu impacto sobre a sociedade e a natureza. Abordei assuntos éticos (especialmente a preservação ambiental e a justiça social) na segunda série de minhas Gifford Lectures, *Ethics in an Age of Technology*.[8] No presente livro, indicarei algumas conexões entre a nossa compreensão da natureza e o modo como tratamos as demais criaturas (ética ambiental), mas a ética da tecnologia não faz parte do meu assunto aqui.

Há uma certa vantagem em se adotar um número maior de classificações, permitindo uma especificação maior. Willem Drees utiliza nove, dispostas em três colunas e três linhas, para enfatizar tanto as interpretações experienciais e culturais quanto as interpretações cognitivas da religião.[9] A desvantagem em se introduzir mais categorias é a de que o esquema se torna um tanto complicado, em especial quando é utilizado para examinar uma grande diversidade de ramos da ciência. Definir cada categoria de modo mais estrito permite uma precisão maior, mas aumenta a chance de encontrarmos pontos de vista que não caibam em nenhuma delas. Categorias mais amplas podem incluir casos variados mais facilmente, ainda que à custa da precisão.

Alguns críticos sugeriram que as relações entre ciência e religião são demasiado complexas e dependentes do contexto para que se possa agrupá-las num esquema de classificação qualquer. Alegam que as interações variam demais, nos diversos períodos históricos e disciplinas científicas, para que possam manifestar algum padrão. Wentzel van Huyssteen escreve:

> A única forma realmente adequada de abordar essa complexa mas importante relação seria observar como ela se resolve contextualmente. É também esta a razão pela qual a célebre e útil taxonomia quádrupla de Ian Barbour, que relaciona ciência e religião pelo conflito, diálogo, independência ou integração, hoje talvez seja demasiado genérica e universal enquanto categorias que pretendem captar a complexidade do contínuo intercâmbio entre essas duas forças dominantes de nossa cultura.[10]

Outros autores alegam que as idéias científicas e religiosas são apenas construções sociais que refletem os valores culturais do lugar, e não descrições objetivas da realidade, de modo que não é possível relacioná-las sob nenhuma forma geral ou abstrata. Vários autores "pós-modernos" afirmam que é inútil buscar o conhecimento ou a verdade por trás das construções sociais de culturas e períodos históricos específicos.

As relações entre ciência e religião são complexas, não há dúvida, mas acredito que é possível encontrar exemplos dos meus quatro tipos básicos em todos os séculos a partir do surgimento da ciência moderna e em todas as ciências. Espero que essa tipologia seja útil para os leitores novatos nesse campo interdisciplinar. O propósito de um guia de viagem, seja qual for o lugar, não é substituir a expedição em primeira mão, mas ajudar as pessoas a se orientarem. Os guias de viagem podem ser organizados de várias maneiras, mas são necessariamente seletivos e talvez simplifiquem excessivamente as complexidades do mundo real. Cada uma das categorias que utilizo contém, juntas, algumas propostas muito diversas, entre as quais as diferenças podem ser tão significativas quanto as semelhanças. Podemos reconhecer padrões em comum entre as várias ciências e períodos históricos sem ignorar, com isso, a especificidade de cada disciplina ou contexto histórico.

Meu foco principal será a tradição cristã, em que a reflexão sobre ciência é bem mais extensa do que nas outras tradições, tanto do ponto de vista histórico quanto atual. É importante, sem dúvida, reconhecer a particularidade de cada tradição religiosa e evitar o risco da generalização superficial quando se procura incluir muita coisa num estudo curto. Acredito que é possível encontrar exemplos de cada uma das quatro categorias nas grandes religiões mundiais — em especial nas monoteístas (Cristianismo, Judaísmo e Islamismo), mas também no Hinduísmo e no Budismo.[11] Disso, porém, apenas alguns exemplos são incluídos aqui. Meu próprio esforço de categorizar talvez reflita um viés ocidental. Autores de tradições orientais provavelmente tentariam fundir pontos de vista diversos e procurariam as bases em comum entre eles.

O propósito do presente livro, que é mais curto e acessível do que meus escritos anteriores, é servir de introdução à área. Em algumas passagens, incluí, com a permissão do editor, trechos revistos de *Religion and Science* (1997), mas aqui a organização dos capítulos é nova, com o uso da tipologia quádrupla. No primeiro capítulo, exponho os tipos básicos, com alguns exemplos históricos e ilustrações de autores recentes. Adoto, em seguida, os quatro tipos como estrutura de organização dos capítulos seguintes sobre astronomia, física quântica, biologia evolutiva e algumas ciências humanas (em especial genética e neurociência). Cada um desses capítulos começa com um resumo das teorias científicas cujas implicações teológicas serão examinadas. O capítulo final trata da questão, mais genérica, da ação de Deus sobre a natureza. O livro terá atingido sua finalidade se estimular, no leitor, reflexões próprias e investigações posteriores de alguns dos temas e autores discutidos nestas páginas.

Notas

1. Dados dos EUA da pesquisa Gallup, em novembro de 1991, ver *U. S. News & World Report*, 23 de dezembro de 1991, p. 59; dados comparativos da pesquisa Roper Center, ver George Bishop, "The Religious Worldview and American Beliefs about Human Origins", *The Public Perspective* 9 (ago./set. 1998): 39-44.
2. Pesquisa de amostragem aleatória de *American Men and Women of Science*, ver Edward J. Larson e Larry Witham, "Scientists Are Still Keeping the Faith", *Nature* 386 (3 de abril de 1997): 435-36.
3. Catálogo bibliográfico *on-line* OCLC, consultado em 15 de novembro de 1998 (dados da década de 1990 apenas para o período 1990-1997).
4. Ian G. Barbour, *Religion in an Age of Science*, Gifford Lectures, vol. 1 (San Francisco: HarperSanFrancisco, 1990), cap. 1.
5. Ian G. Barbour, *Religion and Science: Historical and Contemporary Issues* (San Francisco: HarperSanFrancisco, 1997), cap. 4.
6. John F. Haught, *Science and Religion: From Conflict to Conversation* (Mahwah, NJ: Paulist Press, 1995).
7. Ted Peters, "Theology and Natural Science", *in The Modern Theologians*, 2ª ed., org. David Ford (Oxford: Blackwell, 1997).
8. Ian G. Barbour, *Ethics in an Age of Technology*, Gifford Lectures, vol. 2 (San Francisco: HarperSanFrancisco, 1993).
9. Willem Drees, *Religion, Science, and Naturalism* (Cambridge: Cambridge University Press, 1996), pp. 43-49.
10. J. Wentzel van Huyssteen, *Duet or Duel? Theology and Science in a Postmodern World* (Harrisburg, PA: Trinity Press International), p. 3.
11. Para comentários sobre cada uma dessas religiões mundiais, ver o Índice Remissivo *in* Barbour, *Religion and Science*.

Capítulo 1

Ciência e Religião em Quatro Perspectivas

Este capítulo descreve quatro tipos de relações entre ciência e religião: Conflito, Independência, Diálogo e Integração. Cada tipo compreende diversas variantes que diferem significativamente, mas essas variantes possuem traços em comum, o que lhes permite serem agrupadas conjuntamente. A aplicabilidade dessa tipologia quádrupla a determinadas disciplinas científicas é explorada nos capítulos subseqüentes.

Permitam-me descrever, primeiro, dois casos históricos freqüentemente citados como exemplos de Conflito. Em ambos, o registro histórico revela uma relação mais complexa. O primeiro é o *julgamento de Galileu*, em 1633. Galileu defendia a nova teoria copernicana segundo a qual a Terra e os planetas percorrem órbitas em torno do Sol, contra a então admitida teoria ptolemaica segundo a qual o Sol e os planetas percorrem órbitas em torno da Terra. Um dos fatores que contribuíram para a condenação de Galileu foi a autoridade de Aristóteles, cujos escritos científicos, inclusive os que favoreciam a astronomia ptolemaica, eram muito admirados na Europa desde o século XII. Outra circunstância foi a autoridade das escrituras, especialmente das passagens que davam a entender que a Terra é o centro do cosmos. No fim, porém, o fator crucial foi o seu desafio à autoridade da Igreja.

Nos séculos anteriores a Galileu, variadas concepções das escrituras tinham se desenvolvido. No século IV, Santo Agostinho (que Galileu citava) disse que, quando parece haver um conflito entre o conhecimento provado e a leitura ao pé da letra da Bíblia, as escrituras devem ser interpretadas metaforicamente. Comentando o primeiro capítulo do Gênesis, Agostinho disse que o Espírito Santo não tratou da "forma e aparência dos céus" e "não desejou ensinar aos homens o que não fosse relevante para sua salvação". Os autores medievais admitiam diversas figuras literárias e níveis de verdade nas escrituras, e sugeriam interpretações simbólicas ou alegóricas para várias passagens problemáticas. O próprio Galileu citou um cardeal de sua época: "A intenção do Espírito Santo é ensinar-nos como se vai para o céu, e não como vai o céu." Esse aspecto do pensamento de Galileu pode ser visto como um exemplo da tese da Independência, que separa as asserções científicas das teológicas. Em questões astronômicas, disse ele, os autores da Bíblia precisaram "adaptar-se à capacidade das pessoas comuns", utilizando "o falar comum" de seus tempos. Afirmava que nós podemos recorrer a duas fontes de aprendizado, o Livro da Natureza e o Livro das Escrituras — sendo que ambos vêm de Deus e, portanto, não podem contradizer-se mutuamente.

Mas Galileu introduziu uma especificação que abriu as portas para o Conflito. Ele disse que devemos aceitar uma interpretação literal das escrituras, a não ser que uma teoria científica conflitante com elas possa ser *irrefutavelmente* demonstrada. Exagerou a certeza científica que era capaz de assegurar, numa época em que ainda havia um considerável desacordo entre os astrônomos. Além disso, a hierarquia católica sentia-se ameaçada pela Reforma protestante e ansiava por reafirmar sua autoridade. Alguns cardeais eram simpáticos às opiniões de Galileu, mas o Papa e vários cardeais politicamente poderosos não o eram. Assim, ele terminou condenado tanto por desobedecer à Igreja como por questionar o literalismo bíblico.[1]

O segundo caso freqüentemente citado como exemplo de Conflito é o debate sobre a *teoria darwinista da evolução*, no século XIX. Alguns cientistas e líderes religiosos, de fato, sustentam que a evolução e as crenças religiosas são incompatíveis; muitos, no entanto, em ambos os grupos, não. Três questões estavam em jogo:[2]

1. *Um Desafio ao Literalismo Bíblico.* Um longo período de mutações evolucionárias é conflitante com os sete dias da Criação no Gênesis. Alguns teólogos do tempo de Darwin defenderam a infalibilidade bíblica e rejeitaram toda e qualquer forma de evolução, mas eram minoria. A maior parte dos teólogos conservadores aceitava interpretações simbólicas, em vez de literais, daquelas passagens bíblicas e admitia com relutância a evolução, embora freqüentemente insistisse na criação especial da alma humana. Os liberais, por outro lado, deram boa acolhida ao avanço da ciência e disseram que a evolução era coerente com sua visão otimista do progresso histórico. Um pouco mais tarde, já se referiam à evolução como o modo de criação de Deus, o que se pode considerar um exemplo do que denominei Integração. Eram também simpáticos ao trabalho dos exegetas bíblicos que estudavam os indícios da influência das concepções culturais e cosmológicas do antigo Oriente Próximo sobre os escritos dos autores da Bíblia.
2. *Um Desafio à Dignidade do Homem.* No pensamento cristão clássico, o ser humano era apartado de todas as demais criaturas; sua condição singular era assegurada pela imortalidade de sua alma e pelos traços distintivos da racionalidade e da capacidade moral do homem. Mas, na teoria evolucionista, a humanidade era tratada como parte da natureza. Nenhuma fronteira nítida separava a vida humana da animal, tanto em relação ao desenvolvimento histórico quanto às características atuais. Darwin e muitos de seus sucessores enfatizavam as semelhanças entre o comportamento humano e animal, embora outros biólogos insistissem nos traços distintivos da linguagem e da cultura humanas. A astronomia copernicana destituíra a humanidade do centro do Universo, e agora a biologia darwinista ameaçava a supremacia do homem na ordem da natureza. Na Inglaterra vitoriana, muitas pessoas viram a alegação de que somos "descendentes dos macacos" como uma negação do valor da pessoa. A "sobrevivência dos mais aptos" parecia solapar a moralidade, especialmente quando extrapolada para a ordem social a fim de justificar a competição econômica implacável e o colonialismo.

3. *Um Desafio ao Planejamento.* Num Universo estático, o complexo funcionamento dos organismos e sua adaptação harmônica ao ambiente que os circunda oferecia um persuasivo argumento em prol da existência de um Planejador inteligente. Mas Darwin mostrou que a adaptação podia ser explicada como um processo impessoal de variação e seleção natural. O próprio Darwin acreditava que Deus havia planejado o processo evolucionário em seu todo, mas não as estruturas detalhadas deste ou daquele organismo em particular. "Inclino-me a ver tudo como resultado de leis intencionais, com os detalhes, sejam eles bons ou ruins, relegados ao acabamento daquilo que podemos chamar de acaso. (...) Não consigo pensar que o mundo como o vemos é fruto do acaso; mas também não consigo ver cada item isolado como fruto de um Planejamento."[3] Parece que Darwin, no fim da vida, foi mais agnóstico, mas na maior parte de sua existência ele aceitou uma versão reformulada do argumento do planejamento — um exemplo da teologia natural que discuto no subtítulo Integração.

Mas alguns cientistas foram mais longe e rejeitaram até mesmo esse conceito mais amplo de planejamento. T. H. Huxley afirmou que a humanidade é produto de forças impessoais e sem sentido. A filosofia do *materialismo* encontrou novos adeptos entre os cientistas na Inglaterra e na Alemanha. O zoólogo Ernst Haeckel sustentou que a matéria e a força são as únicas realidades essenciais, e que a evolução fornece explicações para tudo. "Com esse único argumento, foi explicado o mistério do Universo, anulada a Divindade e anunciada uma nova era de conhecimento infinito."[4] Nessas variadas respostas a Darwin, podem-se encontrar exemplos da maior parte dos modos de se relacionar a ciência à religião que se manifestaram no século XX.

CONFLITO

A tese do Conflito foi promovida no fim do século XIX por dois influentes livros: *History of the Conflict between Religion and Science* [*História do Conflito entre Ciência e Religião*], de J. W. Draper, e *A History of the Warfare of Science with Theology in Christendom* [*Uma História da Guerra entre Ciên-*

cia e Teologia na Cristandade], de A. D. White.[5] Historiadores recentes ressaltam que as provas citadas nesses livros eram altamente seletivas, e que outros pontos de vista sobre as relações entre ciência e religião vigoravam amplamente durante os séculos que esses autores descrevem.[6] Hoje a imagem popular da "guerra entre ciência e religião" é perpetuada pela mídia, para quem uma controvérsia é mais dramática do que as posições mais sutis e diferenciadas entre os extremos do materialismo científico e do literalismo bíblico.

Podemos imaginar um espectro teológico ordenado da seguinte forma: naturalismo (incluindo materialismo), panteísmo, liberalismo, neoortodoxia, tradicionalismo, conservadorismo e literalismo bíblico (ou fundamentalismo). Agrupei os dois extremos na mesma categoria, a do Conflito — dupla que pode parecer estranha, à primeira vista. Faço-o porque tanto o *materialismo científico* quanto o *literalismo bíblico* alegam que a ciência e a religião têm verdades literais e rivais a afirmar sobre o mesmo domínio (a história da natureza), de modo que é preciso escolher uma delas. Convergem ao dizer que ninguém pode acreditar em evolução e em Deus ao mesmo tempo. Cada um dos lados ganha adeptos, em parte, por opor-se ao outro, e ambos utilizam uma retórica de guerra.

1. Materialismo Científico

O materialismo é a afirmação de que a matéria é a realidade fundamental do Universo. É uma forma de *metafísica* (conjunto de proposições relativas às características e componentes mais gerais da realidade). O materialismo *científico* faz uma segunda afirmação: o método científico é a única via confiável de conhecimento. Isso é uma forma de *epistemologia* (conjunto de proposições relativas à verificação e aquisição do conhecimento). As duas afirmações estão vinculadas: se as únicas entidades reais são aquelas de que trata a ciência, então a ciência é o único meio válido de conhecimento.

Além disso, várias formas do materialismo expressam um *reducionismo*. O reducionismo epistemológico alega que as leis e teorias de todas as ciências são redutíveis, em princípio, às leis da física e da química. O reducionismo metafísico alega que as partes constitutivas de qualquer sistema determinam o seu comportamento. O materialista acredita que todos os fenômenos serão finalmente explicados nos termos da ação dos componentes materiais, que são as únicas causas efetivas no mundo. A análise das partes de qualquer sistema tem sido, é claro, imensamente útil na ciência, mas eu discutirei que o estudo dos níveis organizacionais superiores, em conjuntos mais amplos, é também essencial.

Vamos considerar a afirmação de que o método científico é a única forma confiável de conhecimento. A ciência parte de dados reproduzíveis e de domínio público. As teorias são formuladas como hipóteses que podem ser testadas em face de observações experimentais. As escolhas entre as teorias são influenciadas por critérios suplementares de coerência, abrangência e fecundidade quanto à sugestão de futuras pesquisas e aplicações. As crenças religiosas não são aceitáveis, sob esse ponto de vista, porque a religião carece desses dados de domínio público, desses testes experimentais e desses critérios de avaliação. Apenas a ciência é objetiva, aberta, universal, cumulativa e progressiva. As tradições religiosas, em contraste, são ditas subjetivas, fechadas, paroquiais, acríticas e resistentes à mudança. Veremos que os historiadores e filósofos da ciência vêm questionando esse retrato idealizado da ciência, mas vários cientistas o aceitam e pensam que ele compromete a credibilidade das convicções religiosas.

A maior parte do livro (e série de TV) de Carl Sagan, *Cosmos*, é dedicado a uma fascinante apresentação das descobertas da astronomia moderna — mas, nos intervalos, Sagan insere seus comentários filosóficos pessoais. Afirma que o Universo é eterno, ou que sua origem é simplesmente incognoscível. Ataca, em diversos pontos, as idéias cristãs de Deus, argumentando que as proposições místicas e autoritárias ameaçam a supremacia do método científico, que, segundo ele, é "universalmente aplicável". A Natureza (que ele grafa com inicial maiúscula, no livro) substitui Deus como objeto de veneração. Sagan expressa grande reverência pela beleza, vastidão e coesão interna do cosmos.[7] Na série de TV, ele aparece sentado diante de um painel de instrumentos com os quais nos mostra as maravilhas do Universo. É uma nova espécie de sumo sacerdote, que não apenas revela os mistérios para nós como também nos diz como viver. Podemos agradecer a Sagan por sua habilidade pedagógica de trazer as descobertas da astronomia para um público mais amplo, e por sua grande sensibilidade ética e profunda preocupação com a paz mundial e com a preservação do meio ambiente. Mas talvez devêssemos questionar sua fé ilimitada no método científico, no qual, diz ele, precisamos confiar para ingressarmos na era da paz e da justiça.

No romance de Sagan, *Contact* [*Contato*], e no filme baseado nele, de 1997, a heroína cientista detecta sinais de rádio vindos do espaço sideral e, a partir deles, decodifica os planos de uma imensa máquina para viagens espaciais. A máquina é produzida e, com a ajuda de mudanças espaço-temporais em buracos negros, a heroína faz uma rápida viagem ao centro da galáxia. O romance e o filme propagam o sentimento de reverência de Sagan pela beleza e mistério do Universo e o seu compromisso com a ciência e com as descobertas. No romance, um cientista, indagado se já teve uma experiência religiosa transformadora, responde que sim, teve, quando entendeu pela primeira vez a gravidade, a relatividade e outras teorias — mas, "separada da ciência, nunca".[8] A religião institucional, em contraste, é representada por figuras duvidosas, como manifestantes fundamentalistas que acham que toda e qualquer viagem espacial é coisa do diabo e um evangelista de TV bonitão que, embora mais aberto à ciência, não teve nenhuma educação formal depois do colégio.

Boa parte do recente livro de Sagan, *A Demon-Haunted World: Science as a Candle in the Dark* [*O Mundo Assombrado pelos Demônios: A Ciência Vista como uma Vela no Escuro*], é dedicada à refutação da pseudociência, especialmente da astrologia e dos supostos visitantes alienígenas e objetos voadores não identificados (OVNIs). Vários capítulos, porém, foram feitos para atacar a religião, em geral sob suas formas populares e supersticiosas. Sagan apresenta longos relatos de crenças em demônios e bruxas nos séculos passados e em curandeiros e médiuns hoje em dia. Mas, com exceção de um breve comentário, em momento algum ele leva em consideração os trabalhos de teólogos bem informados, de base universitária, que talvez sejam equivalentes intelectuais dos cientistas que ele admira.[9] Sagan claramente vê a ciência e a religião como inimigas, e deposita sua fé e esperança na primeira.

Como outro exemplo, consideremos a obra do sociobiólogo Edward O. Wilson. Ele investiga as origens genéticas e evolucionárias do comportamento social nos insetos, animais e humanos. Pergunta como o comportamento auto-sacrificatório pôde ter surgido e subsistido entre os insetos sociais, como as formigas, se seu futuro reprodutivo individual é, com isso, sacrificado. Wilson demonstra que esse comportamento "altruísta" favorece a sobrevivência de parentes próximos que compartilham de muitos dos genes (numa colônia de formigas, por exemplo). Ele acredita que todo o comportamento humano pode ser reduzido e explicado por suas origens biológicas e estrutura genética atual. "Talvez não seja demais afirmar que a sociologia e as outras ciências sociais, como as humanidades, são os últimos ramos da biologia" a ser abrangidos pela teoria evolucionista.[10] A mente será explicada como "um epifenômeno do maquinário neural do cérebro."

Wilson afirma que as práticas religiosas eram um mecanismo útil de sobrevivência na história primitiva da humanidade, porque contribuíam para a coesão grupal. Mas diz que o poder da religião vai desaparecer para sempre quando a religião for explicada como produto da evolução; ela será substituída por uma "filosofia científica materialista".[11] Eu responderia que, se Wilson fosse coerente, ele deveria dizer que o poder da ciência também será extinto quando ela for explicada como produto da evolução. Teriam realmente as origens evolucionárias alguma coisa a ver com a legitimidade de alguma das duas áreas? Embora Wilson tenha dado uma importante contribuição ao nosso entendimento das determinações genéticas do comportamento humano, eu sugiro que ele exaltou a sociobiologia como explicação para tudo, não dando espaço para a função das outras facetas da vida e experiência humanas. Vamos tratar desses pontos de vista, mais adiante, nos Capítulos 5 e 6. Entre outros exemplos de materialismo científico, incluem-se as obras de Steven Weinberg (Capítulo 2), Daniel Dennett (Capítulos 4 e 5), Richard Dawkins (Capítulos 4 e 6), Francis Crick (Capítulo 5) e Peter Atkins (Capítulo 6).

Pelo que pude ver, esses autores não foram capazes de separar as questões *científicas* das *filosóficas*. Os cientistas, em seus livros populares, tendem a invocar a autoridade da ciência em relação a idéias que não são realmente parte da própria ciência. Teísmo e materialismo são sistemas de crenças alternativos, cada qual alegando abranger toda a realidade. Em sua epistemologia, esses autores pressupõem que o método científico é a única fonte confiável de conhecimento — pressuposto a que seus críticos se referem, às vezes, como *cientificismo*. Se a ciência é a única forma aceitável de conhecimento, as explicações em termos de história evolutiva, mecanismos bioquímicos e outras teorias científicas excluem todas as demais formas de explicação. Sugiro que o conceito de Deus não é uma hipótese formulada para explicar a relação entre determinados eventos que ocorrem no mundo em concorrência com as hipóteses científicas. A crença em Deus é fundamentalmente um compromisso com um modo de vida, em resposta a tipos característicos de experiência religiosa em comunidades formadas por tradições históricas; não é um substituto da pesquisa científica. As crenças religiosas oferecem um quadro mais amplo de significados no qual é possível contextualizar eventos específicos.

Toda disciplina é seletiva e tem suas limitações. Cada qual abstrai da totalidade da experiência os aspectos pelos quais se interessa. O astrônomo Arthur Eddington contou, certa vez, uma deliciosa parábola sobre um homem que estudava a vida nas regiões abissais do oceano utilizando uma rede de três polegadas. Depois de colher repetidas amostras, o homem concluiu que não existem peixes abissais com menos de três polegadas de comprimento. Nossos métodos de pesca, sugere Eddington, determinam o que seremos capazes de coletar. Por ser seletiva, a ciência não pode alegar que sua imagem da realidade é completa.[12]

Esses autores, em sua metafísica, estenderam os conceitos científicos para além de seu uso na ciência a fim de justificar *filosofias materialistas*. A identificação do real com propriedades mensuráveis, que podem ser conferidas por relações matemáticas exatas, começou nas ciências físicas, mas influenciou cientistas de outras áreas e continua até hoje. Eu argumentaria, porém, que essas propriedades da matéria foram abstraídas do mundo real, ignorando-se a particularidade dos eventos e os aspectos não quantificáveis da experiência humana. Não precisamos concluir que apenas a matéria é real ou que a mente, o sentido e o amor humano são apenas subprodutos da matéria em movimento. O teísmo, em suma, não é intrinsecamente conflitante com a ciência, mas sim com a metafísica do materialismo.

2. Literalismo Bíblico

Um tipo bem diferente de conflito deriva das interpretações literais das escrituras. No século XX, a Igreja Católica e a maioria das principais confissões protestantes afirmaram que as escrituras são os testemunhos humanos da revelação direta que ocorreu na vida dos profetas e na vida e na pessoa de Cristo. Muitos tradicionalistas e evangélicos insistem na centralidade de Cristo sem insistir na infalibilidade da Bíblia. Mas as igrejas fundamentalistas e uma grande parcela (a maioria, no caso dos batistas do Sul) de certas confissões do protestantismo histórico nos Estados Unidos sustentam que as escrituras são completamente isentas de erro. A década de 1980 testemunhou o crescimento do número de adeptos e do poder político do fundamentalismo. Para muitos membros da "New Right",[13] a Bíblia fornece não somente a certeza, numa era de rápidas mudanças, como também a base para a defesa dos valores tradicionais, numa era de desintegração moral (permissividade sexual, uso corrente de drogas, altos índices de criminalidade e assim por diante). Os literalistas bíblicos dizem que a teoria da evolução pressupõe uma filosofia materialista e compromete a crença nos preceitos morais de Deus.

No julgamento do caso Scopes, em 1925, argumentou-se que o ensino do evolucionismo nas escolas deveria ser proibido porque era contrário às escrituras. Mais recentemente, um novo argumento, denominado *ciência criacionista*, afirmou que existem provas científicas de que o mundo foi criado há uns poucos milhares de anos. Uma lei aprovada pelo Poder Legislativo de Arkansas, em 1981, determinou que, nos textos e aulas de biologia das escolas secundárias, a "teoria criacionista" e a teoria da evolução fossem ministradas em cargas horárias iguais. A lei especificava que o criacionismo deveria ser apresentado como teoria puramente científica, sem referência a Deus ou à Bíblia. Em 1982, a Corte Federal local derrubou a lei de Arkansas, sobretudo porque ela favorecia uma visão religiosa específica, violando a separação constitucional entre Igreja e Estado. Embora não contivesse referências explícitas à Bíblia, o próprio texto legal utilizava diversas frases e idéias extraídas do Gênesis. As obras dos líderes do movimento criacionista deixavam claras suas intenções religiosas.[14]

O tribunal decidiu também que a ciência criacionista *não é ciência autêntica*. Concluiu que era a comunidade científica, e não o Legislativo ou os tribunais, quem deveria decidir sobre o *status* das teorias da ciência. Ficou demonstrado que os proponentes da "ciência criacionista" não haviam sequer submetido seus trabalhos a revistas científicas, e muito menos publicado. Cientistas, depondo como testemunhas, demonstraram no julgamento que uma longa história evolutiva era uma idéia central para quase todas as áreas da ciência, incluindo a astronomia, a geologia, a paleontologia e a bioquímica, assim como a maior parte dos ramos da biologia. Responderam também às supostas provas científicas citadas pelos criacionistas. Demonstrou-se que as alegações da existência de provas geológicas de um dilúvio universal e da ausência de fósseis de formas transitórias entre espécies eram duvidosas. Em 1987, a Suprema Corte dos Estados Unidos derrubou uma lei criacionista da Louisiana, afirmando que essa lei teria restringido a liberdade acadêmica e beneficiado um ponto de vista religioso específico.[15] Em 1999, o conselho de educação do Kansas proibiu que se formulassem questões sobre evolução aos estudantes nas provas estaduais de admissão às universidades. Embora não proibisse efetivamente o ensino da evolução, o regulamento claramente o obstruía, e provavelmente será derrubado pelos tribunais.

Acredito que a ciência criacionista é uma ameaça tanto à liberdade religiosa quanto à liberdade científica. É compreensível que a busca de certezas, numa era de confusão moral e de rápidas mudanças culturais, tenha estimulado o crescimento do literalismo bíblico. Esses mesmos fatores, em parte, devem ter contribuído para a revivescência do fundamentalismo islâmico e para o reforço da ortodoxia no Irã e em outros países. É visível o perigo para a ciência quando defensores de postulados ideológicos tentam se utilizar do poder do conselho local de educação, ou do Estado, para reformar a ciência. Embora a comunidade científica não possa jamais ser completamente autônoma ou isolada do contexto social, é preciso resguardá-la da imposição, por pressões políticas, de conclusões científicas. Os professores de ciência devem ser livres para adotar, no ensino, as idéias dessa comunidade científica maior.[16]

O jurista Phillip Johnson formulou críticas válidas aos materialistas científicos que promovem filosofias ateístas como se elas fizessem parte da ciência, mas vai além e ataca a teoria evolucionista como intrinsecamente ateísta.[17] O bioquímico Michael Behe apresentou um detalhado raciocínio segundo o qual os sistemas de articulação complexa (como as longas seqüências de interações bioquímicas nas células) não poderiam ter evoluído por meio da seleção natural de variações aleatórias e, portanto, só podem ser produto de um "planejamento inteligente".[18] Essas opiniões serão discutidas no Capítulo 4. Sugiro que esses autores, embora não sejam literalistas bíblicos, erram ao supor que a teoria da evolução seja incompatível com o teísmo. Eles perpetuam também o falso dilema da necessidade de escolha entre ciência e religião. Como disse o Papa João Paulo II, "a ciência pode purificar a religião do erro e das superstições; a religião pode purificar a ciência da idolatria e dos falsos absolutos. Cada uma delas pode levar a outra a um mundo mais amplo, um mundo em que ambas possam florescer".[19]

INDEPENDÊNCIA

Uma forma de evitar conflitos entre ciência e religião é mantendo essas duas áreas em compartimentos estanques. É possível discriminá-las de acordo com as *perguntas* que fazem, com os *domínios* a que se referem e com os *métodos* que empregam. São tipos diversos de discriminação, mas, em seu conjunto, estabelecem a independência e a autonomia das duas áreas. Se existem duas jurisdições, cada uma cuida de si mesma e não interfere nos assuntos da outra. Cada forma de investigação é seletiva e tem suas limitações. A compartimentalização é motivada não apenas pelo desejo de evitar conflitos desnecessários como também pelo desejo de lealdade ao caráter diferencial de cada área da vida e do pensamento. Vamos examinar primeiro a ciência e a religião como *domínios separados* e, em seguida, considerar suas *diferentes linguagens e funções*.

1. Domínios Separados

Muitos *evangélicos* e *cristãos conservadores* de hoje conferem às escrituras um papel religioso central, sem insistir no literalismo bíblico ou defender a ciência criacionista. Dão ênfase à morte redentora de Cristo e à rápida conversão do crente pela aceitação de Cristo como salvador pessoal. Apontam para o poder transformador do Evangelho, que não é nem ameaçado nem confirmado pela ciência moderna. Para eles, ciência e religião são aspectos da vida humana totalmente independentes.[20]

A *neo-ortodoxia protestante* tem defendido uma separação mais explícita entre ciência e religião, procurando recuperar, dos tempos da Reforma, a ênfase na centralidade de Cristo e na primazia da revelação, ao mesmo tempo em que aceita inteiramente os resultados da moderna exegese e pesquisa científica bíblica. De acordo com Karl Barth e seus seguidores, Deus só pode ser conhecido enquanto revelado em Cristo e confirmado na fé. Deus é o transcendente, o inteiramente outro, incognoscível, exceto quando se revela. A fé religiosa depende inteiramente da iniciativa divina, e não de uma descoberta humana do tipo científico. A esfera principal da ação de Deus é a história, e não a natureza. Os cientistas são livres para prosseguir com seu trabalho sem a interferência da teologia e vice-versa, uma vez que seus métodos e objetos de estudo são totalmente diversos. A ciência baseia-se na observação e razão humanas, enquanto a teologia baseia-se na revelação divina.[21]

Nesta perspectiva, a Bíblia deve ser *respeitada, mas não ao pé da letra.* As próprias escrituras não constituem a revelação, mas um registro humano, falível, que dá testemunho de fatos da revelação. O *locus* da atividade divina não era o ditado de um texto, mas a vida de pessoas e comunidades (Israel antigo, os profetas, a pessoa de Cristo e aqueles que, na Igreja primitiva, reagiram a ele). Os livros bíblicos refletem diversas interpretações desses fatos; é preciso reconhecer as limitações humanas de seus autores e as influências culturais sobre o seu pensamento. Suas opiniões relativas às questões da ciência refletem as especulações pré-científicas dos tempos antigos. Devemos ler os capítulos iniciais do Gênesis como uma representação simbólica das relações bá sicas da humanidade e do mundo com Deus, como uma mensagem sobre o caráter de criatura do homem e a excelência da ordem natural. É possível separar esses sentidos religiosos da antiga cosmologia em que foram representados.

Langdon Gilkey, em suas obras iniciais e em seu testemunho no julgamento do criacionismo de Arkansas, expressou vários desses temas e fez as seguintes distinções: (1) A ciência procura explicar dados objetivos, de domínio público, reproduzíveis. A religião indaga sobre a existência de ordem e beleza no mundo e as experiências de nossa vida interior (como a culpa, a ansiedade e falta de sentido, de um lado, e o perdão, a confiança e a completude, de outro). (2) A ciência formula perguntas objetivas sobre o "como". A religião formula perguntas pessoais sobre o "porquê", o sentido e a finalidade, nossa origem essencial e nosso destino. (3) As bases da autoridade da ciência são a coerência lógica e a adequação experimental. A autoridade religiosa suprema pertence a Deus e à revelação, compreendida por meio de pessoas que receberam a iluminação e o discernimento e validada em nossa própria experiência. (4) A ciência faz previsões quantitativas que podem ser testadas experimentalmente. A religião precisa usar uma linguagem simbólica e analógica, porque Deus é transcendente.[22]

No contexto do julgamento de Arkansas, foi uma estratégia eficaz insistir que a ciência e a religião diferem pelas perguntas que formulam, e mais ainda pelos métodos que utilizam. A estratégia forneceu as bases metodológicas da crítica às tentativas dos literalistas bíblicos de tirar conclusões científicas das escrituras. Mais especificamente, Gilkey argumentou que a doutrina da criação não é uma afirmação literal sobre a história da natureza, mas uma proposição simbólica de que o mundo é bom, possui uma ordem e depende de Deus em cada instante do tempo — uma proposição religiosa que independe, em sua essência, tanto da cosmologia bíblica pré-científica quanto da cosmologia científica moderna. Os pontos de vista da neo-ortodoxia a respeito da criação serão abordados em "O Significado Religioso da Criação", no Capítulo 2.

Um outro modo de separar as proposições teológicas das científicas é a distinção entre *causalidade primária* e *secundária*, comum no pensamento católico e neo-ortodoxo. Deus, como causa primordial, agiria por meio das causas secundárias do mundo natural que a ciência estuda. Deus é onipotente e usa as leis naturais para atingir determinados fins. A causalidade primária é de um nível totalmente diferente das interações entre os seres no mundo. Essa diferença será abordada no contexto da evolução (Capítulo 4) e nas obras teológicas de Gilson, Barth e Farrer (Capítulo 6). Do lado científico, Stephen Jay Gould apresentou uma forte defesa de que a ciência e a religião são campos separados. Seu princípio básico é o dos *magesteria* não sobrepostos [*non-overlapping magesteria* (NOMA)], onde *magesterium* significa um domínio de autoridade doutrinal (ver Capítulo 4).

2. Diferentes Linguagens e Funções

Um outro modo de separar a ciência da religião é interpretá-las como linguagens que não têm relação entre si porque suas funções são totalmente diferentes. Entre os filósofos, na década de 1950, os positivistas lógicos adotavam as proposições científicas como padrão para todas as asserções cognitivas e descartavam, como vazia de sentido, qualquer afirmação insuscetível de comprovação empírica. Os *analistas lingüísticos*, em resposta, insistiam que diferentes tipos de linguagem cumprem diferentes funções, não redutíveis uma à outra. Cada "jogo de linguagem" (como os denominavam Ludwig Wittgenstein e seus seguidores) distingue-se do outro pela maneira como é utilizado num contexto social. A ciência e a religião cumprem papéis completamente diferentes, e nenhuma delas deve ser julgada pelos padrões da outra. A *linguagem científica* é utilizada fundamentalmente para fins de prognóstico e controle. Uma teoria é uma ferramenta útil para sumariar dados, correlacionar regularidades em fenômenos observáveis e produzir aplicações tecnológicas. A ciência formula perguntas cuidadosamente delimitadas sobre fenômenos naturais. Não podemos esperar que ela cumpra papéis que não são seus, como fornecer uma visão de mundo integral, uma filosofia de vida ou um conjunto de normas éticas. Quando saem dos laboratórios e fazem especulações fora do alcance de seu trabalho estritamente científico, os cientistas não são mais sábios do que qualquer outra pessoa.[23]

As funções específicas da *linguagem religiosa*, de acordo com os analistas lingüísticos, são as de recomendar um modo de vida, explicitar um conjunto de atitudes e estimular a adesão a determinados princípios morais. A linguagem religiosa emerge dos rituais e práticas da comunidade de culto. Expressa também a experiência religiosa pessoal e conduz a ela. Uma das grandes forças do movimento lingüístico está em não concentrar-se nas crenças religiosas como sistemas abstratos de pensamento, e sim observar o modo como a linguagem religiosa é efetivamente utilizada na vida das pessoas e comunidades. Os analistas lingüísticos apóiam-se nos estudos empíricos da religião feitos pelos sociólogos, antropólogos e psicólogos, bem como na literatura produzida dentro das tradições religiosas.[24]

Os estudiosos observaram o *papel das histórias da criação* em várias culturas. Em todas as épocas, as pessoas buscam situar a própria vida em relação a uma ordem cósmica. O interesse humano pelas origens pode ser, em parte, especulativo ou explicativo, mas é motivado sobretudo pela necessidade de entender quem somos, num quadro maior de sentido e relevância. As histórias da criação fornecem padrões de comportamento humano, arquétipos de uma vida humana autêntica. As comunidades religiosas se apropriam e participam dessas narrativas ao simbolizá-las e encená-las em rituais. Os padrões exemplares da era primordial são trazidos à atualidade e celebrados na liturgia. Eles cumprem na vida humana uma função bem diferente daquelas exercidas pela pesquisa científica (ver "A Função das Histórias da Criação", no Capítulo 2).

Alguns estudiosos investigaram diversas culturas e concluíram que as tradições religiosas são *modos de vida* fundamentalmente práticos e normativos. As histórias, rituais e práticas religiosas vinculam os indivíduos em comunidades onde a memória, os pressupostos e as estratégias de vida são compartilhados. Outros estudiosos afirmam que o objetivo principal da religião é transformar a pessoa. A literatura religiosa fala amplamente de experiências de libertação da culpa por meio do perdão, de substituição da ansiedade pela confiança, de transição da fragmentaridade à inteireza. As tradições orientais falam de libertação do cativeiro do sofrimento e do egoísmo na experiência da paz, da unidade e da iluminação.[25] É óbvio que tais experiências e atividades têm pouco a ver com ciência.

O *instrumentalismo* também fornece base filosófica à perspectiva das duas linguagens. As teorias científicas, de acordo com os instrumentalistas, não são representações da realidade, mas úteis ferramentas intelectuais e práticas. São construções humanas convenientes, artifícios de cálculo para correlacionar observações e fazer prognósticos. Em ciência, os modelos não são imagens do mundo, mas ficções úteis que se podem descartar, depois de tê-las utilizado para erigir teorias que permitam prever observações. Os instrumentalistas geralmente concordam com o pragmatismo, no qual a validade de uma proposição é julgada por sua utilidade na vida humana, e não pela correspondência com a realidade. Um exemplo desse ponto de vista é desenvolvido em "Concepções Instrumentalistas da Teoria Quântica", no Capítulo 3. Unindo-se essa concepção da ciência a uma concepção instrumentalista ou funcionalista da religião, as duas áreas efetivamente se separam uma da outra.

Finalmente, alguns autores referem-se à ciência e à religião como *perspectivas complementares*, sugerindo uma analogia com a complementaridade na física quântica. Veremos, no capítulo seguinte, que uma entidade subatômica, como o elétron ou o fóton de luz, se comporta às vezes como partícula e às vezes como onda. Não se pode representá-la por um modelo unificado ou por uma especificação espacial, mas somente por um conjunto de equações que prevêem a probabilidade, mas não o valor exato, de uma determinada observação. Niels Bohr generalizou seu Princípio da Complementaridade e aplicou-o a outros tipos de análise de um conjunto único de eventos, como os modelos behaviorista e introspectivo, na psicologia, ou de justiça divina e amor divino, na teologia. Veremos que alguns autores, como os psicólogos Malcolm Jeeves e Fraser Watts, ampliaram ainda mais o conceito e falam de complementaridade entre mente e cérebro (Capítulo 5), além de defender a complementaridade entre as visões de mundo científica e religiosa (Capítulo 6) — embora façam concessões a formas limitadas de Diálogo que vão além da Independência estrita.

Acredito que a tese da Independência é boa como ponto de partida ou primeira aproximação. Ela preserva o caráter diferencial de cada especulação, e é uma estratégia útil para responder aos que dizem que o conflito é inevitável. A religião de fato possui métodos, questões e funções característicos, distintos daqueles da ciência. Mas há sérias dificuldades nas propostas de Independência delineadas acima. Em minha opinião, a *neo-ortodoxia* enfatiza corretamente a centralidade de Cristo e a proeminência das escrituras na tradição cristã. É mais modesta em suas afirmações do que o literalismo bíblico, na medida em que reconhece o papel da interpretação humana nas escrituras e na doutrina. Mas, na maioria de suas versões, sustenta que a revelação e a salvação ocorrem apenas por meio de Cristo, o que me parece problemático num mundo pluralista. A maior parte dos autores neo-ortodoxos enfatizam a transcendência divina e não perdem tempo com a imanência. A única ponte decisiva entre Deus e o mundo é a Encarnação. Embora Karl Barth e seus seguidores construam, sem dúvida, uma doutrina da criação, sua preocupação central é com a doutrina da redenção. A natureza tende a ser tratada como cenário irredimido da redenção humana, embora possa vir a participar, no fim dos tempos, da consumação final.

A *perspectiva das duas linguagens* pode nos ajudar, sem dúvida, a reconhecer a diversidade de funções da linguagem religiosa. A religião é um modo de vida, e não simplesmente um conjunto de idéias e crenças. Mas as práticas religiosas de uma comunidade, incluindo o culto e a ética, pressupõe crenças definidas. Contra o instrumentalismo, que vê as teorias científicas e as crenças religiosas como construções humanas, úteis para fins humanos específicos, defenderei, no Capítulo 3, um realismo crítico segundo o qual ambas as comunidades fazem afirmações cognitivas sobre realidades que vão além dos limites da vida humana. Não podemos nos contentar com a ciência e a religião como linguagens não-relacionadas, se elas são linguagens a respeito do mesmo mundo. Se estamos procurando uma interpretação coerente de toda a experiência, não podemos evitar a busca de uma visão de mundo mais unificada.

Se a ciência e a religião fossem totalmente independentes, a possibilidade de conflito estaria evitada, mas a possibilidade de um diálogo construtivo e de um enriquecimento mútuo estaria excluída também. Não experimentamos a vida como algo nitidamente dividido em compartimentos separados; nós a experimentamos em sua integralidade e coesão interna, antes de elaborarmos disciplinas específicas para estudar seus diferentes aspectos. Há também fundamentos bíblicos para a convicção de que Deus é Senhor de toda a nossa vida e da natureza, e não de uma esfera "religiosa" independente. Articular uma teologia da natureza que estimule uma forte preocupação com o meio ambiente é também uma tarefa decisiva hoje. Argumentarei que nenhuma das opções discutidas acima é adequada a essa tarefa.

DIÁLOGO

O Diálogo modela relações mais construtivas entre ciência e religião do que o fazem a perspectiva do Conflito ou da Independência, mas não oferece o grau de unidade conceitual reivindicado pelos defensores da Integração. O Diálogo pode emergir da consideração dos *pressupostos* da especulação científica, ou da abordagem das semelhanças entre os *métodos* da ciência e da religião, ou da análise dos *conceitos* de uma área análogos aos da outra. Ao comparar ciência e religião, o Diálogo enfatiza as semelhanças entre pressupostos, métodos e conceitos, enquanto a Independência enfatiza as diferenças.

1. Pressupostos e Questões-Limite

Os historiadores têm se perguntado por que a ciência moderna surgiu, dentre todas as culturas do mundo, no Ocidente judeu-cristão. Um bom argumento pode ser o de que a *doutrina da criação* ajudou a preparar o terreno para a atividade científica. O pensamento grego, assim como o bíblico, afirmava que o mundo é inteligível e tem uma ordem. Mas os gregos diziam que essa ordem é necessária e que, portanto, é possível deduzir sua estrutura a partir dos primeiros princípios. Somente o pensamento bíblico dizia que Deus criara tanto a forma quanto a matéria, o que quer dizer que o mundo não precisaria ser como é e que só é possível descobrir os pormenores de sua ordem pela observação. Além disso, embora, na visão bíblica, a natureza seja verdadeira e boa, não é divina em si mesma, como afirmavam muitas culturas antigas; portanto, é admissível submetê-la a experimentos.[26]

Devemos ter o cuidado de não exagerar na tese do papel do pensamento cristão no progresso da ciência. Na Idade Média, a ciência árabe avançava significativamente, enquanto a ciência ocidental era freqüentemente obstada por uma ênfase no sobrenatural (embora tenham se desenvolvido importantes tecnologias práticas, especialmente em algumas ordens monásticas). Quando a ciência moderna finalmente se desenvolveu na Europa, foi auxiliada pela influência humanística renascentista, pelo crescimento das corporações de ofício, dos negócios e do comércio e pelos novos padrões de lazer e educação. Ainda assim, a idéia de criação parece ter dado uma legitimidade religiosa à investigação científica. Muitos dos primeiros cientistas acreditavam que, em seu trabalho, estariam "seguindo o curso dos pensamentos de Deus". Além disso, a ética de trabalho calvinista parece ter favorecido de modo especial a ciência. Na Royal Society, a mais antiga instituição para o avanço da ciência, sete em cada dez membros eram puritanos, e muitos eram clérigos.[27]

No cenário contemporâneo, a ciência levanta *questões-limite*, mas não as resolve ela própria. São denominadas, às vezes, "questões fronteiriças", em referência às fronteiras metodológicas e conceituais, bem como espaciais e temporais. O teólogo escocês Thomas Torrance afirma que a ciência propõe questões fundamentais que não consegue resolver. A ciência nos mostra uma ordem que é ao mesmo tempo racional e contingente; suas leis e condições iniciais não eram necessárias. A combinação de *contingência* e *inteligibilidade* nos leva a procurar formas novas e inesperadas de ordem racional. Os teólogos afirmam que Deus é a base criativa da ordem contingente, mas racional, do Universo. "A correlação com a racionalidade em Deus contribui para a elucidação da natureza misteriosa e desconcertante da inteligibilidade inerente ao Universo, e explica o profundo senso de reverência religiosa que faz surgir em nós e que, como insistia Einstein, é a mola propulsora da ciência."[28]

O teólogo católico David Tracy vê uma dimensão religiosa na ciência. Afirma que as questões religiosas surgem nos confins ou *situações-limite* da experiência humana. Na vida cotidiana, esses limites estão nas experiências de ansiedade e confronto com a morte, assim como na alegria e na confiança básica. Ele descreve dois tipos de situação-limite na ciência: os problemas éticos das aplicações da ciência e os pressupostos ou condições de possibilidade de investigação científica. Tracy sustenta que a inteligibilidade do mundo requer uma base racional última. Para o cristão, as fontes para compreender essa base são os textos religiosos clássicos e as estruturas da experiência humana. Todas as nossas formulações teológicas, no entanto, são limitadas e historicamente condicionadas.[29]

As teorias referentes ao *big-bang* e à origem do Universo, em especial, levantam questões relativas às fronteiras temporais, espaciais e conceituais. Por que, afinal, existe um Universo? A astronomia também levanta questões sobre a inteligibilidade e a contingência do cosmos, que serão discutidas no capítulo seguinte.

2. Paralelos Metodológicos e Conceituais

Vimos que os exponentes do materialismo científico costumam afirmar que a ciência é *objetiva*. Suas teorias são validadas por critérios nítidos e testadas por sua concordância com dados indiscutíveis e independentes de teorias. Os dados da ciência não são afetados por predileções individuais ou influências culturais. Ao contrário, a religião parece altamente *subjetiva* e fortemente influenciada por pressupostos individuais e culturais. A ciência, dizem eles, requer observação imparcial e raciocínio lógico, enquanto a religião requer envolvimento pessoal numa determinada tradição e num determinado conjunto de práticas.

No entanto, muitos historiadores, filósofos da ciência e teólogos puseram em dúvida esse contraste acentuado, argumentando que a ciência não é tão objetiva, nem a religião tão subjetiva, quanto se pensava. Existem, de fato, diferenças de ênfase entre as duas áreas, mas as distinções não são absolutas. Os dados científicos não são independentes das teorias, mas viciados por elas. Os pressupostos teóricos interferem na seleção, descrição e interpretação dos dados de interesse. Além disso, teorias não surgem da análise lógica dos dados, mas de atos de imaginação criativa, nos quais *analogias e modelos* têm freqüentemente um papel. Os modelos conceituais nos ajudam a imaginar o que não é diretamente observável, especialmente nos domínios do muito grande (astronomia) e do muito pequeno (física quântica).

Muitas dessas mesmas características estão presentes na religião. Se, entre os dados da religião, incluem-se a experiência religiosa, os rituais e os textos das escrituras, esses dados são ainda mais marcadamente viciados por interpretações conceituais. Na linguagem religiosa, da mesma forma, *metáforas e modelos* são essenciais, conforme argumentam trabalhos de minha autoria, de Sallie McFague e de Janet Soskice.[30] Nitidamente, as crenças religiosas não são acessíveis ao teste empírico rigoroso, mas podem ser abordadas com um pouco do mesmo espírito de investigação encontrado na ciência. Os critérios científicos da coerência, da abrangência e da fecundidade têm seus paralelos no pensamento religioso.

O influente livro de Thomas Kuhn, *The Structure of Scientific Revolutions* [*A Estrutura das Revoluções Científicas*], afirma que tanto as teorias quanto os dados, na ciência, dependem dos paradigmas predominantes na comunidade científica. Um *paradigma* é definido como um feixe de pressupostos conceituais, metafísicos e metodológicos incorporados por uma tradição de trabalho científico. Com um novo paradigma, os velhos dados são reinterpretados e vistos de novas maneiras, e buscam-se novas espécies de dados. Na escolha entre paradigmas, não há regras ou critérios determinantes. A avaliação é um ato de julgamento da comunidade científica. Um paradigma estabelecido é resistente à refutação, uma vez que as discrepâncias entre a teoria e os dados podem ser deixadas de lado, como anomalias, ou reconciliadas por meio da inserção de hipóteses *ad hoc*.[31] Sugeri que as tradições religiosas também podem ser consideradas comunidades que partilham de um paradigma comum. Na religião, a interpretação dos dados (tais como a experiência religiosa e os fatos históricos) depende ainda mais do paradigma do que na ciência. Os pressupostos *ad hoc* geralmente são inseridos para reconciliar as aparentes anomalias — de modo que os paradigmas religiosos são ainda mais resistentes à refutação, mas não de todo imunes ao questionamento.[32]

Vários autores mencionaram esses *paralelos metodológicos* entre a ciência e a religião. O físico e teólogo John Polkinghorne fornece exemplos de julgamento pessoal e de dados viciados por teorias em ambas as áreas. Para uma comunidade religiosa, os dados são os registros escriturais e o histórico da experiência religiosa. Há uma semelhança entre as duas áreas na medida em que "cada uma delas é corrigível, pela necessidade de relacionar a teoria com a experiência, e se ocupa essencialmente de entidades cuja realidade indescritível é mais sutil do que as da objetividade ingênua".[33] O filósofo Holmer Rolston afirma que as crenças religiosas interpretam e correlacionam a experiência, quase do mesmo modo como as teorias científicas interpretam e correlacionam os dados empíricos. As crenças podem ser testadas pelos critérios da consistência e da conformidade com a experiência. Mas Rolston reconhece que o envolvimento pessoal é mais completo no caso da religião, uma vez que o objetivo primordial é a reforma da pessoa. Além disso, há outras diferenças significativas: a ciência se interessa por causas, por exemplo, enquanto a religião se interessa por significados pessoais.[34]

A *condição do observador* também tem sido reconsiderada na ciência. As primeiras opiniões identificavam a objetividade com a separabilidade do observador em relação ao objeto observado. Na física quântica, porém, a influência do processo de observação sobre o sistema observado é crucial. Na relatividade, as medidas mais básicas, como a massa, a velocidade e a extensão de um objeto, dependem do quadro de referência do observador. Stephen Toulmin delineia a substituição da hipótese do observador destacado pelo reconhecimento da participação do observador; cita exemplos da física quântica, da ecologia e das ciências sociais. Cada experimento é uma ação na qual nós somos agentes, e não apenas observadores. O observador é um participante inseparável do objeto observado.[35] No Capítulo 3, forneceremos exemplos da física quântica relativos ao papel do observador.

Todos esses autores reconhecem que há *diferenças de método* entre ciência e religião. A ciência é mais claramente objetiva do que a religião, em cada um dos sentidos mencionados anteriormente. Os dados de que a religião parte são de uma espécie radicalmente diferente dos da ciência, e a possibilidade de testar as crenças religiosas é muito mais limitada. A religião é mais do que um sistema intelectual, porque ela tem em vista a transformação da pessoa e o modo de vida. Mas todos esses autores sustentam que há também *paralelos significativos* entre os métodos das duas áreas, incluindo-se a adoção dos critérios da consistência e da conformidade com a experiência. Afirmam que a teologia, naquilo que tem de melhor, é um empreendimento autocrítico e reflexivo, que pode estar aberto a novas concepções, inclusive àquelas com origem na ciência.

Além dos paralelos metodológicos, os paralelos conceituais entre ciência e religião têm sido abordados por diversos autores recentes. A *transmissão de informações* na ciência permite, por exemplo, alguns interessantes paralelos com a visão bíblica do Verbo divino na criação. A informação é um conceito importante em vários ramos da ciência (o DNA dos organismos, os programas de computadores, as estruturas neurais do cérebro), conforme descrito no Capítulo 4 (ver "O Conceito de Informação"). Polkinghorne sugeriu que a atividade de Deus no mundo pode ser concebida como transmissão de informações (ver "Deus como Transmissor de Informações", no Capítulo 6). A *auto-organização* dos sistemas complexos (especialmente dos sistemas não-lineares distantes do equilíbrio), descrita no Capítulo 4, tem sido relacionada com um modelo de Deus como planejador de um processo auto-organizado (Capítulo 6). Em resumo, os paralelos metodológicos e conceituais, como os pressupostos e as questões-limite, propõem a possibilidade de um diálogo significativo entre ciência e religião, ao mesmo tempo em que preservam a integridade de cada domínio.

INTEGRAÇÃO

Alguns autores propõem reformulações mais amplas e sistemáticas das idéias teológicas tradicionais do que as imaginadas pelos defensores do Diálogo discutidos acima. Há três versões distintas de Integração. Na *teologia natural*, alega-se que a existência de Deus pode ser deduzida (ou é fortalecida) a partir dos indícios de um planejamento na natureza, dos quais a ciência nos tornou mais conscientes. Na *teologia da natureza*, as fontes principais da teologia permanecem fora da ciência, mas as teorias científicas influenciam na reformulação de certas doutrinas, em particular nas da criação e da natureza humana. Na *síntese sistemática*, tanto a ciência como a religião contribuem para o desenvolvimento de uma metafísica includente, como a da filosofia de processo.

1. Teologia Natural

Há vários exemplos de teologia natural em séculos passados. Santo Tomás de Aquino afirmava que algumas características de Deus só se conhecem pela revelação contida nas escrituras, mas a existência de Deus pode ser conhecida pela razão apenas. Uma das formas do seu *argumento cosmológico* assegurava que todo evento deve ter uma causa, de modo que é necessário postular uma Primeira Causa para evitar a regressão infinita. Uma outra forma dizia que a seqüência inteira (finita ou infinita) de causas naturais é contingente e poderia não existir; ela depende de um ser que existe necessariamente. O *argumento teleológico* (do grego *telos*, "propósito" ou "finalidade") de Santo Tomás parte da ordem e da inteligibilidade como características gerais da natureza, mas prossegue mencionando indícios específicos de planejamento no mundo natural.[36]

Os fundadores da ciência moderna expressavam com freqüência sua admiração pela harmoniosa coordenação da natureza, que viam como obra de Deus. Newton dizia que o olho não poderia ter sido inventado sem conhecimentos de ótica, e Robert Boyle enaltecia os indícios, por toda parte na ordem natural, de um planejamento benevolente. No século XVIII, o mundo era visto como um relógio mecânico, e o Deus relojoeiro do deísmo como seu projetista. Mas o filósofo David Hume apresentou uma ampla crítica do argumento do planejamento. Observou que o princípio organizador responsável pelos padrões na natureza pode estar *nos* organismos, e não *fora* deles. Quando muito, disse ele, o argumento indicaria a existência de um deus finito, ou de vários deuses, e não do Criador onipotente do monoteísmo. Alegou também que a presença do mal e do sofrimento no mundo aniquila a tese tradicional do planejamento.[37]

Apesar da crítica de Hume, o *argumento do planejamento* permaneceu muito popular. William Paley disse que, quando se encontra um relógio numa charneca, é justo concluir que o relógio foi concebido por um ser inteligente. De modo parecido, disse ele, quando se pensa no olho humano, com suas muitas e complexas partes coordenadas para a exclusiva finalidade da visão, só se pode concluir que é produto de um planejamento inteligente. Paley citou vários outros exemplos de coordenações de estruturas que desempenham funções úteis para os organismos vivos.[38] Foi Darwin, é claro, quem desferiu o mais sério golpe no argumento, ao mostrar que a adaptação pode ser explicada pela variação aleatória e seleção natural. Mas o próprio Darwin defendeu (pelo menos até os anos finais de sua vida) uma versão reformulada do argumento. Ele disse, como já foi mencionado, que Deus não planejou os detalhes particulares de cada espécie, mas sim as leis dos processos evolutivos pelos quais as espécies se formaram, relegando os detalhes ao acaso.

Entre os filósofos contemporâneos, Richard Swinburne apresentou uma ampla defesa da teologia natural. Ele começa discutindo a *teoria da confirmação* na filosofia da ciência. No desenvolvimento da ciência, novos indícios não tornam certa uma teoria. Em vez disso, uma teoria tem uma plausibilidade inicial, e a probabilidade de que ela seja verdadeira aumenta ou diminui conforme se obtêm mais indícios (teorema de Bayes). Swinburne sugere que a existência de Deus tem uma plausibilidade inicial, por sua simplicidade e por fornecer uma explicação coerente do mundo em termos de intenções de um agente. Ele argumenta, então, que os indícios de uma ordem no mundo aumentam a probabilidade da hipótese teísta. Afirma também que a ciência não consegue explicar a presença de seres conscientes no mundo. É necessário "alguma coisa exterior ao emaranhado das leis físicas" para explicar a origem da consciência. Por fim, a experiência religiosa fornece "indícios complementares cruciais". "Considerando o total dos indícios, o teísmo é mais provável do que não", conclui Swinburne.[39]

A mais recente capitulação ao argumento do planejamento é o *Princípio Antrópico* da cosmologia. Os astrofísicos descobriram que a vida no Universo teria sido impossível se os valores de algumas constantes físicas e de outras condições, no Universo inicial, tivessem sido diversos, ainda que ligeiramente. O Universo parece ajustado em "sintonia fina" para a possibilidade de vida. Stephen Hawking, por exemplo, diz que, se a taxa de expansão, um segundo depois do *big-bang*, tivesse sido menor, ainda que na proporção de uma unidade em cem mil milhões de milhões, o Universo teria revertido ao colapso antes que a vida pudesse formar-se.[40] O físico Freeman Dyson tira de tais descobertas a seguinte conclusão:

> Da existência desses acidentes da física e da astronomia, concluo que o Universo é um lugar inesperadamente hospitaleiro para as criaturas vivas que o habitam. Sendo eu um cientista, adestrado nos hábitos de pensamento não do século XVIII, mas do XX, não afirmo que a arquitetura do Universo prove a existência de Deus. Afirmo apenas que a arquitetura do Universo é coerente com a hipótese de que a mente desempenha um papel essencial em seu funcionamento.[41]

John Barrow e Frank Tipler apresentam vários outros exemplos da presença, no Universo inicial, de *valores extremamente críticos* de diversas forças.[42] O filósofo John Leslie defende o Princípio Antrópico como um argumento em favor do planejamento. Mas salienta que uma explicação alternativa seria a hipótese de vários mundos (seja em ciclos sucessivos de um Universo em oscilação, seja em Universos separados existindo simultaneamente). Esses mundos podem diferir um do outro, e acontece simplesmente que nós estamos em um que apresentou as variáveis certas para o surgimento da vida. Além disso, a necessidade de algumas dessas condições aparentemente arbitrárias pode ser esclarecida por uma teoria unificada mais básica, ainda por ser descoberta.[43] O Princípio Antrópico e seus críticos serão discutidos em maior detalhe no Capítulo 2. No Capítulo 4, examinaremos o conceito de "planejamento evolutivo". Outras versões da teologia natural serão abordadas no Capítulo 6.

A teologia natural tem um grande apelo num mundo de pluralismo religioso, uma vez que ela parte de dados científicos sobre os quais se pode esperar um acordo apesar das diferenças culturais e religiosas. Além disso, é coerente com a reação pessoal de reverência e admiração que muitos cientistas experimentam em seu trabalho. Os defensores do argumento do planejamento, hoje, não alegam que ele ofereça provas conclusivas do teísmo; mas afirmam, mais modestamente, que a crença num Planejador é mais plausível do que as outras propostas de interpretação (ou pelo menos tão plausível quanto elas). Talvez isso ajude a superar obstáculos e conduza a uma abertura maior para outras formas de experiência religiosa e de participação numa comunidade de fé. Por outro lado, deve-se reconhecer as limitações do argumento. Tomado isoladamente, ele pode levar, na melhor das hipóteses, apenas ao Deus do deísmo, ao Planejador inteligente e distante do mundo. Pode-se combinar isso, no entanto, com crenças teístas baseadas na experiência religiosa pessoal e com uma tradição histórica. Embora façam uso dos argumentos em favor do planejamento, dificilmente os expositores da teologia da natureza atribuem a eles um lugar central em sua vida e em seu pensamento.

2. Teologia da Natureza

A teologia da natureza não parte da ciência como normalmente o faz, hoje, a teologia natural. Ao contrário, parte de uma tradição religiosa, baseada na experiência religiosa e na revelação histórica. Mas afirma que algumas doutrinas tradicionais precisam ser *reformuladas* à luz da ciência atual. Aqui, ciência e religião são vistas como fontes relativamente independentes de idéias, mas com algumas áreas de sobreposição de interesses. As doutrinas da criação e da natureza humana, em especial, são afetadas pelas descobertas da ciência. Se as crenças religiosas devem estar em harmonia com o conhecimento científico, são necessários ajustes ou modificações mais extensos do que os introduzidos pelos defensores da tese do Diálogo. Afirma-se que o teólogo deve se utilizar de vastos domínios amplamente aceitos da ciência, em vez de se arriscar a adaptar-se a teorias limitadas, ou especulativas, que provavelmente serão abandonadas no futuro. As doutrinas teológicas devem ser coerentes com as provas científicas, mesmo que não sejam diretamente dedutíveis das teorias científicas atuais.

Nossa compreensão das características gerais da natureza influencia nossos modelos de relação entre a natureza e Deus. A natureza é entendida, hoje, como um *processo evolutivo dinâmico*, com um longo histórico de surgimento de inovações, caracterizada, do começo ao fim, pelo acaso e pela lei. A ordem natural é ecológica, interdependente e dotada de múltiplos níveis. Essas características alteram nossa representação das relações de Deus e do homem com a natureza não-humana. Isso influencia, por sua vez, nossas atitudes perante a natureza e tem conseqüências práticas sobre a ética ambiental. O problema do mal é visto também de modo diferente, num mundo não estático, mas em evolução.

Para o bioquímico e teólogo Arthur Peacocke, o ponto de partida da reflexão teológica é a experiência religiosa, presente e passada, de uma comunidade religiosa contínua. As crenças religiosas são testadas pelo consenso comunitário e por critérios de coerência, abrangência e fecundidade. Mas Peacocke pretende reformular as crenças religiosas em resposta à ciência atual. Discute detalhadamente como o *acaso* e a *lei* operam juntos na cosmologia, na física quântica, na termodinâmica do não-equilíbrio e na evolução biológica. Descreve o surgimento de formas específicas de atividade nos níveis mais complexos da multiestratificada hierarquia da vida orgânica e da mente. Atribui ao acaso, em todos os níveis, um papel inegável na exploração e expressão das potencialidades. Deus cria por meio do processo todo de lei e acaso, e não intervindo nas lacunas do processo. Deus cria nos e por meio dos processos do mundo natural que a ciência revela.

Peacocke vê o acaso como um radar de Deus, sondando o espectro de possibilidades e despertando as diversas potencialidades dos sistemas naturais. Noutras figurações, a criatividade artística serve de análogo da intencionalidade imprevisível.[44] As idéias teológicas de Peacocke são abordadas no Capítulo 4, que apresenta também o conceito da *causalidade descendente* nos organismos. O Capítulo 6 discute os prolongamentos dessas idéias no modelo de "Deus como Causa Descendente" proposto por Peacocke, Philip Clayton e outros.

Uma outra proposta teológica é a que parte da análise da *indeterminação* na física quântica. No Capítulo 3, argumento que a incerteza das previsões, no mundo das partículas subatômicas, representa uma autêntica indeterminação na natureza, e não apenas uma limitação do ser humano para conhecer eventos da natureza em si mesmos estritamente determinados. A seção final do Capítulo 3 descreve a teoria segundo a qual Deus é, em última análise, quem determina as indeterminações em nível quântico, sem violar as leis da natureza — que apenas definem, dentro de um espectro dc valores, as probabilidades, e não os valores exatos. O modelo de "Deus como Determinador de Indeterminações" é desenvolvido mais adiante, no Capítulo 6, com base nos trabalhos de Robert Russell, George Ellis, Nancey Murphy e Tom Tracy. Essas aplicações diretas de idéias científicas à teologia vão além da comparação de conceitos paralelos, discutida no tópico Diálogo, e devem ser classificadas como Integração. Por não apresentarem uma defesa, a partir das provas científicas, da existência de Deus, constituem exemplos de teologia da natureza, e não de teologia natural.

Outras versões recentes da teologia da natureza podem ser encontradas nas autoras feministas. Elas mostram as correlações entre os dualismos que tanto se infiltraram no pensamento ocidental: mente/corpo, razão/emoção, objetividade/subjetividade, dominação/submissão, poder/amor. Em cada caso, o primeiro dos dois termos (*mente, razão, objetividade, dominação, poder*) é identificado, em nossa cultura, como masculino, e o segundo (*corpo, emoção, subjetividade, submissão, amor*) como feminino. Uma cultura historicamente patriarcal, em que os homens detêm a maioria dos cargos de poder, perpetuou uma imagem de Deus predominantemente masculina. Além disso, o primeiro termo de cada par é considerado característico da ciência, em especial em sua tentativa de dominar e controlar a natureza. Várias feministas afirmam que a exploração das mulheres e da natureza tem raízes ideológicas em comum no Ocidente. As ecofeministas radicais recorrem às culturas indígenas para buscar símbolos femininos da divindade e recuperar o sentido do sagrado na natureza.[45] As feministas reformistas, por sua vez, acreditam que os aspectos patriarcais do Cristianismo histórico podem ser rejeitados sem que se rejeite a tradição como um todo. Devo muito, em particular, a feministas reformistas como Sallie McFague e Rosemary Radford Ruether.[46]

Acredito que uma teologia da natureza deve fundamentar-se tanto na ciência como na religião em sua tarefa de elaborar uma *ética ambiental* pertinente para o mundo de hoje. Apenas a ciência pode fornecer os dados necessários à avaliação das ameaças ao meio ambiente derivadas de nossa tecnologia e de nosso estilo de vida, mas as crenças religiosas podem influenciar significativamente nossas atitudes perante a natureza e nossa motivação para agir. Os ambientalistas criticam, com razão, o Cristianismo clássico por ter traçado uma linha demasiado nítida entre a natureza humana e a não-humana, e por ter enfatizado a transcendência de Deus à custa da imanência. As novas interpretações religiosas da natureza humana, as quais levam em consideração a continuidade evolutiva e a interdependência ecológica da vida humana e não-humana, são expostas no Capítulo 5. Os novos modos de representar a transcendência e imanência divinas, no contexto da ciência atual, são investigados no Capítulo 6.

A idéia, presente em Gênesis 1:28, do domínio humano sobre a natureza foi usada algumas vezes para justificar uma dominação ilimitada, em que todas as outras criaturas são vistas simplesmente como meios para os fins humanos. No entanto, vários autores recentes têm estimulado a recuperação de temas bíblicos que favorecem fortemente o ambientalismo.[47] Propõe-se uma *gestão da natureza*, pois a Terra pertence, em última análise, ao Deus pelo qual foi criada. Somos apenas procuradores e gestores, responsáveis por seu bem-estar e sujeitos a prestar contas do modo como a tratamos. O sabá é um dia de repouso para todas as coisas, não apenas para a humanidade. A *celebração da natureza* vai além da gestão, ao afirmar que a natureza é em si mesma preciosa, e não apenas para o uso humano. O primeiro capítulo do Gênesis termina com uma afirmação da bondade da ordem criada que abrange todas as formas de vida, e muitos dos salmos celebram a rica diversidade do mundo natural — inclusive de estranhas criaturas sem nenhuma utilidade para nós.

As *concepções sacramentais da natureza* atribuem um valor ainda maior ao mundo natural, ao afirmar que o sagrado está presente nele e por trás dele. Os ortodoxos do Oriente, o Cristianismo céltico e alguns autores anglicanos sustentam que toda a natureza — e não apenas o pão, o vinho e a água dos sacramentos — pode veicular a graça de Deus. O mesmo Deus encontrado na vida de Cristo e da Igreja pode ser encontrado na natureza. Esses diversos temas de uma ética ambiental para a atualidade são citados em várias passagens deste livro; examinei-os mais detalhadamente, porém, noutras obras.[48]

3. Síntese Sistemática

Uma integração mais sistemática pode ocorrer se ambas, ciência e religião, contribuírem para uma visão coerente de mundo, elaborada numa metafísica includente. A metafísica é a busca de um conjunto de conceitos gerais em cujos termos seja possível interpretar diversos aspectos da realidade. O esquema conceitual includente que se procura deverá representar as características fundamentais de todos os eventos. Essa metafísica pertence ao campo do filósofo, mais do que do cientista ou do teólogo, mas pode servir como espaço de reflexão comum.

No século XIII, Santo Tomás de Aquino articulou uma importante metafísica que permanece influente no pensamento católico. Sua extensa obra escrita integrou sistematicamente as idéias dos autores cristãos anteriores com o melhor da filosofia e da ciência de seu tempo, derivadas, em grande parte, dos trabalhos de Aristóteles, que haviam sido redescobertos no Ocidente por meio das traduções árabes.[49] Mas eu diria que o pensamento de Santo Tomás expressava dualismos de matéria/espírito, corpo/alma temporalidade/eternidade e natureza/humanidade que só foram parcialmente superados no pensamento tomista mais recente (ver Capítulo 5).

A *filosofia do processo* é hoje uma promissora candidata ao papel de mediação, porque ela própria foi elaborada sob a influência de idéias tanto científicas como religiosas. Alfred North Whitehead estava familiarizado com a física quântica e com sua descrição da realidade como série de eventos momentâneos e campos interpenetrantes, em vez de partículas separadas. Em seu pensamento, os processos de mudança e as relações entre os eventos são mais fundamentais do que os objetos estáveis e independentes. Para ele, como para os evolucionistas, a natureza é uma rede dinâmica de eventos interligados, caracterizada tanto pela inovação como pela ordem. Whitehead e seus seguidores criticam o reducionismo; defendem categorias organísmicas aplicáveis às atividades em todos os níveis de organização.[50]

O pensamento de processo afirma que os elementos constitutivos básicos da realidade não são dois tipos de entidades estáveis (o dualismo mente/matéria), ou um só tipo de entidade estável (o materialismo), mas *um tipo de evento* com *dois aspectos ou fases*. Essa filosofia é monística ao retratar o caráter comum de todos os eventos, mas reconhece que esses eventos podem ser organizados de diversas maneiras — o que leva a um pluralismo organizacional de diversos níveis. Todas as entidades integradas, como os organismos (mas não os agregados desprovidos de integração, como as pedras), possuem uma realidade interior e uma exterior, as quais, porém, adotam formas bem distintas nos diferentes níveis. A interioridade varia amplamente, desde a memória, sensibilidade, reatividade e antecipação rudimentares, nos organismos simples, até a consciência, que requer um sistema nervoso central. Vista de dentro, a interioridade pode ser concebida como um momento da experiência — embora a experiência *consciente* só ocorra em níveis superiores de organização, e a autoconsciência reflexiva seja exclusivamente humana. Na história evolutiva, emergem fenômenos genuinamente novos, mas as categorias metafísicas fundamentais aplicam-se a todos os eventos.[51]

Para os filósofos do processo, Deus é *fonte da inovação e da ordem*. A criação é um processo longo e incompleto. Deus estimula a autocriação de entidades individuais, permitindo, com isso, a liberdade e a inovação, assim como a ordem e a estrutura. Deus não é o Soberano transcendente do Cristianismo clássico. Deus interage reciprocamente com o mundo; influencia todos os eventos, mas não é causa exclusiva de nenhum. A metafísica de processo entende cada novo evento como produto conjunto do passado daquela entidade, de sua própria ação e da ação de Deus. Aqui, embora transcenda o mundo, Deus é imanente ao mundo de um modo específico na produção de cada evento. Não há uma sucessão de eventos puramente naturais, interrompida por lacunas onde somente Deus opera.

Charles Hartshorne elaborou uma versão do pensamento de processo em que há um conceito "bipolar" de Deus: imutável quanto a intenção e caráter, mas mutável quanto a experiência e relações.[52] Os filósofos do processo rejeitam a idéia de onipotência divina; acreditam num Deus persuasivo, não coercitivo, e têm apresentado análises específicas do lugar que a mudança, a liberdade humana, o mal e o sofrimento ocupam no mundo. Teólogos do processo cristãos, como John Cobb e David Griffin, salientam que o poder do amor, tal como exemplificado na cruz, é precisamente a habilidade de despertar reações ao mesmo tempo em que se respeita a integridade dos outros seres. Afirmam também que a imutabilidade divina não é característica do Deus bíblico, que está intimamente envolvido com a história.[53]

O pensamento de processo pode também contribuir particularmente com a *ética ambiental*. A vida humana e a vida não-humana não estão separadas por nenhuma linha absoluta. Se as outras criaturas são centros de experiência, elas também possuem valor intrínseco, e não apenas um valor instrumental para a humanidade. Um outro tema de processo com implicações ambientais é a ênfase na interdependência. Enquanto a teologia tradicional enfatizava a transcendência (sem ignorar a imanência), o pensamento de processo leva a uma ênfase na imanência divina no mundo natural (sem ignorar a transcendência), o que estimularia um maior respeito pela natureza. Diversos aspectos da filosofia e da teologia de processo são desenvolvidos nas seções finais dos Capítulos 4, 5 e 6.

Tendo feito, neste capítulo, um levantamento de um amplo espectro de opiniões e temas, concluo resumindo minha própria opinião sobre cada um dos quatro tipos descritos:

1. *Conflito*. Argumentei que tanto os materialistas científicos quanto os literalistas bíblicos falham ao não reconhecer as significativas diferenças que há entre as proposições científicas e religiosas. Os materialistas científicos promovem um compromisso filosófico particular como se fosse uma conclusão científica, e os literalistas bíblicos promovem uma cosmologia pré-científica como se fosse uma parte essencial da fé religiosa.
2. *Independência*. A neo-ortodoxia diz, corretamente, que, na comunidade cristã, é na reação à pessoa de Cristo que nossa vida pode mudar. Em meu ponto de vista, o centro da vida cristã é uma experiência de reorientação, uma cura para nossa fragmentaridade numa nova inteireza e uma expressão de um novo relacionamento com Deus e com o próximo. Mas o caráter central da redenção não precisa fazer nos ignorar a criação, porque nossa vida pessoal e social é intimamente unida ao resto da ordem criada. A natureza é mais do que um palco impessoal para o drama da redenção pessoal. Fazemos parte de um drama que inclui todas as criaturas. A análise lingüística mostra corretamente as distintas funções das histórias, rituais e práticas na vida de uma comunidade religiosa. Uma tradição religiosa é, de fato, um modo de vida, e não um conjunto de idéias abstratas. Mas um modo de vida pressupõe crenças quanto à natureza da realidade, e não pode se manter quando essas crenças deixam de convencer.
3. *Diálogo*. Os pressupostos da ciência e as questões-limite que ela faz surgir (como as questões relativas à contingência e à inteligibilidade do Universo) foram historicamente importantes, e ainda o são, mas constituem problemas de fundamento que talvez pareçam, hoje em dia, um tanto abstratos para a maioria das pessoas. Considero os paralelos metodológicos mais significati-

vos, porque influenciam a nossa compreensão das investigações científicas e teológicas e, assim, nossa idéia das relações entre as duas áreas. Os paralelos conceituais entre determinadas teorias científicas e determinadas crenças teológicas estão ainda mais próximos do trabalho cotidiano dos cientistas e teólogos, e ocupam lugar de destaque em algumas das mais criativas interações entre as disciplinas hoje em dia.

4. *Integração.* Como forma de teologia natural, os atuais argumentos em favor do planejamento não têm a pretensão de apresentar uma prova da existência de Deus, mas sugerem que o teísmo é tão plausível quanto (ou mais plausível que) as outras interpretações do padrão da história cósmica. Isso pode ajudar a responder às alegações do materialismo filosófico, mas omite os aspectos mais centrais da experiência religiosa pessoal numa tradição religiosa. Uma teologia da natureza me parece mais promissora, porque parte da vida de uma comunidade religiosa e indaga o quanto suas crenças talvez precisem de uma reformulação no contexto da ciência moderna. As concepções contemporâneas de história evolutiva, de lei e acaso, e o caráter multiestratificado dos organismos biológicos são importantes para as doutrinas da criação, da providência e da natureza humana, assim como para a ética ambiental.

   Enquanto procuramos articular a teologia da natureza, uma metafísica sistemática, como a filosofia de processo, pode nos ajudar em nossa busca de uma visão coerente. Mas nem a ciência nem a religião devem ser equiparadas a um sistema metafísico. É perigoso distorcer idéias científicas ou religiosas para adaptá-las a uma síntese preconcebida que pretenda abarcar toda a realidade. Devemos manter sempre em mente a rica diversidade de nossa experiência. Nós a distorcemos quando a retalhamos em domínios separados ou compartimentos estanques; mas também quando tentamos inseri-la à força num sistema intelectual puro. Uma visão coerente da realidade precisa admitir o caráter diferencial dos diversos gêneros de experiência.

Ao examinar ciências específicas, em cada um dos capítulos seguintes, indicarei minhas razões para discordar da tese do Conflito. Vou destacar os tópicos que considero válidos na postura da Independência, embora não aceite suas conclusões. Descreverei algumas propostas significativas do Diálogo, especialmente as que sugerem paralelos metodológicos e conceituais. Por fim, dos defensores da Integração, vou inspirar-me nas reformulações das doutrinas da criação, da natureza humana e — mais resumidamente — da ética ambiental, com uma utilização cautelosa de idéias da filosofia de processo.

Notas

1. Jerome J. Langford, *Galileo, Science and the Church*, ed. rev. (Ann Arbor: University of Michigan Press, 1971); William Shea, "Galileo and the Church", *in God and Nature*, org. David C. Lindberg and Ronald L. Numbers (Berkeley and Los Angeles: University of California Press, 1986).
2. James R. Moore, *The Post-Darwinian Controversies: A Study of the Protestant Struggle to Come to Terms with Darwin in Great Britain and America, 1870-1900* (Cambridge: Cambridge University Press, 1979).
3. Charles Darwin, cartas a Asa Gray (22 de maio e 26 de novembro de 1860), *in* Francis Darwin, *Life and Letters of Charles Darwin*, vol. 2 (Londres: John Murray, 1887), pp. 312, 278.
4. Ernst Haeckel, citado por Loren Eiseley, *Darwin's Century* (Nova York: Doubleday, 1958), p. 346.
5. John W. Draper, *History of the Conflict between Science and Religion* (Nova York: Appleton, 1874); Andrew Dickson White, *A History of the Warfare of Science and Theology*, 2 vols. (Nova York: Appleton, 1896).
6. John Hedley Brooke, *Science and Religion: Some Historical Perspectives* (Cambridge: Cambridge University Press, 1991).
7. Carl Sagan, *Cosmos* (Nova York: Random House, 1980).
8. Carl Sagan, *Contact: A Novel* (Nova York: Simon & Schuster, 1985), p. 315.
9. Carl Sagan, *A Demon-Haunted World: Science as a Candle in the Dark* (Nova York: Ballantine, 1996).
10. Edward O. Wilson, *Sociobiology: The Nova Synthesis* (Cambridge, MA: Harvard University Press, 1975), p. 4.
11. Edward O. Wilson, *On Human Nature* (Cambridge, MA: Harvard University Press, 1978), caps. 8 e 9.
12. Arthur Eddington, *The Nature of the Physical World* (Cambridge: Cambridge University Press, 1928), p. 16.
13. "Nova Direita" (N. T.).
14. Henry Morris, org., *Scientific Creationism*, 2ª ed. (El Cajun, CA: Master Books, 1985); Ronald L. Numbers, *The Creationists* (Nova York: Knopf, 1992).
15. George Webb, *The Evolution Controversy in America* (Lexington: University of Kentucky Press, 1994), cap. 10.
16. Philip Kitcher, *Abusing Science: The Case against Creationism* (Cambridge, MA: MIT Press, 1982).

17. Philip Johnson, *Darwinism on Trial*, 2ª ed. (Downers Grove, IL: InterVarsity Press, 1993).
18. Michael Behe, *Darwin's Black Box* (Nova York: Free Press, 1998).
19. "Message of His Holiness John Paul II", *in John Paul II on Science and Religion: Reflections on the Nova View from Rome*, org. Robert John Russell, William R. Stoeger, S. J., e George V. Coyne, S. J. (Vatican: Vatican Observatory, 1990), p. M13.
20. Richard H. Bube, *Putting It All Together: Seven Patterns for Relating Science and the Christian Faith* (Lanham, NY: University Press of America, 1995).
21. Uma boa introdução é Karl Barth, *Dogmatics in Outline* (Nova York: Harper & Row, 1949).
22. Langdon Gilkey, *Maker of Heaven and Earth* (Garden City, NY: Doubleday, 1959) e *Creationism on Trial* (Minneapolis: Winston Press, 1985), pp. 108-16.
23. Um útil resumo e comentário da análise lingüística e da abordagem da ciência e da religião como duas linguagens é fornecido por William H. Austin, *The Relevance of Natural Science to Theology* (Londres: Macmillan, 1976).
24. George Lindbeck, *The Nature of Doctrine: Religion and Theology in a Postliberal Age* (Filadélfia: Westminster Press, 1982).
25. Frederick Streng, *Understanding Religious Life*, 3ª ed. (Belmont, CA: Wadsworth, 1985).
26. Christopher Kaiser, *Creation and the History of Science* (Grand Rapids: Eerdmans, 1991).
27. I. Bernard Cohen, *Puritanism and the Rise of Modern Science: The Merton Thesis* (New Brunswick, NJ: Rutgers University Press, 1990).
28. Thomas Torrance, "God and the Contingent World", *Zygon* 14 (1979): 347. Ver também, do mesmo autor, *Divine and Contingent Order* (Oxford: Oxford University Press, 1981).
29. David Tracy, *Blessed Rage for Order* (Nova York: Seabury, 1975).
30. Ian G. Barbour, *Myths, Models, and Paradigms* (Nova York: Harper & Row, 1974); Sallie McFague, *Metaphorical Theology: Models of God in Religious Language* (Filadélfia: Fortress Press, 1982); Janet Soskice, *Metaphor and Religious Language* (Oxford: Clarendon Press, 1985).
31. Thomas Kuhn, *The Structure of Scientific Revolutions*, 2ª ed. (Chicago: University of Chicago Press, 1970).
32. Ver Ian G. Barbour, *Religion and Science: Historical and Contemporary Issues* (San Francisco: HarperSanFrancisco, 1997), cap. 5.
33. John Polkinghorne, *One World: The Interaction of Science and Theology* (Princeton, NJ: Princeton University Press, 1987), p. 64; ver também, do mesmo autor, *Science and Creation* (Londres: SPCK, 1988).
34. Holmes Rolston, *Science and Religion: A Critical Survey* (Nova York: Random House, 1987).
35. Stephen Toulmin, *The Return to Cosmology* (Berkeley e Los Angeles: University of California Press, 1982), parte 1.

36. Anthony J. P. Kenny, *The Five Ways of St. Thomas Aquinas' Proofs of God's Existence* (Nova York: Schocken Books, 1969).
37. David Hume, *Dialogues Concerning Natural Religion* [1779] (Nova York: Social Science Publishers, 1948).
38. William Paley, *Natural Theology* (Boston: Gould, Kendall & Lincoln, 1850).
39. Richard Swinburne, *The Existence of God* (Oxford: Clarendon Press, 1979), p. 291.
40. Stephen W. Hawking, *A Brief History of Time* (Nova York: Bantam Books, 1988), p. 291.
41. Freeman Dyson, *Disturbing the Universe* (Nova York: Harper & Row, 1979), p. 251.
42. John Barrow and Frank Tipler, *The Anthropic Cosmological Principle* (Oxford e Nova York: Oxford University Press, 1986).
43. John Leslie, *Universes* (Londres e Nova York: Routledge, 1989).
44. Arthur Peacocke, *Theology for a Scientific Age*, ed. ampliada (Minneapolis: Fortress Press, 1993).
45. Irene Diamond e Gloria Feman Orenstein, *Reweaving the World: The Emergence of Ecofeminism* (San Francisco: Sierra Club Books, 1990); Judith Plant, org., *Healing the Wounds: The Promise of Ecofeminism* (Filadélfia: Nova Society Publishers); Carol Adams, org., *Ecofeminism and the Sacred* (Nova York: Continuum, 1993).
46. Sallie McFague, *Models of God: Theology for an Ecological, Nuclear Age* (Filadélfia: Fortress Press, 1987); Rosemary Radford Ruether, *Gaia and God: An Ecofeminist Theology of Earth Healing* (San Francisco: HarperSanFrancisco, 1992).
47. Por exemplo, James A. Nash, *Loving Nature: Ecological Integrity and Christian Responsibility* (Nashville: Abingdon Press, 1991).
48. Ian G. Barbour, org., *Earth Might Be Fair: Reflections on Ethics, Religion, and Ecology* (Englewood Cliffs, NJ: Prentice-Hall, 1972); Ian G. Barbour, *Ethics in an Age of Technology* (San Francisco: HarperSanFrancisco, 1993), cap. 3; Ian G. Barbour, "Scientific and Religious Perspectives on Sustainability", *in Christianity and Ecology: Wholeness, Respect, Justice, Sustainability*, org. Dieter T. Hessel e Rosemary Radford Ruether (Cambridge, MA: Harvard University Center for the Study of World Religions, 1999).
49. Brian Davies, *The Thought of Thomas Aquinas* (Oxford: Oxford University Press, 1992).
50. Alfred North Whitehead, *Science and the Modern World* (Nova York: Macmillan, 1925); Charles Birch e John B. Cobb, Jr., *The Liberation of Life* (Cambridge: Cambridge University Press, 1981).
51. David Ray Griffin, *Religion and Scientific Naturalism* (Oxford: Oxford University Press, 1999).
52. Charles Hartshorne, *The Divine Relativity* (New Haven: Yale University Press, 1948).
53. John B. Cobb e David Ray Griffin, *Process Theology: An Introduction* (Filadélfia: Westminster Press, 1976).

Capítulo 2

Astronomia e Criação

A maior parte dos astrônomos, desde Ptolomeu, Copérnico e Galileu até o século XVIII, supunha que o Universo era relativamente pequeno em extensão e recente em duração. No século XIX, propuseram-se teorias especulativas de um Universo maior e mais antigo. No século XX, as provas da extensão e idade imensas do Universo acumularam-se, e as novas teorias cosmológicas deram origem a significativas questões referentes às crenças religiosas.

Em 1917, Willem de Sitter, trabalhando com as equações da relatividade geral de Einstein, encontrou uma solução que apontava para a expansão do Universo. Em 1929, Edwin Hubble, examinando o "desvio para o vermelho" da luz vinda de nebulosas distantes, formulou a lei de Hubble: a velocidade de afastamento de uma nebulosa é proporcional à sua distância em relação a nós. Extrapolando o recuo do tempo, os cientistas concluíram que o Universo parece estar se expandindo a partir de uma origem comum, há cerca de quinze bilhões de anos, o que se tornou conhecido como *big-bang*. Em 1965, Arno Penzias e Robert Wilson descobriram um leve fundo de microondas vindo de todas as direções do espaço. O espectro dessas ondas correspondia muito intimamente à radiação residual que a teoria da relatividade previra. A radiação é o crepúsculo da bola de fogo cósmica, esfriada por sua subseqüente expansão.

As provas indiretas referentes aos primeiros instantes depois do *big-bang* vieram tanto do trabalho teórico quanto do experimental na física de altas energias. Essas pesquisas demonstraram que existem *quatro forças físicas básicas*: (1) a força eletromagnética, responsável pela luz e pelo comportamento das partículas com carga; (2) a força nuclear fraca, responsável pelo decaimento radioativo; (3) a força nuclear forte, que liga os prótons e nêutrons nos núcleos; (4) a força gravitacional, presente na atração de longa distância entre as massas. Em 1967, Steven Weinberg e Abdus Salam mostraram que era possível unificar as forças eletromagnética e nuclear fraca numa *teoria eletrofraca*. A teoria previu a existência de duas partículas pesadas, apelidadas W e Z, que fazem a mediação entre os dois tipos de força. Em 1983, Carlo Rubbia e colaboradores encontraram indícios de partículas W entre os produtos de colisões de alta energia, num acelerador de partículas em Genebra.[1]

Tem havido um certo progresso nas tentativas de unificar as forças eletrofraca e nuclear forte numa *Teoria Unificada Geral*. A unificação seria intermediada pelas partículas X, muito pesadas, que só poderiam existir a energias maiores do que as presente em qualquer acelerador atual. Juntar a gravidade e as outras três forças numa única *teoria supersimétrica* (às vezes denominada Teoria de Tudo) tem sido mais difícil. Uma das candidatas é a *teoria das supercordas*, que propõe a existência de cordas incrivelmente pesadas, finas e unidimensionais, capazes de dividir-se ou espiralar-se. A unificação da teoria quântica com a gravidade requer uma estrutura de dez dimensões, mas a teoria das supercordas sugere que seis dessas dimensões se contraíram imediatamente até atingir um tamanho desprezível, restando apenas nossas atuais quatro dimensões de espaço e tempo. Não há prova experimental direta das cordas; a energia requerida para que existam seria muito superior àquela disponível nos experimentos de laboratório, mas teria estado presente nos primeiríssimos instantes depois do *big-bang*. Os físicos têm um forte compromisso com a simplicidade, a unidade e a simetria, o que os leva a buscar uma teoria unificada mesmo quando a experimentação direta é impossível.

Juntando as provas da astronomia e da física de altas energias, é possível fazer uma plausível *reconstrução da história cósmica* para os eventos posteriores a três minutos do *big-bang*, quando os prótons e nêutrons se combinavam para formar os núcleos. Quinhentos mil anos depois, os átomos começavam a surgir. Um bilhão de anos depois do início, formaram-se as galáxias e estrelas e, mais tarde, aos dez bilhões de anos, os planetas. Mais dois bilhões de anos depois, formas microscópicas de vida começavam a aparecer em nosso planeta, e a evolução biológica iniciava sua marcha.

Quanto mais recuamos nos três minutos iniciais, mais incertas são as teorias, porque elas tratam de estados da matéria e da energia cada vez mais distantes de tudo o que somos capazes de reproduzir em laboratório. Os prótons e nêutrons estavam se formando, a partir de seus quarks constitutivos, a 10^{-4} segundos (um décimo milésimo de segundo depois do início), quando a temperatura havia esfriado para 10^{12} (um trilhão de) graus. Esse mar de quarks fantasticamente denso teria se formado, a cerca de 10^{-10} segundos, a partir de uma bola de fogo ainda menor e mais quente. As teorias inflacionárias propostas por Alan Guth e Andrei Linde sugerem que o Universo passou por uma expansão muito rápida a cerca de 10^{-35} segundos, devido à tremenda energia liberada na quebra da simetria, quando a força nuclear forte se separou das outras forças.[2] Antes de 10^{-35} segundos, a temperatura seria tão alta que todas as forças, exceto a da gravidade, teriam tido intensidades comparáveis. Esse é o período ao qual uma Teoria Unificada Geral se aplicaria. Não temos quase nenhuma idéia dos eventos anteriores a 10^{-43} segundos, quando a temperatura era de 10^{32} graus. O Universo inteiro era do tamanho de um átomo de hoje, e a densidade era de incríveis 10^{96} vezes a da água.[3]

O que aconteceu em $t = 0$? Na teoria padrão do *big-bang*, $t = 0$ é uma *singularidade*, à qual as leis da física não se aplicam. Teria sido um ponto sem dimensão, de pura radiação e infinita densidade. Alguns teólogos vêem uma concordância com os cosmólogos (astrônomos e físicos que estudam a história inicial do cosmos) na idéia de que o Universo teve um início. O Papa Pio XII disse que a teoria do *big-bang* fortalecia a idéia bíblica de criação.[4] O astrofísico Robert Jastrow argumentou que "as provas astronômicas conduzem a uma visão bíblica da origem do mundo". Ele encerra seu livro *God and the Astronomers* com esse trecho pungente:

> Neste momento, parece que a ciência jamais será capaz de desvendar o mistério da criação. Para o cientista que viveu de sua fé no poder da

> razão, a história termina como pesadelo. Ele escalou as montanhas da ignorância; está prestes a conquistar o ponto culminante; e, quando vence a última rocha, é recebido por um bando de teólogos que já estão lá há séculos.[5]

Mas outras pessoas — tanto cientistas como teólogos — se incomodam quando a doutrina da criação é identificada com uma teoria científica em particular. Neste capítulo, examinaremos como os adeptos de cada uma de nossas quatro visões básicas da ciência e da religião têm reagido às teorias cosmológicas recentes.

CONFLITO

Uma das formas de conflito entre ciência e religião é apresentada pelos ateus que dizem que foi inteiramente uma questão de acaso que o equilíbrio das forças, no Universo inicial, tenha produzido condições favoráveis ao aparecimento da vida e da inteligência. No extremo oposto, os defensores da infalibilidade bíblica alegam que a teoria da relatividade torna possível harmonizar o relato do Gênesis com o *big-bang*.

1. Um Universo por Acaso

Há quarenta anos, alguns cosmólogos pensavam que seria possível evitar a idéia de um momento da criação se postulassem uma extensão infinita de tempo. Sua *teoria do steady-state* propunha que os átomos de hidrogênio se formam, de modo lento e contínuo, por um espaço-tempo infinito. Fred Hoyle, em especial, continuou defendendo a teoria ainda por muito tempo depois que a maior parte de seus colegas já a haviam abandonado.[6] Os escritos de Hoyle tornam claro que sua preferência pela teoria do *steady-state* não era devida apenas a fundamentos científicos, mas, em parte, ao fato de que ele pensava que o espaço-tempo infinito era mais compatível com suas crenças ateístas pessoais. Hoje as outras variantes da teoria do *big-bang* são claramente vitoriosas.

É um fato notável, em nosso Universo, que suas constantes físicas sejam adequadas com precisão ao surgimento da vida e da inteligência. Se a força nuclear forte ou a taxa de expansão, por exemplo, tivessem sido maiores ou menores, ainda que muito ligeiramente, a vida orgânica seria impossível. Examinaremos mais adiante a alegação de que esses "fenômenos de sintonia fina" oferecem mais um argumento em favor do planejamento. Mas alguns cosmólogos sugerem que podem ter existido *vários Universos* com parâmetros diferentes, e simplesmente aconteceu que nós, por acaso, vivemos num daqueles em que as condições se mostraram favoráveis à vida inteligente. Uma combinação de parâmetros que fosse fantasticamente improvável num só Universo seria provável, em algum lugar, num conjunto suficientemente grande de Universos. Mais cedo ou mais tarde, a combinação certa surgiria por acaso, como a seqüência premiada num caça-níqueis de Las Vegas. Alguns cosmólogos preferem essas teorias, em parte, porque elas não permitem as associações teístas de um *big-bang* único. Diversas "teorias da multiplicidade dos mundos" desse gênero têm sido propostas:[7]

1. *Ciclos Sucessivos de um Universo em Oscilação.* Pode ter existido, antes da atual era de expansão, uma era de contração — antes do *big-bang*, um *big-crunch*.[8] Todos os indícios de ciclos passados seriam indiretos, uma vez que sua estrutura teria desaparecido totalmente na bola de fogo entre os ciclos. A velocidade de expansão é muito próxima da fronteira crítica entre a expansão sem fim (Universo *aberto*) e a expansão por um período muito longo antes do retorno à contração (Universo *fechado*), mas os indícios recentes favorecem a idéia de um Universo aberto, sem ciclos futuros.
2. *Múltiplos Domínios Isolados.* Em vez de múltiplos *bangs* em ciclos sucessivos, um *big-bang* único talvez tenha produzido múltiplos domínios de existência simultânea. Os domínios seriam como bolhas expandindo-se separadamente e isoladas umas das outras, porque a rapidez de sua separação impediria as comunicações, mesmo à velocidade da luz. Estariam além de nosso horizonte de observação possível. A teoria dos domínios isolados parece, em princípio, inverificável; no momento, baseia-se mais em hipóteses filosóficas do que em provas científicas.
3. *Teoria Quântica da Multiplicidade dos Mundos.* No capítulo seguinte estudaremos a proposta de Hugh Everett, segundo a qual sempre que há uma indeterminação quântica num átomo, o Universo se divide em múltiplos ramos, em cada um dos quais um dos resul-

tados possíveis se converte em ato. Essa interpretação da teoria quântica envolve uma multiplicidade espantosa de mundos, uma vez que cada um dos mundos teria que se dividir outra vez, em vários ramos, a cada um dos incontáveis eventos atômicos e subatômicos, por todo o espaço-tempo. Essa teoria é também altamente especulativa e não pode ser comprovada diretamente, já que não seria possível qualquer comunicação entre as várias ramificações dos mundos.

4. *Flutuações Quânticas do Vácuo*. A teoria quântica admite violações muito breves da lei de conservação de energia, desde que o débito seja rapidamente compensado. Na verdade, em laboratório, um vácuo é um oceano de atividade onde partículas virtuais surgem aos pares e aniquilam umas às outras quase que imediatamente. Poderíamos pensar que seria enorme a energia necessária para fazer um Universo, mas, como a energia gravitacional é negativa, isso reduziria o total necessário. Alguns autores apresentaram a teoria das flutuações quânticas como uma versão secular da criação *ex nihilo* (do nada), já que a teoria começa com um vácuo. Mas o vácuo não é um "nada" verdadeiro, uma vez que a teoria pressupõe a existência de um campo quântico e das leis da física quântica. Como explicar a situação em que uma ou mais flutuações quânticas gigantescas podem ocorrer? O ateu diz que devemos simplesmente aceitá-la e tratá-la como um fato.

O *acaso* pode ter um papel importante em todos esses cenários de multiplicidade dos mundos. Todos pressupõem que nosso Universo já foi menor do que é um átomo hoje. Veremos (Capítulo 3) que as leis quânticas aplicáveis a essas dimensões subatômicas não admitem previsões precisas, mas somente especificam um leque de valores prováveis para todas as medições. O valor preciso, dentro de uma distribuição de probabilidades qualquer, parece ser uma questão de acaso. Os valores das constantes fundamentais talvez sejam diferentes, em Universos diferentes. Simplesmente aconteceu de estarmos num em que a vida e a inteligência são possíveis.

É claro que alguns parâmetros que parecem arbitrários podem acabar se revelando *conseqüências necessárias* das leis mais fundamentais. Na história da ciência, muitas coincidências aparentes receberam, mais tarde, explicações teóricas. Talvez as constantes só possam ter os valores que têm; e talvez seja a lei, e não o acaso, que os determina. Há poucos anos, os cosmólogos não conseguiam explicar o ligeiro desequilíbrio entre partículas e antipartículas, no Universo inicial, que levou à formação da matéria como nós a conhecemos. Hoje acreditam que o desequilíbrio surgiu de uma leve assimetria nos processos de decaimento das partículas X e anti-X. Outras "incríveis coincidências" talvez sejam explicadas no futuro.

De acordo com os materialistas científicos, a cosmologia nos leva ao *acaso* ou à *necessidade*, mas não ao planejamento ou à intenção. Peter Atkins defende a teoria da flutuação quântica e argumenta que ela é incompatível com o teísmo.[9] Alan Guth adere à teoria da flutuação quântica e afirma que a presença, em nosso Universo, de "constantes em sintonia fina" foi uma questão de acaso em meio a vários Universos.[10] Alguns cosmólogos terminaram num pessimismo cósmico. Assim, Steven Weinberg escreveu, em 1977, que a humanidade está sozinha, num "Universo opressivamente hostil", rumo ao esquecimento. A atividade científica, diz ele, é a única fonte de consolação num mundo sem sentido:

> Quanto mais compreensível parece o Universo, mais vazio de significado ele parece também. Mas, se não há conforto nos resultados da pesquisa, pelo menos há uma certa consolação na pesquisa mesma (...). O esforço para entender o Universo é uma das pouquíssimas coisas que elevam a vida humana acima do nível da farsa, e lhe dá algo da beleza da tragédia.[11]

Num livro recente, Weinberg atenua sua afirmação anterior: "Eu não quis dizer que a ciência nos ensina que o Universo é vazio de significado, mas apenas que o próprio Universo não sugere significado algum."[12] O teísta poderia então responder que, se a ciência não exclui uma intenção, talvez seja possível interpretar coerentemente a história cósmica como expressão das intenções de Deus. Um processo cósmico que produz pessoas inteligentes é o que se espera de um Deus inteligente e pessoal. O conflito, portanto, não é verdadeiramente entre ciência e religião, mas entre opções de crenças de base — materialista e teísta. Examinaremos, mais adiante, como é possível entender o acaso e a necessidade dentro de um quadro teísta.

2. Harmonizando o Gênesis e o *Big-bang*

Quando Galileu afirmou que era o Sol, e não a Terra, o centro do sistema planetário, foi condenado sobretudo por causa de seu desafio à autoridade da Igreja, embora seu desafio à interpretação literal das escrituras tenha sido de alguma importância. Mas, no século XVII, a astronomia copernicana já era amplamente aceita. As provas científicas eram então indiscutíveis, e a interpretação metafórica das passagens das escrituras que pareciam contradizê-las era admitida na maioria dos círculos católicos e protestantes. No século XIX, a alegação dos literalistas bíblicos de que o Universo tem apenas alguns milhares de anos de idade conflitava com as provas geológicas, da teoria da evolução e da paleontologia (estudo dos fósseis), mas não com a astronomia. Já no século XX, a astronomia também forneceu provas de uma longa história cósmica.

Gerald Schroeder, um físico ligado ao judaísmo ortodoxo, afirma que os *seis dias do Gênesis*, no tempo de Deus, são *quinze bilhões de anos* em nossa escala temporal, uma vez que, na teoria da relatividade, a medição do tempo varia de acordo com o quadro de referência do observador. A dilatação do tempo prevista por Einstein foi confirmada experimentalmente. A média de vida, por exemplo, de um méson (uma partícula subatômica instável), ao girar a uma velocidade próxima à da luz em torno da pista de um acelerador num laboratório, é enormemente ampliada, e ele é capaz de dar muito mais voltas na pista do que se poderia esperar sem a dilatação do tempo. Schroeder diz que, num Universo em rápida expansão, um dia, no tempo (identificado com o do cosmos inteiro) de Deus, seria alguns bilhões de anos para os processos terrenos. Na criação de Adão, no sexto dia cósmico, Deus, pela primeira vez, esteve intimamente ligado ao nosso planeta. Depois desse evento, nossa escala de tempo identificou-se com a de Deus, de modo que a cronologia dos eventos seguintes, na Bíblia (inclusive a duração das vidas de todos os descendentes de Adão), foi registrada com precisão, numa escala de tempo universal.[13]

Schroeder afirma que se pode encontrar outros fatos científicos nos escritos rabínicos posteriores. Descreve detalhadamente o comentário ao Gênesis do cabalista do século XIII Nahmanides, que dizia que a criação começou com uma substância intangível, de tamanho bem pequeno, "não maior do que um grão de mostarda", a partir da qual o Universo se expandiu e a matéria apareceu. Nahmanides afirmava também que existiam dez princípios ou dimensões da realidade, correspondentes às dez vezes em que a frase "e disse Deus" se repete no Gênesis. Schroeder alega que isso vem sendo confirmado, de modo notável, pela recente teoria das supercordas, que postula (como vimos) dez dimensões iniciais.

Hugh Ross é cristão evangélico, com PhD em astronomia. Um de seus livros dedica-se às dez dimensões da teoria das supercordas e ao que ele chama de *extradimensionalidade de Deus*. Ele cita várias passagens bíblicas em que Deus faz coisas antes da criação do mundo — Cristo, por exemplo, foi escolhido "antes da fundação do mundo" (1Pedro 1:20). Ross argumenta, então, que Deus deve agir de uma dimensão adicional do tempo, o que demandaria um total de onze dimensões, e não dez. Em nossa experiência comum, há coisas que são possíveis em três dimensões, mas que não podem ocorrer em duas. Num pedaço de papel bidimensional, o bico da sua caneta, no ponto A, só pode chegar ao ponto B atravessando uma série de pontos intermediários; mas, com uma terceira dimensão, sua caneta pode sair do papel no ponto A e reaparecer subitamente no ponto B. Da mesma forma, diz Ross, Deus pode fazer, com todas aquelas dimensões a mais, coisas que de outro modo seriam impossíveis. Jesus foi capaz, por exemplo, de andar sobre as águas, desafiando a gravidade, e de atravessar uma porta fechada para falar com seus discípulos depois da ressurreição.[14]

De acordo com Ross, os eventos da nossa vida ocorrem na ordem temporal normal ("horizontal"), em que as causas precedem os efeitos. Mas a dimensão de tempo *de Deus* é perpendicular à nossa ("vertical") e intercepta toda a nossa série de eventos temporais simultaneamente. Para Ross, isso resolve o antigo paradoxo do livre-arbítrio e da predestinação. Fazemos livremente nossas escolhas, dentro do nosso sistema de tempo, mas todas elas estão incluídas, conjuntamente, no conhecimento e na ação unificados de Deus. Ele habita múltiplas dimensões de tempo e nos outorga poderes por caminhos inesperados. "Essas descobertas sobre a extradimensionalidade trazem consigo o potencial de incrementar significativamente, nos cristãos, a consciência da extensão do poder que Deus tornou acessível a nós."[15]

Sugiro que raciocínios como esses adotam uma interpretação literalista das escrituras, o que gera mais problemas do que resolve. Ao procurar por teorias científicas atuais ocultas num trecho das escrituras, desviam a atenção da mensagem religiosa central. Além disso, a utilização da teoria das supercordas parece-me particularmente problemática, porque é uma teoria altamente abstrata e especulativa e não pode ser testada experimentalmente nas energias disponíveis em qualquer dos aceleradores de partículas existentes ou projetados. É possível, sem dúvida, conceber as dimensões como diferentes modos de ordenação de um conjunto de eventos, de diferentes perspectivas ou em diferentes estruturas, e isso pode fornecer analogias sugestivas para a teologia. Na física teórica, porém, as extradimensões não evidenciam nenhuma força sobrenatural para além do mundo do espaço e do tempo.

INDEPENDÊNCIA

A ciência e a religião não podem entrar em conflito se elas forem iniciativas independentes e autônomas, cada qual propondo um gênero distinto de problemas e cumprindo diferentes funções na vida humana. Vamos examinar as alegações de que o sentido religioso da criação e o papel das histórias da criação na vida humana não têm relações com teorias científicas que tratam de eventos de ordem física num passado remoto.

1. O Significado Religioso da Criação

Em "Domínios Separados" (no Capítulo 1), resumi a crença neo-ortodoxa de que a Bíblia deve ser *respeitada, mas não ao pé da letra*. Vários teólogos e exegetas bíblicos partilham desse ponto de vista e afirmam que o Gênesis dá testemunho de uma relação essencial e duradoura entre Deus e o mundo. E o faz, dizem eles, narrando uma história simbólica e poética, que adota a cosmologia pré-científica de sua época. Essa cosmologia compreendia uma breve história da Terra, uma astronomia geocêntrica e um Universo de três andares (com o céu acima e o inferno abaixo do nosso mundo) — idéias incompatíveis com a ciência moderna. Mas as escrituras transmitem idéias religiosas que nós ainda podemos aceitar, independentemente de qualquer cosmologia, antiga ou moderna. O Gênesis formula três proposições teológicas: (1) o mundo é essencialmente bom, dotado de ordem e coerência; (2) o mundo depende de Deus; e (3) Deus é soberano, livre e transcendente e caracterizado pela intenção e pela vontade. Essas são características do mundo e de Deus em todos os momentos do tempo, e não afirmações sobre eventos passados.[16]

Na Bíblia, a idéia de *criação* não se refere simplesmente aos primórdios, porque está sempre ligada à idéia de *redenção*. Os eventos que formaram Israel como povo foram a libertação da opressão no Egito e a aliança no monte Sinai. A maioria dos exegetas afirma que o primeiro capítulo do Gênesis é um escrito relativamente tardio, provavelmente do século V a. C., no qual se atribuía um contexto mais universal à fé na aliança, e Deus era cultuado como Senhor da natureza, assim como da História.[17] Isaías conecta o passado, o presente e o futuro; Deus é, de fato, criador de Israel — mas também de toda a humanidade e de toda a natureza. No futuro, Deus vai libertar mais uma vez um povo oprimido e trazer uma nova harmonia a todas as nações e a toda a natureza (Is. 40, 45, 49). Também no Novo Testamento, a criação é inseparável da redenção. O versículo de abertura do Evangelho de João retoma o Gênesis: "No princípio era o Verbo, e o Verbo estava em Deus (...). Todas as coisas foram feitas por ele." O termo *Verbo (logos)* funde, aqui, o princípio grego da racionalidade com a idéia hebraica da Palavra de Deus atuante no mundo. Mas João, em seguida, conecta a criação à revelação: "E o Verbo se fez carne." Na vida e morte de Cristo, de acordo com a Igreja primitiva, Deus tornou conhecida a finalidade da criação.

A idéia de criação *ex nihilo* (do nada) não está explícita no Gênesis. Os versículos de abertura começam por um caos aquático: "A terra era informe e vazia, e as trevas cobriam a face do abismo, e o Espírito de Deus movia-se sobre as águas." Já no século IV, porém, a comunidade cristã, enfrentando as filosofias rivais, formulou a doutrina *ex nihilo* em resposta a elas. Contra o ensinamento gnóstico de que a matéria é maligna — obra de um ser inferior, e não de um Deus que redime —, a doutrina *ex nihilo* dizia que o Criador e o Redentor são um. Contra as alegações de que a preexistência de matéria limitaria a criatividade de Deus, assegurou que Deus é a fonte tanto da matéria como da forma. Contra o panteísmo, assegurou que o mundo não é divino ou parte de Deus, mas distinto de Deus. Contra a idéia de que o mundo seria uma emanação de Deus, feito de substância divina e compartilhando de suas características, a doutrina *ex nihilo* assegurou que Deus transcende o mundo e é essencialmente diferente dele. Foram afirmações teológicas como essas, e não uma referência específica a um início temporal, que tiveram importância para a autodefinição da Igreja primitiva.

No século IV, Santo Agostinho dispunha-se a aceitar interpretações *metafóricas* ou *figurativas* do Gênesis, e dizia que não era intenção das escrituras instruir-nos sobre coisas como a forma ou a configuração dos céus. "Deus não desejou ensinar aos homens o que não fosse relevante para sua salvação." Afirmava que a criação não é um evento no tempo; o tempo foi criado junto com o mundo. A criação é o ato intemporal por meio do qual o tempo vem a ser, e o ato ininterrupto pelo qual Deus preserva o mundo. Ele dizia que não faz sentido perguntar o que Deus fazia antes de criar o mundo, pois não existia tempo sem que o mundo estivesse criado.[18]

Santo Tomás de Aquino, no século XIII, aceitava um início do tempo como parte das escrituras e da tradição, e dizia que uma criação no tempo evidencia melhor o poder de Deus. Mas ele afirmava que um Universo que tivesse sempre existido requereria, do mesmo modo, Deus como Criador e Mantenedor. O que é teologicamente essencial poderia ser formulado *sem referência a um início* ou evento único. É verdade que uma das versões do seu argumento cosmológico admitia, de fato, um início do tempo: o efeito tem uma causa, que por sua vez é efeito de uma causa anterior, levando a uma Causa Primeira que inaugurou a cadeia causal. Numa outra versão, porém, ele pergunta: afinal, por que as coisas existem? E responde que toda a cadeia causal, seja ela finita ou infinita, depende de Deus. A prioridade de Deus é metafísica, e não temporal.

Sempre houve também, desde os tempos bíblicos até hoje, uma questão secundária relativa à *criação contínua*. Edmund Jacob disse que, apesar de vários textos bíblicos se referirem a uma criação primordial no início, "outros textos, geralmente mais antigos, fazem uma distinção muito menor entre a criação e a conservação do mundo, e possibilitam, para nós, falar em *creatio continua*".[19] Deus ainda está criando por meio dos processos naturais. "Produzes erva para os animais, e plantas para uso dos homens (...). Se envias o teu espírito, são criados, e renovas a face da terra" (Sl. 104:14, 30).

Devemos entender um *início do tempo* ao pé da letra, mesmo se não interpretarmos ao pé da letra os seis dias do Gênesis? Aqui os teólogos se dividem. De um lado, o conceito bíblico de um tempo finito e linear contribuiu para a visão ocidental da história. O Ocidente difere das culturas antigas e das religiões orientais, que admitem uma sucessão infinita de ciclos; essas culturas têm-se mostrado, em geral, menos interessadas em desenvolvimento histórico. Mas outros teólogos propõem que nem mesmo um início do tempo é crucial para a noção teológica de criação. David Kelsey, por exemplo, diz que a experiência comum de gratidão pela vida não tem nenhuma conexão essencial com especulações sobre eventos singulares no início. A ciência e a religião, afirma, tratam de questões diferentes, que não devem ser misturadas.[20] Ele advoga uma sólida versão da tese da Independência.

2. A Função das Histórias da Criação

No Capítulo 1 (ver "Diferentes Linguagens"), observamos que os analistas lingüísticos afirmam que as histórias da criação preenchem, na vida humana, funções bem diferentes das funções das teorias científicas. Os antropólogos e historiadores das religiões do mundo salientaram que, em todas as culturas, as pessoas sempre buscaram situar suas vidas em relação a uma ordem cósmica. O interesse humano pelas origens pode ser, em parte, especulativo ou explicativo, mas é motivado sobretudo pela necessidade de entender quem somos, num quadro maior de sentido e relevância. As histórias da criação fornecem padrões de comportamento humano e arquétipos de uma vida humana autêntica, em harmonia com uma ordem universal. Retratam as relações essenciais entre a vida humana e o mundo da natureza. Muitas vezes reconhecem estruturas de integração e criatividade contra os poderes de desintegração e caos.

Mais antiga do que o Gênesis, a *história babilônica da criação* tem início também num caos aquático primordial. Um dos personagens é o monstro marinho Rahab, mencionado em várias passagens bíblicas. Vários textos das escrituras hebraicas pressupõem uma luta contínua entre a ordem e o caos, e admitem a presença do mal e a fragilidade da criação.[21] Mas a história bíblica difere das outras histórias antigas da criação ao afirmar a soberania e transcendência de Deus e a dignidade humana. Deus é retratado como volitivo e poderoso, criando unicamente pelo verbo. A criação possui ordem e propósito, segue um plano geral e resulta num todo harmonioso e interdependente. Na história babilônica, a humanidade foi criada para prover escravos aos deuses; no Gênesis, ela recebeu uma posição especial no plano divino, superior à do resto da criação.[22] O relato do Gênesis difere do babilônico na crença que manifesta, mas preenche as mesmas funções e satisfaz as mesmas necessidades humanas.

Uma comunidade religiosa se apropria e participa de suas *histórias sagradas* de vários modos. Muitas vezes, as histórias são simbolizadas ou encenadas em rituais. Frederick Streng fala da transmissão, de uma geração a outra, das histórias que "manifestam a estrutura essencial da realidade". Mircea Eliade afirma que os padrões exemplares da era primordial se tornam presentes no ritual e na liturgia.[23] Muitos dos salmos bíblicos mais antigos sugerem uma cerimônia que celebra a vida de Israel em sua relação com Deus como Criador (Salmos 93 e 99). A tradicional prece judaica da manhã emprega o verbo no presente:

> *A Vós louvamos, Senhor nosso Deus, Rei do Universo.*
> *Vós fixais os ciclos da luz e das trevas;*
> *Vós determinais a ordem de toda a criação. (...)*
> *Em Vossa bondade a obra da criação*
> *É perpetuamente renovada, a cada dia.*[24]

A idéia de criação pode ser vista também como uma expressão de *experiências humanas* permanentes, tais como: (1) um sentimento de dependência, finitude e contingência; (2) uma reação de encanto, confiança, gratidão pela vida e afirmação do mundo; e (3) um reconhecimento de interdependência, ordem e beleza no mundo. A idéia religiosa de criação parte do encanto e da gratidão pelo dom da vida. As doutrinas teológicas são uma tentativa de interpretar essas experiências dentro do contexto de uma tradição histórica específica. O significado teológico da criação pode ser combinado com diversas cosmologias físicas, antigas ou modernas, e não exige nenhuma cosmologia única.

Os partidários da tese da Independência afirmam, assim, que as questões colocadas pelo astrônomo e pelo teólogo são bem diferentes.

Ambas as modalidades de investigação são seletivas e têm suas limitações. As linguagens da ciência e da religião cumprem *diferentes funções* na vida humana, como salientaram os analistas lingüísticos e os antropólogos. O objetivo da ciência é entender relações regulares entre fenômenos naturais, enquanto o da religião é seguir um modo de vida dentro de um quadro maior de sentido.

Há bons argumentos em favor do modelo da Independência. Como as duas áreas são vistas como iniciativas separadas e independentes, qualquer possibilidade de conflito entre elas fica excluída. Mas, como observei, o preço que se paga por essa separação em compartimentos estanques é a exclusão também de relações positivas e de uma síntese coerente.

DIÁLOGO

Os defensores do Diálogo afirmam que a ciência tem pressupostos e levanta questões-limite que a própria ciência não é capaz de responder. As tradições religiosas, argumentam esses pensadores, podem sugerir respostas possíveis para essas questões, sem violar a integridade da ciência. A distinção entre as duas disciplinas é mantida, mas pode haver lugar para um cuidadoso diálogo. Dois temas do diálogo, com origem na cosmologia, são a inteligibilidade e a contingência do cosmos.

1. A Inteligibilidade do Cosmos

Os físicos e astrônomos estão à procura de uma teoria unificada que recebeu o cognome de Santo Graal das pesquisas atuais. A busca de uma teoria unificada é motivada, em parte, pela convicção de que o cosmos é ordenado, simples e *inteligível racionalmente*. Os cientistas devem, é claro, confrontar suas teorias com as provas experimentais, mas estão convencidos de que uma teoria geral válida será conceitualmente simples e esteticamente bela. Einstein disse que a única coisa incompreensível no mundo é que ele seja compreensível.

Historicamente, a convicção de que o cosmos é unificado e inteligível tem raízes tanto gregas quanto bíblicas. Os gregos — assim como, mais tarde, os estóicos, no mundo romano — viam o Universo como um sistema único. Os filósofos da Grécia tinham uma grande confiança no poder da razão, e não surpreende que tenham feito um significativo progresso em matemática e geometria. Vimos, no Capítulo 1, que os historiadores têm afirmado que a doutrina bíblica da criação deu uma importante contribuição para o nascimento da ciência experimental ao combinar as idéias de *racionalidade* e *contingência*. Se Deus é racional, o mundo tem uma ordem; mas, se Deus é também livre, o mundo não precisaria ter especificamente a ordem que tem. Portanto, só se pode entender o mundo observando-o, e não tentando deduzir sua ordem a partir de primeiros princípios necessários, como tentavam fazer os gregos. Os padres da Igreja diziam que Deus, voluntariamente, criou tanto a forma quanto a matéria *ex nihilo*, em vez de impor à matéria formas eternas preexistentes.[25]

Thomas Torrance escreveu amplamente sobre o tema da *"ordem contingente"*. Ele enfatiza a liberdade de Deus ao criar, como ato de escolha voluntária. Somente Deus é infinitamente livre, diz ele, e tanto a existência quanto a estrutura do mundo são contingentes, no sentido de que elas poderiam não ser. Ademais, o mundo poderia ter uma ordem diferente. Só podemos descobrir sua ordem pela observação, e não por lógica. Além disso, o mundo pode ser estudado em si mesmo, porque, ao ser criado, ele recebeu uma realidade independente própria, distinta do Deus que o transcende. É legítimo que a ciência examine o mundo separadamente de Deus, ao passo que o teólogo pode afirmar também que o mundo depende de Deus essencialmente.[26]

Albert Einstein, por outro lado, via toda contingência como ameaça à fé — segundo ele, central na ciência — na racionalidade do mundo. "Há uma certeza, semelhante a um sentimento religioso, na racionalidade ou inteligibilidade do mundo que está por trás de todo trabalho científico elevado."[27] Ele falava de um "senso religioso cósmico" e de uma "profunda crença na racionalidade do mundo". Rejeitava a idéia de um Deus pessoal cujos atos interferem arbitrariamente no curso dos eventos; aderia a uma forma de panteísmo, identificando Deus com a própria estrutura ordenada. Quando lhe perguntaram se acreditava em Deus, respondeu: "Acredito no Deus de Spinoza, revelado na harmonia da ordem daquilo que existe."[28] Einstein identificava racionalidade com regularidade e determinismo; jamais abandonou sua convicção de que as incertezas da teoria quântica apenas refletem uma ignorância humana temporária, que seria superada quando se descobrissem os mecanismos determinísticos subjacentes. Inquietava-se sobretudo com a necessidade dos eventos, mas pensava também que as leis da física são logicamente necessárias.

Em *The Moment of Creation*, o físico James Trefil descreve a procura pelas leis unificadas na cosmologia. No epílogo, diz:

> Mas quem criou essas leis? (...) Quem fez as leis da lógica? (...) Por mais que se dilatem as fronteiras, sempre haverá lugar para a fé religiosa, bem como para a interpretação religiosa do mundo físico. De minha parte, sinto-me bem mais satisfeito com o conceito de um Deus inteligente o bastante para imaginar as leis físicas que tornam inevitável a existência deste nosso maravilhoso Universo do que com o Deus à moda antiga, que precisava fazer tudo, trabalhosamente, peça por peça.[29]

John Polkinghorne discute a inteligibilidade do mundo num contexto teísta. A chave para o entendimento do mundo físico, afirma ele, é a matemática, uma invenção da mente humana. Se o mundo é uma criação mental, é de se supor um ajuste entre a racionalidade em nossa mente e a racionalidade no mundo. Deus é o *fundamento comum da racionalidade* em nossa mente e no mundo. A ordem pode também ser vista como a constância de Deus, mas não exclui um importante papel do acaso. Polkinghorne retoma o antigo conceito cristão de *logos*, que, como vimos, combinava a idéia grega de um princípio ordenador racional com a idéia hebraica da Palavra atuante de Deus. Afirma que o teísta é capaz de esclarecer a inteligibilidade admitida pelo cientista.[30]

2. A Contingência do Cosmos

Quatro espécies de contingência caracterizam o Universo descrito pela cosmologia moderna:[31]

1. *Existência Contingente*. Por que, afinal, as coisas existem? Essa é a pergunta de maior interesse para os teólogos, e corresponde ao sentido religioso da criação *ex nihilo* indicado acima. A existência do cosmos como um todo não é auto-explicativa, seja ele finito ou infinito no tempo. Hoje parece provável que o *big-bang* foi um início absoluto, um evento singular, mas, ainda que os cientistas

descobrissem novos indícios de um Universo cíclico ou de um tempo infinito, a contingência da existência permaneceria. Os detalhes de cada cosmologia científica são irrelevantes para a contingência do mundo. Mesmo que uma teoria demonstre que só existe um Universo possível, ele ainda assim continua apenas possível; nada, na teoria, vai garantir que realmente existirá um Universo, ou que a teoria será levada a efeito. Stephen Hawking escreveu:

> Mesmo que só exista uma única teoria unificada possível, ela seria apenas um conjunto de normas e equações. O que é que dá vida às equações e produz um Universo para que elas o descrevam? A abordagem tradicional da ciência, que é a de elaborar um modelo matemático, não é capaz de responder a questão de por que precisa existir um Universo para que o modelo o descreva.[32]

2. *Condições Limitativas Contingentes*. Se concluirmos que o tempo já decorrido é finito, então existiu, de fato, uma singularidade inacessível à ciência. Tal início foi admitido pelos padres da Igreja na clássica doutrina *ex nihilo*, embora não fosse sua principal preocupação. Como disse Santo Tomás de Aquino, esse início proporcionaria um exemplo marcante da sujeição a Deus. Por outro lado, se concluirmos que o tempo é infinito, ainda assim teríamos condições limitativas contingentes; por mais longe que fôssemos, ainda teríamos que lidar com uma situação ou estado que é preciso tratar como um dado sem explicação.

   Hawking desenvolveu uma teoria da gravidade quântica que não pressupõe nem um tempo infinito, nem um início do tempo. Em vez disso, o tempo é paradoxalmente *finito mas ilimitado*. Suas equações para o Universo inicial envolvem um tempo imaginário, que é indistinguível das três dimensões espaciais. Assim como a superfície bidimensional da Terra é finita, mas não tem margens, e o espaço tridimensional relativista ("encurvado") é finito, mas sem limites, as dimensões espaciais e do tempo imaginário de Hawking são, do mesmo modo, todas finitas, mas ilimitadas. Nessa estrutura de tempo imaginário, o tempo real emerge gradualmente.[33] Hawking admite que a interpretação dos eventos no tempo imaginário não é clara, e alguns críticos dizem que é inconsistente falar em tempo *emergindo*, porque o emergir refere-se a mudanças no tempo real. Sugiro que, mesmo que o tempo, em seus primeiros estágios, tenha sido "nebuloso" e sem nenhuma fronteira definida que se possa chamar de "início", a teoria propõe uma estrutura determinada de relações físicas a partir da qual se desenvolvem o tempo e o espaço.

3. *Leis Contingentes*. Embora muitas das leis da cosmologia pareçam arbitrárias, algumas delas podem vir a se revelar implicações necessárias das teorias mais fundamentais. Se se descobrir uma teoria unificada, no entanto, ela própria será contingente, e o raciocínio terá apenas recuado mais um estágio. Além disso, algumas leis aplicáveis aos níveis emergentes superiores da vida não são dedutíveis das leis da física. Em capítulos posteriores, vou sugerir que a vida e a consciência não podem ser explicadas pelas leis da física, embora não violem essas leis. É ilusório referir-se a uma teoria física unificada como uma Teoria de Tudo, porque sua unidade seria atingida somente por um altíssimo nível de abstração, que deixaria de fora toda a diversidade e particularidade dos eventos no mundo e o surgimento de níveis mais complexos de organização a partir de outros mais simples. Dificilmente podemos esperar uma teoria unificada que nos diga muita coisa sobre uma ameba, por exemplo, para não falar de Shakespeare, Beethoven ou Newton.
4. *Eventos Contingentes*. No capítulo seguinte, argumentarei que a incerteza na física quântica reflete a indeterminação no mundo, e não simplesmente as limitações do nosso conhecimento. O cosmos é uma seqüência ímpar e irreversível de eventos na qual surgem autênticas inovações. Nossa explicação disso deverá adotar uma forma histórica, e não consistir apenas de leis gerais. Encontramos uma contingência similar nas mutações, nas recombinações de genes e nas condições ambientais que influenciaram a história evolutiva.

É claro que muitos cientistas, hoje, procuram se limitar a questões estritamente científicas, ou talvez adotem uma filosofia explicitamente materialista. Mesmo assim, uma reflexão mais ampla sobre a cosmologia parece uma importante maneira de levantar o que chamei de questões-limite. Os astrônomos, no nível pessoal, manifestam freqüentemente um sentimento de mistério e reverência diante do poder desencadeado no *big-bang* e dos fenômenos que ocorrem nos limites da nossa experiência, da nossa linguagem e do nosso pensamento. A cosmologia estimula a investigação dos nossos pressupostos sobre tempo e espaço, lei e acaso, necessidade e contingência. Acima de tudo, a inteligibilidade do cosmos sugere problemas originados na ciência, mas que não podem ser resolvidos no interior da ciência mesma.

INTEGRAÇÃO

Os partidários da tese da Integração buscam uma correlação mais próxima entre determinadas crenças religiosas e determinadas teorias científicas do que a defendida pelos expositores do Diálogo. O Princípio Antrópico pode ser interpretado como uma versão nova, partindo da cosmologia, da teologia natural. A teologia da natureza é representada aqui pelos modelos de Deus como Criador que expressam as crenças centrais da comunidade religiosa, mas incorporam reformulações teológicas em reação à cosmologia atual. Terminamos observando a relevância teológica da humanidade à luz da cosmologia recente.

1. Planejamento: O Princípio Antrópico

Um detalhe que chama a atenção, nas novas teorias cosmológicas, é o de que mesmo uma pequena alteração nas constantes físicas teria resultado num Universo inabitável. Dentre os muitos possíveis Universos coerentes com as equações de Einstein, o nosso é um dos poucos em que os parâmetros arbitrários são adequados com precisão à existência de algo semelhante à vida orgânica. Vários cosmólogos têm salientado que a possibilidade de vida como a conhecemos depende do valor de algumas constantes básicas, e é notavelmente sensível a elas.[34] Entre esses fenômenos de sintonia fina estão os seguintes:

1. *A Taxa de Expansão*. Stephen Hawking diz: "Se a taxa de expansão do Universo, um segundo depois do *big-bang*, tivesse sido menor, ainda que na proporção de uma unidade em cem mil milhões, ele

teria revertido ao colapso antes de atingir seu tamanho atual."[35] Por outro lado, se tivesse sido maior, na proporção de uma unidade em um milhão, o Universo teria se expandido rápido demais para que as estrelas e os planetas pudessem formar-se. A própria taxa de expansão depende de vários fatores, como a energia inicial de explosão, a massa do Universo e a intensidade das forças gravitacionais. O cosmos parece estar equilibrado sobre o fio de uma espada.

2. *A Formação dos Elementos*. Se a força nuclear forte tivesse sido menos intensa, ainda que ligeiramente, teríamos apenas hidrogênio no Universo. Se a força tivesse sido mais intensa, ainda que ligeiramente, todo o hidrogênio teria se convertido em hélio. Em ambos os casos, as estrelas estáveis e os componentes como a água não poderiam ter se formado. Do mesmo modo, a força nuclear é apenas suficiente para a formação do carbono; mas, se tivesse sido ligeiramente mais intensa, todo o carbono teria se convertido em oxigênio. O elemento carbono tem várias propriedades cruciais para o posterior desenvolvimento da vida orgânica como a conhecemos.
3. *A Proporção Partículas/Antipartículas*. Para cada bilhão de antiprótons no Universo inicial, havia um bilhão de prótons mais um. Os dois bilhões aniquilaram-se mutuamente e produziram radiação, restando apenas um próton. Um número de sobreviventes maior ou menor — ou nenhum sobrevivente (se as quantidades tivessem sido iguais) — teria tornado o nosso tipo de mundo material impossível. Se as leis da física entre as partículas e antipartículas são simétricas, por que houve essa minúscula assimetria?

A ocorrência simultânea de vários fatores independentes e improváveis parece algo *insanamente* improvável. A reflexão sobre o modo como o Universo parece ajustado em sintonia fina para a vida inteligente levou alguns cosmólogos a formular o *Princípio Antrópico*: tudo o que nós podemos esperar observar é necessariamente limitado pelas condições necessárias à nossa presença como observadores.[36] O princípio destaca a importância do observador na ciência, mas não fornece, por si mesmo, nenhuma explicação causal da presença de observadores. No entanto, essa sintonia fina pode ser tomada como um argumento em prol da existência de um planejador, talvez um Deus com interesse na vida consciente.

Alguns físicos vêem *indícios de planejamento* no Universo inicial. Stephen Hawking, por exemplo, diz: "As chances contrárias ao surgimento de um Universo como o nosso a partir de algo como o *big-bang* são enormes. Acho que existem claras implicações religiosas."[37] E Freeman Dyson, num capítulo intitulado "O Argumento do Planejamento", fornece uma série de exemplos de "acidentes numéricos que parecem conspirar para tornar o Universo habitável". Ele conclui: "Quanto mais examino o Universo e os detalhes de sua arquitetura, mais encontro indícios de que o Universo, de certo modo, devia saber que nós iríamos surgir."[38]

Vimos que os críticos do Princípio Antrópico afirmam que a presença da combinação adequada de constantes pode ter sido *fruto do acaso*, em meio a um grande número de Universos (na maioria dos quais a vida teria sido impossível). Outros críticos especulam que essas constantes aparentemente arbitrárias podem ser derivadas de uma equação, ainda desconhecida da ciência, capaz de abranger todas elas. Talvez essa equação venha a mostrar que o único Universo possível é aquele cujas constantes sejam exatamente iguais às do nosso. Isso significaria que, para haver algum Universo, todas as suas constantes são necessárias, e não produto do acaso. O teísta poderá responder que essa teoria apenas faz o raciocínio recuar mais um estágio. Pois será ainda mais notável se uma teoria física altamente abstrata, que não tenha, ela própria, nada a dizer sobre a vida, venha a descrever estruturas com potencial para se tornarem vida. O teísta poderá acolher isso como parte do planejamento divino. Uma teoria que partisse de uma equação única deixaria sem resposta, ainda assim, a pergunta: por que *essa* equação?[39]

Em resumo, se o acaso e a necessidade são alternativas possíveis ao planejamento, o Princípio Antrópico não fornece um argumento conclusivo, do tipo que se busca na teologia natural, em favor da existência de Deus. No entanto, o princípio é bastante coerente com uma *teologia da natureza*, na qual a crença em Deus baseia-se essencialmente em outras razões. A sintonia fina das constantes físicas é exatamente o que se poderia esperar, se a vida e a consciência estavam entre os objetivos de um Deus racional e volitivo.

2. Modelos de Deus como Criador

Na comunidade cristã, a crença em Deus apóia-se basicamente no testemunho histórico da redenção — na aliança com Israel e na pessoa de Cristo — e na experiência pessoal de perdão e renovação. A doutrina da criação representa um prolongamento, no mundo da natureza, dessas idéias de redenção. Dissemos que expressa também as experiências de encanto, dependência de Deus, gratidão pelo dom da vida e reconhecimento da ordem e da inovação no mundo. Como afirmam os defensores da Independência, essas crenças não exigem teorias cosmológicas específicas, nem antigas nem modernas. Não obstante, existem pontos de superposição e áreas de conflito potencial em que as crenças tradicionais talvez precisem ser reformuladas.

Argumentei que, ao falar sobre entidades não observáveis, tanto na ciência como na religião, temos que usar *modelos imaginários*. Às vezes precisamos usar mais de um — os modelos de elétron como onda e como partícula, por exemplo, ou os modelos pessoal e impessoal de Deus. Os modelos são elaborados conceitualmente nas teorias científicas e doutrinas teológicas, e essas teorias e doutrinas devem ser testadas em confronto com a experiência de uma comunidade (científica ou religiosa). O processo de teste é mais rigoroso no caso da ciência, mas as crenças teológicas são reformáveis, sem dúvida, no decorrer do tempo. Nos dois campos, os modelos são formados com base em metáforas ou analogias inspiradas em situações mais familiares.[40]

Na Bíblia, os *modelos de Deus como Criador* são apresentados em várias passagens. No Gênesis, Deus é um planejador dotado de propósito, impondo ordem ao caos. O comando de Deus é poderoso, e o Verbo divino é eficaz. Outras imagens bíblicas retratam um oleiro produzindo um objeto (Jer. 18:6, Is. 64:8) ou um arquiteto lançando os fundamentos de uma construção (Jó 38:4). Deus é Senhor e Rei, governando o Universo para realizar propósitos planejados. O mundo é manifestação do Verbo de Deus e expressão da Sabedoria divina, e transmite significados. No Novo Testamento, Deus cria por meio do Verbo (João 1), termo que, como vimos, mescla o conceito hebraico da Palavra divina atuante no mundo com o conceito grego de Verbo (*logos*) como princípio racional. A finalidade da criação se faz conhecer em Cristo, o Verbo encarnado. É uma rica diversidade de modelos, sendo cada um deles uma analogia parcial e limitada, que ilumina imaginativamente um modo específico de conceber a relação de Deus com o mundo.

As analogias do oleiro e do artífice pressupõem a feitura de um produto acabado e estático. Parecem menos úteis à concepção de um processo contínuo, dinâmico e evolutivo. A imagem de Deus como jardineiro é mais promissora, embora raramente apareça na Bíblia (em Gên. 2:8, por exemplo) — talvez porque os israelitas quisessem distanciar-se dos deuses da natureza das culturas vizinhas. As analogias de Deus como Rei e Soberano foram enfatizadas no pensamento medieval e calvinista. Mas as doutrinas da onipotência e da predestinação a que conduziram são difíceis de reconciliar com a atual concepção científica da natureza, como veremos mais adiante.

Na Bíblia, o modelo do pai é utilizado nas relações de Deus com pessoas. Deus como mãe era uma imagem rara numa sociedade patriarcal, embora apareça ocasionalmente (em Is. 49:15 e 66:13, por exemplo). A analogia parental é normalmente inspirada no pai ou na mãe cuidando do filho enquanto ele cresce, e não na procriação e no nascimento. Essa parece uma imagem particularmente adequada das relações de Deus com o mundo; o pai ou a mãe prudente permite à criança uma independência crescente, ao mesmo tempo em que lhe oferece estímulo e amor. Essa imagem pode garantir um equilíbrio entre as qualidades que, na concepção da nossa cultura, são masculinas e femininas, em contraste com o modelo monárquico, pesadamente "masculino", de onipotência e soberania.

O modelo bíblico de Deus como Espírito parece-me particularmente útil. Nos versículos de abertura do Gênesis, o Espírito de Deus move-se sobre as águas. O Espírito atua na contínua criação das plantas e dos animais, representada no tempo presente: "Se envias o teu espírito, são criados" (Sl. 104:30). O Espírito também simboliza a atividade de Deus na comunidade de culto e na inspiração dos profetas; e o Espírito desce sobre Cristo em seu batismo e sobre seus discípulos no Pentecostes. A referência ao Espírito conecta, assim, as obras de Deus como Criador e como Redentor.

O conceito bíblico do Verbo *(logos)* divino sugere uma analogia extraída da ciência contemporânea. A *transmissão de informações* é um conceito importante na teoria da comunicação, nas redes de computadores e no DNA dos organismos. Em cada caso, a transmissão requer uma resposta seletiva (decodificação) e uma interpretação de uma mensagem num contexto mais amplo. Diversos autores, entre eles John Polkinghorne, propuseram um modelo de Deus como transmissor de informações que não requer violação de leis científicas. A idéia bíblica do Verbo divino pode ser vista como transmissão de uma estrutura racional e de sentido, quando se interpreta o mundo num contexto mais amplo. Esses autores utilizam a ciência não como prova de que Deus existe, mas sim como fonte de novas analogias para falar sobre Deus. Examinaremos esses e outros modelos mais adiante, nos Capítulos 4 e 6.

3. A Relevância da Humanidade

Boa parte da resistência a Copérnico e Galileu surgiu porque, em suas cosmologias, a Terra, não mais o centro do Universo, era apenas um entre vários planetas girando em torno do Sol. Darwin levou ainda mais longe a deposição da humanidade de seu lugar central no esquema cósmico e desafiou a concepção bíblica da relevância da vida humana. Quais são as implicações da cosmologia atual para a nossa autocompreensão? Elas podem ser reconciliadas com a visão bíblica da humanidade?

1. *A Imensidão do Espaço e do Tempo*. A humanidade parece insignificante em meio às vastas extensões do tempo e do espaço. Mas atualmente essas enormidades não parecem inadequadas. Hoje sabemos que são necessários cerca de quinze bilhões de anos para que os elementos pesados "cozinhem" no interior das estrelas e depois se espalhem para formar uma nova geração de estrelas com planetas, seguida da evolução da vida e da consciência. Um Universo muito antigo em expansão precisa ser um imenso Universo — da ordem de quinze bilhões de anos-luz. No entanto, como salientou Teilhard de Chardin, não devemos medir a relevância pelo tamanho e duração, mas sim por critérios como complexidade e consciência.[41] A complexidade é maior na escala média de tamanho, e não nas dimensões atômicas ou galácticas. Existem trilhões de neurônios num cérebro humano; o número de maneiras possíveis de conectá-los é maior do que o número de átomos no Universo. Há um nível mais elevado de organização e uma maior riqueza de experiência num ser humano do que

em mil galáxias sem vida. Afinal, foram os seres humanos que atingiram a compreensão dessa imensidão cósmica.

2. *Interdependência*. A cosmologia se une à biologia evolutiva, à biologia molecular e à ecologia ao mostrar a interdependência de todas as coisas. Fazemos parte de uma comunidade permanente de ser; somos parentes de todas as criaturas, do passado e do presente. Com a astrofísica, ficamos sabendo de nossa dívida para com um legado comum de eventos físicos. Os elementos químicos na nossa mão e no nosso cérebro foram fabricados nas fornalhas das estrelas. O cosmos é uno. É multiestratificado; cada novo estrato superior foi erigido sobre estratos inferiores do passado. A humanidade é a mais avançada forma de vida que conhecemos, mas é parte de um processo maior no espaço e no tempo. A nova concepção pode cortar pela raiz as pretensões de isolar completamente a humanidade do resto da natureza, mas não torna insignificante, de modo algum, a vida humana.
3. *Vida em Outros Planetas*. Os planetas são tão numerosos que, mesmo se uma pequena parcela deles for habitável, a vida pode existir em muitos sistemas estelares. Observações com o telescópio Hubble, em 1999, encontraram indícios de uma outra estrela com mais de um planeta. A inteligência extraterrestre é tema de vários filmes de ficção científica, de *E. T.* e *Jornada nas Estrelas* a *Contato*. A possibilidade de seres superiores a nós, vivendo em civilizações mais adiantadas, é mais um alerta contra o orgulho humano. Além disso, põe em xeque as alegações exclusivistas a respeito da revelação de Deus em Cristo. Podemos com isso recordar que, mesmo no nosso planeta, a obra do *logos*, do Verbo eterno, não se limitou à sua expressão em Cristo. Se esse Verbo atua na criação contínua, por todo o cosmos, é possível presumir que ele também tenha se revelado como poder de redenção em outros pontos do espaço e do tempo, de maneiras adequadas às formas de vida lá existentes. Nossas imagens de Deus devem ser proporcionais à escala cósmica de criação e redenção.
4. *Acaso e Intenção*. Tradicionalmente, a vontade de Deus na criação identificava-se com a ordem. A ênfase na soberania de Deus levou a um determinismo divino, em que tudo estava programado para acontecer de acordo com um plano minucioso; qualquer ele-

> mento de acaso era visto como ameaça ao controle total de Deus. Não surpreende que alguns cientistas e filósofos, impressionados com o papel do acaso, tenham sido levados a rejeitar o teísmo. Eles encaram a vida como um resultado acidental do acaso, e presumem que acaso e teísmo são incompatíveis. Enquanto as reações adequadas à idéia de planejamento seriam a gratidão e o louvor, a reação ao puro acaso seria um sentimento de futilidade e de alienação cósmica.
>
> Uma das respostas possíveis é dizer que Deus, na verdade, controla todos os eventos que nos parecem devidos ao acaso — sejam as incertezas quânticas, as mutações evolutivas ou os acidentes da história humana. Isso preservaria o determinismo divino em um nível sutil, indetectável pela ciência. No Capítulo 4, porém, argumentarei que a presença do acaso autêntico não é incompatível com o teísmo. Podemos detectar o planejamento em todo o processo pelo qual a vida surgiu, qualquer que tenha sido a combinação de fatores probabilísticos e determinísticos nesse processo. As leis naturais e o acaso podem ser, igualmente, instrumentos das intenções de Deus. O propósito pode existir sem um plano exato predeterminado.

Desse modo, os defensores da teologia da natureza baseiam-se amplamente numa tradição histórica e numa comunidade de culto, mas desejam modificar alguns postulados tradicionais em resposta às descobertas da ciência. No caso da cosmologia, isso deve ser feito com cautela, uma vez que muitas teorias atuais são altamente especulativas e suas provas, na melhor das hipóteses, são muito indiretas. No momento, um *big-bang* único parece a teoria mais plausível, e o teísta pode vê-lo como um momento de origem divina — mas não devemos anexar irrevogavelmente nossas crenças religiosas a uma só teoria.

Vendo as fotografias da Terra tiradas pelos astronautas na Lua, podemos celebrar a beleza de nosso incrível planeta e manifestar gratidão pelo dom da vida. Contemplando as estrelas, à noite, podemos também experimentar encanto e reverência. Hoje sabemos que o cosmos abrange extensões de espaço e tempo que mal podemos imaginar. Que espécie de mundo é este, em que aqueles estranhos estados iniciais de matéria e energia puderam ser precursores da vida inteligente? Num contexto teísta, não é surpreendente que exista vida inteligente na Terra;

podemos ver nisso a obra de um Criador intencional. A crença teísta compreende esse dado e diversos outros gêneros de experiência humana, mesmo sem oferecer nenhuma prova conclusiva. Ainda perguntamos: afinal, por que as coisas existem? Por que são do jeito que são? E podemos dizer, com o salmista dos tempos antigos: "Quão numerosas são as tuas obras, Senhor! Fizeste com sabedoria todas as coisas (...). Se envias o teu espírito, são criados" (Sl. 104:30).

Notas

1. Entre as exposições introdutórias legíveis e confiáveis das teorias atuais da cosmologia física, incluem-se Timothy Ferris, *The Whole Shebang: A State-of-the-Universe(s) Report* (Nova York: Simon & Schuster, 1997); Martin Rees, *Before the Beginning: Our Universe and Others* (Reading, MA: Addison-Wesley, 1997); George Ellis, *Before the Beginning: Cosmology Explained* (Londres: Boyars/Bowerdean, 1993); e John R. Gribbin, *In the Beginning: After COBE and before the Big Bang* (Boston: Little, Brown, 1993).
2. Alan Guth e Paul Steinhard, "The Inflationary Universe", *Scientific American* 250 (maio 1984): 116-28; Alan Guth, *The Inflationary Universe* (Reading, MA: Addison-Wesley, 1997); Andrei Linde, "The Self-Reproducing Inflationary Universe", *Scientific American* 271 (nov. 1994): 48-55.
3. Ver Steven Weinberg, *The First Three Minutes* (Nova York: Basic Books, 1977); James Trefil, *The Moment of Creation* (Nova York: Collier Books, 1983).
4. Papa Pio XII, "Modern Science and the Existence of God", *The Catholic Mind* (mar. 1952): 182-92.
5. Robert Jastrow, *God and the Astronomers* (Nova York: Norton, 1978), p. 116.
6. Fred Hoyle, *Ten Faces of the Universe* (San Francisco: Freeman, 1977).
7. Trechos selecionados de cosmólogos e filósofos, em defesa de variadas interpretações do Princípio Antrópico, encontram-se *in* John Leslie, org., *Physical Cosmology and Philosophy* (Nova York: Macmillan, 1990).
8. *Big-bang* = grande explosão; *Big-crunch* = grande implosão (N. do T.).
9. Peter Atkins, *Creation Revisited* (Oxford e Nova York: Freeman, 1992), cap. 6. Ver a discussão das opiniões de Atkins no Capítulo 6.
10. Alan Guth, *The Inflationary Universe*.
11. Steven Weinberg, *The First Three Minutes*, p. 144.
12. Steven Weinberg, *Dreams of a Final Theory* (Nova York: Pantheon, 1992), p. 255.
13. Gerald L. Schroeder, *Genesis and the Big Bang: The Discovery of Harmony between Modern Science and the Bible* (Nova York: Bantam Books, 1990); ver também, do mesmo autor, *The Science of God* (Nova York: Free Press, 1997), caps. 3 e 4.
14. Hugh Ross, *Beyond the Cosmos*, 2ª ed. (Colorado Springs: Navpress, 1999); ver também, do mesmo autor, *The Creator and the Cosmos* (Colorado Springs: Navpress, 1995).

15. Hugh Ross, *Beyond the Cosmos*, p. 233.
16. Langdon Gilkey, *Maker of Heaven and Earth* (Garden City, NY: Doubleday, 1959).
17. Gerard von Rad, *The Problems of the Hexateuch* (Nova York: McGraw-Hill, 1966), pp. 131-43; Claus Westermann, *Creation* (Filadélfia: Fortress Press, 1974); Bernhard Anderson, org., *Creation in the Old Testament* (Filadélfia: Fortress Press, 1984).
18. Ver Ernan McMullin, "How Should Cosmology Relate to Theology?", *in The Sciences and Theology in the Twentieth Century*, org. Arthur Peacocke (Notre Dame, IN: University of Notre Dame Press, 1981), pp. 19-21.
19. Edmund Jacob, *Theology of the Old Testament* (Nova York: Harper & Brothers, 1958), p. 139.
20. David Kelsey, "Creatio Ex Nihilo", *in Evolution and Creation*, org. Ernan McMullin (Notre Dame, in: University of Notre Dame Press, 1985).
21. Jon D. Levinson, *Creation and the Persistence of Evil* (San Francisco: Harper & Row, 1988).
22. Joan O'Brien e Wilfred Major, *In the Beginning: Creation Myths from Ancient Mesopotamia, Israel, and Greece* (Chico, CA: Scholars Press, 1982).
23. Frederick Streng, *Understanding Religious Life*, 3ª ed. (Belmont, CA: Wadsworth, 1985); Mircea Eliade, *Myth and Reality* (Nova York: Harper & Row, 1963).
24. *Weekday Prayer Book* (Nova York: Rabbinical Assembly, 1962), p. 42.
25. Ver Michael Foster, "The Christian Doctrine of Creation and the Rise of Modern Science", *in Creation: The Impact of an Idea*, org. Daniel O'Connor e Francis Oakley (Nova York: Scribner, 1969); Stanley L. Jaki, *The Road to Science and the Ways of God* (Chicago: University of Chicago Press, 1978).
26. Thomas F. Torrance, *Divine and Contingent Order* (Oxford: Oxford University Press, 1981).
27. Albert Einstein, *Ideas and Opinions* (Londres: Souvenir Press, 1973), p. 262.
28. Einstein, citado *in* Robert Jastrow, *God and the Astronomers*, p. 28. Ver Frederick Ferré, "Einstein on Religion and Science", *American Journal of Theology and Philosophy* 1 (1980): 21-28.
29. James Trefil, *The Moment of Creation*, p. 223.
30. John Polkinghorne, *One World: The Interaction of Science and Theology* (Princeton, NJ: Princeton University Press, 1987), pp. 45, 63, 98.
31. Ver Robert John Russell, "Contingency in Physics and Cosmology: A Critique of the Theology of Wolfhart Pannenberg", *Zygon* 23 (1988): 23-43.
32. Stephen W. Hawking, *A Brief History of Time* (Nova York: Bantam Books, 1988), p. 174.
33. Ver C. J. Isham, "Quantum Theories of the Creation of the Universe", *in Quantum Cosmology and the Laws of Nature*, org. Robert John Murphy, Nancey Murphy, e C. J. Isham (Roma: Vatican Observatory, and Berkeley: Center for Theology and the Natural Sciences, 1993).

34. John Gribbin e Martin Rees, *Cosmic Coincidence: Dark Matter, Mankind, and Anthropic Cosmology* (Nova York: Bantam Books, 1989); John Barrow e Frank Tipler, *The Anthropic Cosmological Principle* (Oxford e Nova York: Oxford University Press, 1986).
35. Stephen Hawking, *A Brief History of Time*, p. 121.
36. B. J. Carr e M. J. Rees, "The Anthropic Principle and the Structure of the Physical World", *Nature* 278 (1979): 605-12.
37. Stephen Hawking, citado *in* John Boslough, *Stephen Hawking's Universe* (Nova York: Morrow, 1985), p. 121.
38. Freeman Dyson, *Disturbing the Universe* (Nova York: Harper & Row, 1979), p. 250.
39. Mark Worthing, *God, Creation, and Contemporary Physics* (Minneapolis: Fortress Press, 1996).
40. Ian G. Barbour, *Myths, Models, and Paradigms* (Nova York: Harper & Row, 1974).
41. Pierre Teilhard de Chardin, *The Phenomenon of Man* (Nova York: Harper & Row, 1959), pp. 226-28.

Capítulo 3

As Implicações da Física Quântica

A física é o estudo das estruturas e dos processos de mudança fundamentais da matéria e da energia. Lidando com os níveis de organização mais inferiores, e utilizando as equações mais abstratas, ela parece, de todas as ciências, a mais distante das preocupações religiosas com a vida humana. Mas a física é de grande importância histórica e atual — porque foi a primeira ciência sistemática e exata; porque muitos de seus postulados foram adotados por outras ciências; e porque exerceu também uma influência capital sobre a filosofia e a teologia.

Além disso, embora estudem apenas o inanimado, hoje os físicos estudam objetos muito diversificados, de quarks e átomos a cristais sólidos, planetas e galáxias — incluindo as bases físicas dos processos da vida. Sem as forças estudadas pela física quântica, não existiriam os elementos químicos, a tabela periódica, os transistores, a energia nuclear ou sequer a vida. As idéias da física quântica não são fáceis de entender, mas compensam o estudo cuidadoso, porque tratam de temas básicos das relações entre lei e acaso, parte e todo, observador e observado. A idéia de indeterminação quântica tem tido um especial destaque nas discussões recentes sobre ciência e religião. A outra grande revolução da física no século XX — a teoria da relatividade de Einstein

— tem importantes implicações em nossa compreensão do espaço, do tempo, da energia e da matéria, mas vou mencioná-la apenas de modo breve, para evitar que este capítulo fique muito longo. Minhas conclusões pessoais sobre a teoria quântica estão resumidas no fim do capítulo.

Newton afirmou que o mundo consiste de partículas em movimento, e esse ponto de vista foi amplamente adotado no século XVIII. Com o desenvolvimento da química, no século XIX, essas partículas foram identificadas com os átomos da teoria de Dalton, mas as hipóteses da física newtoniana eram ainda aceitas pela maioria dos cientistas. A perspectiva newtoniana era *determinista* ao afirmar que, em princípio, o comportamento futuro de qualquer sistema poderia ser previsto a partir de um conhecimento detalhado do seu estado atual. Era *reducionista* ao afirmar que o comportamento de um sistema é determinado pelo comportamento de suas menores partes. E era *realista* ao presumir que as teorias científicas descrevem o mundo como ele é em si, independentemente do envolvimento do observador. Todas essas três suposições foram postas em xeque, no século XX, pela física quântica.

No início do século, experimentos diversos sugeriram que a luz viaja em pacotes de onda separados, denominados *quanta*. O primeiro modelo do átomo de Niels Bohr representava os elétrons percorrendo órbitas em torno do núcleo, como planetas num sistema solar em miniatura (e como ainda ele é representado, nas imagens populares do átomo). O modelo era incapaz de descrever os níveis discretos de energia dos elétrons orbitais, mas descrevia as freqüências de luz liberadas quando um elétron retornava para uma das órbitas interiores, depois de ter sido estimulado para uma órbita exterior. A luz emitida se comportava de modo muito semelhante ao de um fluxo de partículas com energia e velocidade definidas. Em outros experimentos, fluxos de elétrons, que sempre tinham sido vistos como partículas localizadas, mostravam padrões de interferência difusa característicos das ondas.

Durante a década de 1920, Erwin Schrödinger formulou a *equação de onda* da teoria quântica, que descreve com precisão os níveis discretos de energia dos elétrons nos átomos. Mas a equação não prevê a localização ou a trajetória de um elétron. Permite apenas o cálculo da *probabilidade* de que um elétron apareça num determinado ponto, quando a observação for feita. A equação retrata um padrão complexo de ondas de probabilidade, correlacionadas com precisão a uma série extensa de observações, mas não a uma observação isolada. Os elétrons, no modelo de Bohr, eram imediatamente visualizáveis, mas os elétrons da teoria quântica não podem ser representados de modo nenhum. É possível tentar imaginá-los como padrões de ondas de probabilidade, preenchendo o espaço em torno do núcleo, como vibrações de uma sinfonia tridimensional feita de notas musicais de incrível complexidade — mas a analogia não nos ajuda muito. O átomo quântico é inacessível à observação direta e inimaginável em termos de propriedades comuns; não é possível sequer descrevê-lo coerentemente em termos de conceitos clássicos como espaço, tempo e causalidade.[1]

A teoria quântica não atribui valores exatos a propriedades como a posição e a velocidade dos habitantes do mundo atômico entre uma observação e outra. Apenas especifica uma gama de valores e a probabilidade de cada valor dentro dessa gama. O *Princípio da Incerteza de Heisenberg* postula que, quanto mais precisa puder ser a determinação da posição de um elétron, ou de uma outra partícula, menos precisa será a determinação de sua velocidade, e vice-versa. Uma relação de incerteza semelhante conecta outros pares de variáveis, como a energia e o tempo. É possível, por exemplo, prever quando um grupo grande de átomos radiativos vai se desintegrar, mas não quando um determinado átomo vai se desintegrar. Podemos prever apenas a probabilidade de que ele se desintegre num dado intervalo de tempo; ele pode se desintegrar depois de um segundo ou de um milênio. Nos últimos anos, a extensão da teoria quântica para o domínio nuclear e subnuclear vem confirmando o caráter probabilístico da teoria inicial. A *teoria do campo quântico* é uma generalização da teoria quântica coerente com a da relatividade de Einstein. Vem sendo aplicada, com grande sucesso, à teoria eletrofraca e às interações subnucleares (cromodinâmica quântica ou teoria do quark).

Os físicos vêm apresentando três interpretações diferentes dessas incertezas quânticas, e cada uma delas tem importantes implicações teológicas que examinaremos neste capítulo.

1. *A Incerteza como Ignorância Humana*. Uma parcela minoritária dos físicos, entre eles Einstein e Max Planck, sustentam que as incertezas da teoria quântica são devidas à nossa ignorância atual. Acreditam que os mecanismos subatômicos detalhados são rigidamente causais e determinísticos; um dia, as leis desses meca-

nismos serão descobertas e a previsão exata será possível. Einstein disse: "O grande sucesso inicial da teoria quântica não é capaz de me converter à crença nesse jogo de dados basilar (...). Estou absolutamente convencido de que no futuro chegaremos a uma teoria na qual as leis das interações entre os objetos não serão probabilidades, mas fatos conhecidos."[2] Einstein manifestava uma fé pessoal na ordem e previsibilidade do Universo, as quais ele pensava que qualquer elemento de acaso comprometeria. "Deus não joga dados", dizia.

Mais recentemente, David Bohm tentou preservar o determinismo elaborando uma nova espécie de formalismo, com variáveis ocultas no nível inferior. A aparente aleatoriedade no nível atômico seria fruto de variações na confluência de forças exatas entre as variáveis ocultas.[3] Até agora, seus cálculos não possibilitaram nenhuma previsão diferente daquelas da teoria quântica. A maioria dos cientistas são céticos em relação a propostas desse tipo. A menos que alguém, dizem eles, realmente desenvolva uma outra teoria melhor, que possa ser testada, é preferível aceitar as teorias probabilísticas que já temos e esquecer nossa nostalgia pelas certezas do passado.

2. *A Incerteza como Limitação Experimental ou Conceitual*. Muitos físicos afirmam que a incerteza não é produto da ignorância temporária, mas uma limitação essencial que impede de modo definitivo o conhecimento exato do mundo atômico. A primeira versão desse ponto de vista, presente nos escritos iniciais de Niels Bohr, afirma que a dificuldade é de natureza experimental; a incerteza é introduzida pelo *processo de observação*. Para observar um elétron, precisamos bombardeá-lo com um quantum de luz, o que interfere na situação que estávamos tentando estudar.[4] Embora essa interpretação se aplique a vários experimentos, ela parece incapaz de explicar as incertezas que existem quando nada interfere no sistema — por exemplo, a imprevisibilidade do instante em que um átomo radioativo vai se desintegrar espontaneamente.

   A segunda versão do argumento atribui a incerteza às nossas *limitações conceituais insuperáveis*. Ao escolher as situações experimentais, nós decidimos em qual dos nossos esquemas conceituais (onda ou partícula, posição ou velocidade exata) o elétron vai se manifestar para nós. É preciso escolher entre descrições *causais* (utilizando funções de probabilidade que se desenvolvem, elas próprias, deterministicamente) e descrições *espaço-temporais* (utilizando variáveis localizadas que só se relacionam estatisticamente); não é possível ter as duas ao mesmo tempo. Essa interpretação é *agnóstica* em relação a saber se o átomo em si, que jamais poderemos conhecer, é determinado ou indeterminado.

3. *A Incerteza como Indeterminação na Natureza*. Em seus escritos finais, Werner Heisenberg afirmou que a indeterminação é uma *característica objetiva da natureza*, e não uma limitação do conhecimento humano.[5] Em vez de supor que um elétron tem uma posição e uma velocidade exatas que nós ignoramos, devemos concluir que ele não é um ente de um tipo que sempre tenha essas propriedades. Observar consiste em extrair da distribuição de probabilidade existente uma das muitas *possibilidades* que ela contém. A influência do observador, neste ponto de vista, não consiste em interferir sobre um valor anteriormente preciso, embora ignorado, mas em fazer com que uma das várias potencialidades existentes se converta em ato.

Se essa interpretação for correta, o mundo se caracteriza pela indeterminação. Heisenberg chama isso de "restauração do conceito de potencialidade". Na Idade Média, a idéia de *potencialidade* referia-se à tendência de um ente a desenvolver-se de um determinado modo. Heisenberg não aceita a idéia aristotélica de que os entes lutam para atingir uma finalidade futura — mas sugere, não obstante, que as probabilidades da física moderna se referem a tendências da natureza que compreendem uma *gama de possibilidades*. O futuro não é simplesmente desconhecido; ele "não foi decidido". Há mais de uma alternativa aberta, e há uma certa oportunidade de inovação imprevisível. Tempo envolve historicidade única e irrepetibilidade; o mundo não repetiria o mesmo percurso se fosse restituído a um estado anterior, porque a cada ponto um evento diferente, dentre as potencialidades, pode converter-se em ato.

Uma versão mais exótica é a *concepção da multiplicidade dos mundos*, de Hugh Everett. Como vimos no capítulo anterior, Everett propôs que sempre que um sistema quântico permite mais de um resultado possível, o mundo se divide em múltiplos mundos isolados, em cada um dos quais um dos resultados possíveis se realiza.[6] Simplesmente acontece de nós estarmos no mundo no qual se realiza o resultado que observamos, e nós não temos nenhum acesso aos outros mundos, onde nossas réplicas observam as outras possibilidades. A teoria parece, em princípio, impossível de ser provada, uma vez que não temos nenhum acesso aos outros mundos que contêm as potencialidades não realizadas no nosso. Parece bem mais simples presumir que as potencialidades não atualizadas em nosso mundo não se atualizam em parte alguma. Nessa hipótese, existe um único Universo, objetivamente indeterminado.

Podemos concluir dessa análise que os adeptos da segunda e da terceira dessas três opiniões básicas — os quais incluem a maioria esmagadora dos físicos contemporâneos — concordam quanto à rejeição do determinismo da física Newtoniana. Qual é a importância teológica dessa conclusão? Vamos examinar, uma por uma, nossas quatro perspectivas básicas.

CONFLITO

O literalismo bíblico não teve tantos conflitos com a física de Newton quanto com a astronomia de Copérnico ou o evolucionismo de Darwin. Mas, nos séculos seguintes a Newton, a idéia de um Universo rigidamente determinado por leis naturais parecia incompatível com as idéias tradicionais sobre a ação de Deus no mundo. Mais recentemente, o papel do acaso nos fenômenos quânticos pôs em xeque as idéias sobre o propósito e a soberania de Deus.

Os conflitos com a religião surgidos na história da física podem não ter sido tão dramáticos quanto os que se originaram da astronomia ou da evolução, mas são importantes, porque a física é vista como a mais básica de todas as ciências. O conflito mais importante foi o que envolveu as relações entre o controle divino dos eventos, a determinação pelas leis naturais e a presença do acaso no nível quântico.

1. Deus num Mundo Determinista

A física newtoniana não parecia, à primeira vista, representar nenhum desafio às crenças religiosas. Quase todos os cientistas do século XVII eram cristãos devotos. O próprio Newton acreditava que Deus evita o colapso das estrelas por atração gravitacional e intervém periodicamente para corrigir perturbações planetárias no sistema solar (perturbações que, como Pierre Laplace demonstrou mais tarde, acabam por cancelar-se mutuamente). Mas Newton e seus contemporâneos viam a mão de Deus sobretudo no harmônico arranjo do Universo. Em seu ponto de vista, o mundo é uma intricada máquina que obedece a leis imutáveis, mas manifesta a sabedoria de um criador inteligente.[7]

Além disso, considerava-se que Deus tem um papel permanente num *mundo de leis estritas*. Deus não apenas planejou as leis como as mantém continuamente. As leis são manifestações perpétuas das intenções e da soberania de Deus. Ele predestina e prevê todos os eventos; tudo o que acontece está de acordo com a vontade divina. Os cientistas newtonianos afirmavam que a passividade da matéria, em sua ciência, era compatível com as idéias tradicionais de soberania e transcendência de Deus e incompatível com o panteísmo, a astrologia, o vitalismo e a alquimia — que consideravam a própria matéria mais ativa. Os newtonianos concordavam com a opinião dos filósofos medievais segundo a qual Deus, como "causa primária", faz uso das "causas secundárias" descritas pela ciência como instrumentos para atingir fins predeterminados.

Durante o século XVIII, porém, o teísmo tradicional foi freqüentemente substituído pelo *deísmo*: a crença de que Deus deu início ao Universo e o deixou prosseguir por si mesmo. Num mundo com mecanismo de relógio, o papel de Deus limitava-se ao de relojoeiro. O argumento do planejamento (teologia natural) era promovido, inicialmente, como fundamento da teologia revelada, mas em pouco tempo foi adotado como substituto dela. O que começou como reinterpretação, dentro de uma comunidade cristã enraizada nas escrituras e na experiência religiosa pessoal, terminou com freqüência num Deus distante e impessoal. Desenvolveu-se, em especial entre os filósofos franceses do Iluminismo, uma hostilidade mais forte à Igreja e a todas as formas de religião. Promoveu-se o ateísmo militante em nome da ciência, acompanhado de uma grande confiança no poder da razão e no progresso humano.

As leis de Newton sobre o movimento e a gravidade pareciam governar todos os objetos, da menor da partícula ao mais distante planeta. Os conceitos da física newtoniana tiveram um formidável sucesso na explicação de uma vasta gama de fenômenos, e é compreensível que se supunha que eles fossem capazes de explicar *todos* os eventos. Sua abrangência foi expandida para formar uma metafísica total do *materialismo*, defendida por alguns filósofos iluministas. O *determinismo* era defendido de modo mais explícito por Laplace, que alegava que, se soubéssemos a posição e a velocidade de cada partícula no Universo, poderíamos calcular todos os eventos futuros. Seu argumento é *reducionista*, por presumir que o comportamento de todos os seres é determinado pelo comportamento de seus menores componentes. Quando Napoleão lhe disse: "*Monsieur* Laplace, dizem que o senhor escreveu esse enorme livro sobre o sistema do Universo e não mencionou nenhuma vez seu Criador", Laplace retrucou com a famosa resposta: "Não tenho necessidade nenhuma dessa hipótese."[8]

2. Deus e o Acaso

Das três interpretações das incertezas presentes na teoria quântica, esboçadas anteriormente neste capítulo, a primeira afirma que o mundo em si mesmo é completamente *determinado*, embora ainda não tenhamos encontrado todas as suas leis exatas. Einstein, o mais eminente defensor dessa opinião, acreditava que existem variáveis ocultas ainda por descobrir. A segunda opinião atribui a incerteza a limitações experimentais ou conceituais insuperáveis, e permanece *agnóstica* em relação ao que acontece no mundo à nossa revelia. Bohr é comumente associado a essa opinião. A terceira, defendida por Heisenberg, advoga a existência de *indeterminação* na natureza. O mundo atômico contém uma gama de potencialidades. A realização de cada observação ou evento, numa dada distribuição de probabilidade, é inteiramente uma questão de acaso.

Em si mesmo, o acaso é *aleatório*, enquanto a ação divina é considerada intencional e dirigida a um fim. Alguns autores afirmam que a presença do acaso desmente as crenças teístas e dá fundamento a uma filosofia materialista. Há algumas décadas, Bertrand Russell escreveu: "O homem é produto de causas sem previsão do fim que iriam atingir; sua origem, seu crescimento, suas esperanças e temores, seus amores e crenças, são apenas o resultado de arranjos acidentais de átomos."[9] No capítulo anterior, vimos que alguns cosmólogos vêm propondo teorias que postulam a existência de vários universos (seja sob a forma de ciclos sucessivos de expansão e contração, de domínios isolados, da "multiplicidade dos mundos" de Everett ou das múltiplas flutuações quânticas do vácuo). As constantes fundamentais podem variar entre esses Universos, e simplesmente aconteceu, por acaso, que nós vivemos em num que é adequado com precisão ao surgimento da vida e da consciência. Esses cosmólogos acreditam que nossa existência é produto do acaso, e não da intenção.

Jacques Monod, em *O Acaso e a Necessidade*, afirma que a presença do acaso na natureza dá fundamento ao materialismo e exclui a interpretação teísta. Ele trata principalmente de biologia evolucionista, na qual o acaso e a necessidade são representados pelas mutações aleatórias e pela seleção natural, mas fornece exemplos de outros ramos da ciência. Diz que a prevalência do acaso demonstra que este Universo não tem finalidade. "O homem sabe que está sozinho na imensidão do Universo, da qual surgiu somente por acaso."[10] O acaso é "fonte de todo o inesperado, de toda a criação". Monod afirma que todos os fenômenos podem ser reduzidos às leis da física e da química e à operação do acaso. "Tudo pode ser reduzido a interações mecânicas simples, óbvias. A célula é uma máquina. O animal é uma máquina. O homem é uma máquina."[11]

Existem duas respostas teológicas possíveis para a indeterminação no nível quântico. A primeira é dizer que a escolha em meio à gama de possibilidades deixadas em aberto pela teoria quântica *não é questão de acaso*, mas é feita por Deus, sem violar as leis naturais e sem ser cientificamente detectável. As leis da natureza determinam apenas uma gama de potencialidades, mas Deus determina qual delas se converterá em ato. A "variável oculta" é Deus, e não uma camada mais profunda, e ainda por ser descoberta, de leis determinísticas. Essa opinião é examinada na seção final deste capítulo.

A segunda resposta teológica é o argumento segundo o qual *tanto a lei como o acaso fazem parte do plano de Deus*. O bioquímico e teólogo Arthur

Peacocke atribui ao acaso um papel decisivo na sondagem das potencialidades inerentes à ordem criada. Essa perspectiva é coerente com a idéia de propósito divino, mas não com a idéia de um plano preciso e predeterminado. Por meio das potencialidades intrínsecas dos níveis superiores de organização, Deus poderia prever a direção geral da mutação evolutiva, mas não a seqüência exata dos eventos. Essa proposta será examinada no próximo capítulo (ver "Deus e a Criação Contínua"). No Capítulo 6, encontraremos outros autores que sugerem que o reconhecimento da lei e do acaso (juntamente com a destruição, o mal e o sofrimento) na natureza deveriam nos levar à modificação ou à rejeição das idéias clássicas de onipotência divina (ver "A Autolimitação de Deus" e "Teologia de Processo").

INDEPENDÊNCIA

Duas idéias extraídas das interpretações da física quântica têm sido usadas para defender a independência entre ciência e religião. Primeiro, pode-se combinar uma explicação *instrumentalista* das teorias quânticas com uma explicação instrumentalista das crenças religiosas para se argumentar que a ciência e a religião são linguagens diferentes, que cumprem na vida humana funções irrelacionadas entre si. Segundo, expande-se a *complementaridade* dos modelos de onda e de partícula na física quântica para sugerir que a ciência e a religião fornecem modelos complementares da realidade, independentes e não em conflito. Os defensores da tese da Independência dizem que as lições da teoria quântica são de ordem epistemológica, que nos ajuda a reconhecer as limitações do conhecimento humano — e não de ordem metafísica, que nos diz sobre o caráter da realidade.

1. Concepções Instrumentalistas da Teoria Quântica

Três interpretações vêm sendo propostas do *status* das teorias da física quântica. Cada uma tem sido utilizada para fundamentar uma interpretação análoga do *status* das crenças religiosas.

1. *Realismo Clássico*. Newton e quase todos os físicos durante todo o século XIX afirmavam que as teorias são descrições da natureza como ela é, isolada do observador. Viam o espaço, o tempo e a massa como propriedades dos eventos e objetos em si mesmos. Para o realista clássico, os modelos conceituais são réplicas do mundo e permitem ao cientista visualizar a estrutura real do mundo. Einstein deu continuidade a essa tradição, insistindo que a descrição completa do sistema atômico requereria a definição das variáveis espaço-temporais clássicas que determinam seu estado objetivamente e sem ambigüidade. Afirmava que, como a teoria quântica não as define, ela é incompleta e será mais tarde suplantada por uma teoria que corresponda às expectativas clássicas.
2. *Instrumentalismo*. De acordo com o instrumentalismo, teorias são construções humanas convenientes, que calculam mecanismos de correlação de observações e de previsão. Teorias são também ferramentas práticas para a obtenção de controle técnico. Devem ser julgadas por sua utilidade na realização desses fins, e não por sua correspondência com a realidade (que é inacessível para nós). Os modelos são ficções imaginárias, temporariamente utilizadas para a elaboração de teorias, e podem ser descartados depois disso; não são representações literais do mundo. Não podemos afirmar nada sobre o átomo durante os intervalos das nossas observações, embora possamos utilizar as equações quânticas para calcular a probabilidade de uma determinada observação ocorrer num determinado experimento. Teorias e modelos são úteis ferramentas intelectuais e práticas, mas não nos dizem nada sobre o mundo em si. Esse ponto de vista é conhecido como "interpretação de Copenhague", pois normalmente é atribuído ao dinamarquês Bohr.
3. *Realismo Crítico*. Os realistas críticos são intermediários entre os realistas clássicos e os instrumentalistas. Vêem as teorias como representações parciais de aspectos limitados do mundo em sua interação conosco. As teorias, dizem eles, nos permitem correlacionar os diversos aspectos do mundo que se manifestam nas diferentes situações experimentais. Para o realista crítico, os modelos são abstratos e seletivos, mas esforços indispensáveis de imaginação das estruturas do mundo que dão origem a essas

> interações. O objetivo da ciência, segundo essa opinião, é conhecer, e não controlar. A confirmação das previsões é um dos critérios de prova do conhecimento válido (além da coerência e da abrangência), mas a previsão em si não é objetivo da ciência. Eu mesmo defendi o realismo crítico em minhas obras.[12]

Presume-se, em geral, que Bohr deve ter sido instrumentalista, pois ele, no seu prolongado debate com Einstein, rejeitou o realismo clássico. Mas parece que ele estava, na verdade, mais próximo do realismo crítico do que do instrumentalismo. Dizia que não é possível empregar sem ambigüidade os conceitos clássicos para se descrever sistemas atômicos de existência independente. Os conceitos clássicos só podem ser usados para se descrever fenômenos observáveis em situações experimentais determinadas. Não podemos visualizar o mundo como é em si mesmo, isolado de nossa interação com ele. O estudo de Henry Folse sobre Bohr conclui: "Ele descartou a estrutura clássica e conservou uma compreensão realista da descrição científica da natureza. O que ele rejeita não é o realismo, mas a versão clássica dele."[13] Bohr insistia que precisamos abandonar a separação nítida entre o *observador* e o *observado* pressuposta na física clássica. As limitações do nosso conhecimento são de caráter tanto experimental quanto conceitual. Mas Bohr pressupunha a realidade do sistema atômico que interage com o sistema de observação.

Mesmo sendo discutível se Bohr pode ser ou não chamado de instrumentalista (sua obra contém passagens que podem ser citadas em favor de ambas as opiniões), as interpretações posteriores da teoria quântica têm sido freqüentemente *instrumentalistas*. O fato de que as variáveis clássicas não podem ser usadas para se descrever o mundo atômico é visto como limitação conceitual básica do conhecimento humano. Alguns teólogos alegam que há limitações conceituais parecidas quando se fala sobre Deus. Nem a ciência nem a religião podem dizer muita coisa sobre a realidade em si mesma, isolada de nosso envolvimento nela. Os instrumentalistas são apoiados pelos analistas lingüísticos, que alegam que tipos diferentes de linguagem cumprem funções muito diferentes na vida humana; ciência e religião, dizem eles, são investigações independentes e irrelacionadas entre si. Cumprem funções úteis, mas diferentes, mesmo que nenhuma das duas garanta um conhecimento da realidade em si.

2. A Lição da Complementaridade

O Princípio da Complementaridade desenvolvido na física quântica por Bohr vem sendo expandido e aplicado às relações entre ciência e religião. Vimos que, em alguns experimentos, um elétron ou quantum de luz se comporta como *partícula*, enquanto, em outros, se comporta como *onda*. Bohr enfatizava que nós devemos sempre nos referir a um sistema atômico em relação a um *sistema experimental*; jamais podemos nos referir a ele isolado, em si mesmo. Não é possível traçar nenhuma fronteira clara entre o processo de observação e aquilo que se observa. Nós somos atores, e não meros espectadores; e nós escolhemos as ferramentas experimentais que vamos utilizar. Bohr afirmava que é o processo interativo de observação — e não a mente ou a consciência do observador — que deve ser levado em conta.

Mas Bohr enfatizava também as *limitações conceituais* do conhecimento humano. Partilhava do ceticismo de Immanuel Kant em relação à possibilidade de se conhecer o mundo em si. Quando tentamos inserir a natureza à força em certos moldes conceituais, nós impedimos o uso pleno de outros conceitos. Precisamos escolher entre descrições causais *ou* espaço-temporais, entre modelos de onda *ou* de partícula, entre o conhecimento preciso da posição *ou* da velocidade. Quanto mais se adota um conjunto de conceitos, menos se pode aplicar simultaneamente o conjunto complementar. Essa limitação recíproca ocorre porque não é possível descrever o mundo atômico nos termos de conceitos da física clássica e de fenômenos observáveis.[14]

O próprio Bohr propunha que a idéia de complementaridade poderia ser expandida para outros fenômenos suscetíveis de análise por meio de dois tipos de modelo: os modelos mecanicista e orgânico na biologia, behaviorista e introspectivo na psicologia, de livre-arbítrio e determinismo na filosofia e de justiça divina e amor divino na teologia. Alguns autores vão mais longe e falam em *complementaridade entre ciência e religião*. C. A. Coulson, assim, depois de esclarecer a dualidade onda/partícula e sua generalização por Bohr, denomina a ciência e a religião "explicações complementares da mesma realidade". Isso permite às duas disciplinas serem relativamente independentes (embora, na medida em que são explicações da "mesma realidade", elas não possam ser completamente independentes).[15] Essas idéias serão discutidas mais adiante, em "Corpo e Alma como Perspectivas Complementares" (ver Capítulo 5). As afirmações de que a ciência e a religião são linguagens complementares serão discutidas mais adiante, no Capítulo 6.

Eu diria que o termo *complementaridade* pode ser expandido para outros campos, desde que com uma certa cautela.[16] Em primeiro lugar, os modelos só podem ser chamados de *complementares* quando se referem *ao mesmo ente* e são *do mesmo tipo lógico*. Onda e partícula são modelos de um mesmo ente (isto é, de um elétron); estão no mesmo nível lógico e já foram previamente utilizados na mesma disciplina. Essas condições não se aplicam à ciência e à religião, que são praticadas em situações diferentes e cumprem funções diferentes na vida humana. Por essas razões, falo em ciência e religião como linguagens alternativas, reservando a classificação de *complementares* para os modelos do mesmo tipo lógico dentro de uma determinada linguagem (como os modelos pessoal e impessoal de Deus).

Em segundo lugar, é preciso deixar claro que o uso do termo *complementaridade*, fora da física, é *analógico*, e não *inferencial*. Deve haver provas do valor de dois modelos ou conjuntos de conceitos alternativos no outro campo. Não se pode presumir que os modelos úteis na física serão frutíferos em outras disciplinas.

Em terceiro lugar, a complementaridade *não justifica uma aceitação acrítica das dicotomias*. Não se pode utilizá-la para fugir de lidar com inconsistências, ou proibir a busca de unidade. O elemento paradoxal na dualidade onda/partícula não deve ser enfatizado em excesso. Não afirmamos que um elétron é tanto onda como partícula, mas apenas que ele exibe comportamentos de onda e de partícula. Além disso, nós já temos um formalismo matemático unificado que pelo menos garante previsões probabilísticas. Não podemos excluir a busca de um novo modelo unificador, embora as tentativas precedentes não tenham produzido teorias em maior conformidade com os dados da teoria quântica. A coerência continua sendo um ideal importante em toda investigação reflexiva, mesmo quando matizada por um reconhecimento das limitações da linguagem e do pensamento humanos.

Para resumir esta seção podemos dizer que a interpretação instrumentalista da teoria quântica e o Princípio da Complementaridade afirmam, ambos, que o realismo clássico é insustentável. Alguns combinam o instrumentalismo na ciência com uma interpretação instrumentalista da religião para fundamentar a tese da Independência. Sugeri, no entanto, que o realismo crítico oferece uma via entre o realismo clássico e o instrumentalismo. Reconhece as limitações dos conceitos e modelos, tanto na ciência quanto na religião, mas sustenta que esses conceitos e modelos se referem ao mundo real, embora sempre de modo seletivo e inadequado. Modelos são representações simbólicas de uma realidade que não pode ser observada diretamente, ou visualizada por alguma analogia inspirada na vida cotidiana. Se, como afirma o realismo crítico, a ciência e a religião se referem a um mesmo mundo, pode haver oportunidades significativas de um diálogo.

DIÁLOGO

Algumas interpretações da teoria quântica vão além do instrumentalismo e formulam, sobre o mundo, proposições metafísicas que parecem relevantes para a religião. Segundo o que se afirma aqui, a física quântica oferece paralelos conceituais de idéias religiosas. Vamos estudar o papel do observador na física quântica e o caráter holístico dos sistemas quânticos.

1. O Papel do Observador

A longa tradição do idealismo filosófico — a crença de que a realidade tem um caráter essencialmente *mental* — teve início bem antes do surgimento da ciência moderna. Na Grécia antiga, os pitagóricos afirmavam que as relações matemáticas constituem a realidade basilar da natureza. Os platônicos consideravam a natureza um reflexo imperfeito de um outro reino, o das formas perfeitas e eternas. No século XVII, Johannes Kepler disse que a "perfeição geométrica" é o motivo pelo qual os planetas percorrem órbitas elípticas exatas, pois "Deus sempre geometriza".

As novas versões do *idealismo filosófico* reivindicam possuir fundamentos na física moderna. Escrevendo na década de 1930, James Jeans disse: "O Universo está começando a parecer-se mais com um grande pensamento do que com uma grande máquina. A mente deixou de aparecer como uma intrusa acidental no reino da matéria."[17] Arthur Eddington atribuiu à mente humana uma influência decisiva sobre toda forma de conhecimento. Ele nos retrata seguindo pegadas na areia, somente para descobrir que elas são nossos próprios rastros. Nós impomos nossos padrões de leis, de modo que "a mente pode ser encarada como algo que retoma da Natureza aquilo que ela própria deu à Natureza".[18]

Na física quântica, a conexão entre teoria e experimento é bastante indireta. Os instrumentalistas enfatizam o lado experimental, argumentando que as teorias são apenas ficções úteis para se correlacionar observações. Mas outros cientistas, enfocando os conceitos teóricos — abstratos e matemáticos —, são estimulados a formular interpretações idealistas.

Um problema central deriva do *ato de medição*, no qual, dentre as múltiplas potencialidades de um sistema atômico, apenas uma se realiza. Os físicos estão perplexos com a brusca descontinuidade que se dá quando a função de onda (em que a "superposição de estados" representa os resultados alternativos) cede ao resultado único observado. Em que ponto, ao longo do caminho entre o microssistema e o observador humano, se fixa o resultado inicialmente indeterminado? Eugene Wigner afirma que os resultados quânticos se fixam somente quando chegam à *consciência* de alguém: "Não é possível formular as leis, de modo plenamente consistente, sem alusão à consciência."[19] Ele sustenta que o traço específico da consciência humana que provoca o colapso da função de onda é a introspecção ou auto-referência; a consciência avalia seu próprio estado, interrompendo a corrente de coordenações estatísticas.

John Wheeler afirma que nós vivemos num *Universo criado pelo observador*. O colapso da função de onda é produto de um acordo intersubjetivo no qual o fator-chave não é a consciência, mas a comunicação. Ele argumenta que o passado não tem existência até ser registrado no presente. Narra uma conversa entre três juízes de beisebol. Um deles diz: "Eu os denomino de acordo com a maneira como eu os vejo." O segundo alega: "Eu os denomino como eles realmente são." E o terceiro responde: "Eles não são nada até que eu os denomine." Wheeler diz que, enquanto observadores do *big-bang* e do Universo primordial, nós ajudamos a criar aqueles eventos. Antes que existissem observadores, os átomos eram apenas parcialmente individuados; tinham realidade suficiente para fazer reações químicas, mas não eram plenamente reais até serem, mais tarde, observados. Admite que parece uma anomalia que o presente possa influenciar o passado, mas diz que, no mundo quântico de indeterminações, as idéias de antes e depois não têm sentido. O passado não tem sentido a menos que exista no presente, como registro. Os seres humanos, portanto, são centrais num Universo participativo e dependente do observador.[20]

Não acho essas interpretações da física quântica convincentes. É claro que não é a mente como tal que influencia as observações, mas o processo de *interação* entre o aparato de medição e o microssistema. Os resultados experimentais podem ser automaticamente registrados num filme ou arquivo de computador que ninguém vai consultar por um ano. Como é que alguém, consultando o filme ou o arquivo, poderá modificar o resultado de um experimento registrado um ano antes? A opinião de Wheeler parece muito estranha, pois os observadores do *big-bang* são, eles mesmos, produtos da evolução do cosmos, que compreendeu bilhões de anos em que não existia consciência nem observador. Os átomos que influenciam os eventos evolutivos subseqüentes devem, com toda certeza, ser considerados plenamente reais. Eu diria que, em todos esses casos, a lição a se aprender é a de que, no mundo, os fenômenos são interdependentes e interconexos, e não de que eles têm um caráter mental, ou que dependem intrinsecamente da mente humana.

Além disso, alguns engenhosos experimentos, na década de 1990, tornaram possível estudar a *decoerência* de uma função de onda quântica em sua interação com um meio mais abrangente. Sondaram-se fluxos de átomos de sódio, ou íons de berílio, por vibrações de *laser*, ao longo de sua trajetória, para investigar a transição do comportamento quântico para o comportamento clássico. A coerência de um estado quântico se perde quando se tem acesso às informações sobre ele por meio da interação com as vibrações de *laser*, o que pode ser considerado uma forma de "medição". É a transferência de informações, e não a consciência, o fator essencial do "colapso da função de onda" durante uma observação.[21]

Mas a física atual tem um ensinamento epistemológico a dar sobre a *participação do observador*. Na física quântica, o observador participa, devido ao caráter interativo dos processos de observação. Na relatividade, as propriedades temporais e espaciais variam de acordo com o quadro de referências do observador; essas propriedades são hoje vistas como *relações*, e não como características intrínsecas dos objetos isolados, em si mesmos. Na religião, o conhecimento só é possível, igualmente, pela participação, embora, é claro, as formas de participação sejam diferentes daquelas da ciência. Nós podemos investigar como Deus se relaciona conosco, mas não podemos dizer muito sobre a natureza intrínseca de Deus.

Diz-se, às vezes, que a física quântica é *menos materialista* do que a física newtoniana ou do século XIX. As ondas de probabilidade talvez pareçam menos substanciais do que átomos semelhantes a bolas de bilhar, e a matéria que se converte em energia radiante talvez pareça imaterial. Mas o novo átomo não é mais espiritual ou mental do que o velho, e ainda é detectado por interações físicas. Se, como afirmei, a ciência é, de fato, seletiva, e se seus conceitos são limitados, construir uma metafísica idealista com base na física moderna é tão questionável quanto construir uma metafísica materialista com base na física clássica.

2. Holismo no Mundo Quântico

Além de desafiar o determinismo e o realismo, a física quântica desafia também o *reducionismo* da física clássica. Aquilo que antes se imaginava ser "partículas elementares" parece ser manifestações temporárias de padrões de ondas mutáveis que se combinam num ponto, voltam a se dissolver e se recombinam em outro ponto. A partícula começa a se parecer mais com um afloramento local de um substrato contínuo de energia vibratória. Pode-se conceber uma força entre duas partículas (prótons, por exemplo) como algo que emerge de um campo, ou de uma rápida troca de outros tipos de partícula (mésons, no caso). Um elétron ligado a um átomo pode ser visto como um estado do *átomo inteiro*, em vez de um ente separado. Conforme vão se desenvolvendo sistemas mais complexos, surgem novas propriedades que não estavam prefiguradas nas partes isoladas. Cada novo todo tem princípios específicos de organização como sistema, e exibe, assim, propriedades e atividades não encontradas em seus componentes.

Vamos considerar o átomo de hélio. No modelo pré-quântico, era imaginado como um núcleo em torno do qual circulavam dois elétrons separados e identificáveis. O átomo possuía partes claramente distinguíveis, e pensava-se que as leis do seu comportamento eram dedutíveis da análise do comportamento dos seus componentes. Mas, na teoria quântica, o átomo de hélio é um padrão integral, *sem partes distinguíveis*. Sua função de onda não é, de modo algum, a soma de duas funções de onda isoladas, uma de cada elétron. Os elétrons perderam sua individualidade; não temos o elétron A e o elétron B, mas simplesmente um padrão de duplo elétron no qual desapareceu qualquer identidade isolada. (Nas estatísticas da física clássica, um átomo com o elétron A num estado energizado e o elétron B num estado normal é visto como uma configuração diferente daquele em que se trocam os estados de A e B; mas, na teoria quântica, não.)

No caso de átomos maiores, com mais elétrons, vemos que suas configurações são regidas pelo *princípio da exclusão de Pauli* — uma lei, referente ao átomo inteiro, que não é concebivelmente derivável das leis referentes aos elétrons individuais. Esse princípio diz que, num átomo, é impossível que dois elétrons estejam em estados idênticos (com os mesmos números quânticos que especificam a energia, a velocidade angular e o spin). Pode-se atribuir a esse princípio notável, e de longo alcance, a tabela periódica e as propriedades químicas dos elementos. Quando se adiciona mais um elétron a um átomo, ele precisa adotar um estado diferente dos de todos os demais elétrons já presentes. Se empregássemos o raciocínio clássico, suporíamos que o novo elétron é influenciado, de algum modo, por todos os outros elétrons; mas essa "exclusão" não lembra nenhum dos conjuntos de forças ou campos imagináveis. No raciocínio quântico, qualquer tentativa de descrever o comportamento dos elétrons constitutivos é simplesmente abandonada; as propriedades do átomo como um todo são analisadas por novas leis, sem relação com as que regem suas "partes" isoladas, que já perderam sua identidade. Um elétron orbital é um estado do sistema, e não um ente independente.

Os níveis de energia de um grupo de átomos no estado sólido (como uma rede cristalina) são uma propriedade do sistema todo, e não de seus componentes. Além disso, algumas transições da ordem à desordem, e os assim chamados fenômenos cooperativos, mostraram-se impossíveis de analisar pelo comportamento de seus componentes — pelo comportamento, por exemplo, dos elétrons num supercondutor. Existem *leis de sistema* que não são dedutíveis das leis dos componentes; os níveis de organização superiores se caracterizam por conceitos explicativos próprios. Os campos interpenetrantes e as totalidades integradas substituem as partículas fechadas e superficialmente relacionadas como imagens básicas da natureza. O ser de qualquer ente é constituído por suas relações e por sua participação em padrões mais includentes.[22]

Uma influente forma de holismo, conhecida como *não-localidade*, é demonstrada num tipo de experimento proposto por Einstein e, mais recentemente, por John Bell. Numa das versões, uma fonte emite dois fótons, A e B, que partem em direções opostas — esquerda e direita, digamos. Um detector à esquerda mede o spin de A. O spin de B será conhecido imediatamente; será igual e oposto ao de A, uma vez que o spin inicial do sistema vale zero. Num experimento de 1997, o detector da esquerda estava a trinta quilômetros de distância, na extremidade de uma fibra ótica. A orientação desse detector foi decidida quando A já estava em movimento — tarde demais para que B fosse alcançado pelo sinal antes de atingir o detector da direita, presumindo-se que nenhum sinal pode viajar a uma velocidade superior à da luz, como exige a teoria da relatividade.[23]

A teoria quântica descreve cada fóton em movimento como uma mistura ("superposição") de ondas que representam todas as possíveis orientações do spin. Cada grupo de ondas só colapsa num único valor quando se faz uma medição. Como as ondas que representam B sabem o que acontece com as ondas que representam A? A conexão parece instantânea, e não diminui, ao contrário da maioria das forças físicas, com a distância. No entanto, não é possível utilizar esse sistema para enviar uma mensagem a uma velocidade superior à da luz (violando a teoria da relatividade), porque o spin de A é imprevisível; o experimentador pode registrá-lo, mas não controlá-lo. Evidentemente, duas partículas com origem num mesmo evento podem ser descritas por uma única função global de onda, não importando a distância entre elas. Polkinghorne conclui: "Os estados quânticos revelam uma concepção surpreendentemente integracionista das relações entre sistemas que já interagiram entre si, por mais que eles possam se separar depois."[24]

Jean Staune afirma que esse conhecimento científico "demonstra a existência de um nível de realidade que escapa ao tempo, ao espaço, à energia e à matéria, mas que ainda assim tem um efeito causal sobre nosso nível material de realidade". Sustenta que é relevante não apenas por refutar o materialismo, mas também porque nos dá um caminho para falarmos de Deus. "A ciência vem dando a entender, pela física quântica, que ela não é capaz de fornecer, sozinha, um quadro completo da realidade. Ela vem fornecendo a base de uma via confiável para a compreensão da existência de Deus, porque o mundo não se limita mais ao nosso nível de realidade."[25]

Acredito que as várias formas de holismo quântico que descrevi são significativas, sem dúvida, como crítica do reducionismo. Sou cauteloso, porém, quanto a confiar demais somente nesses experimentos de dupla partícula, porque as relações entre a teoria quântica e a relatividade são muito complexas e controversas.[26] O tema do holismo prosseguirá ainda no próximo capítulo (ver "Complexidade e Auto-organização" e "Uma Hierarquia de Níveis"). Suas implicações teológicas serão discutidas no Capítulo 6 (ver "Deus como Causa Descendente").

INTEGRAÇÃO

Os defensores da Integração reivindicam uma relação entre as teorias científicas e determinadas crenças religiosas mais próxima do que as propostas pelos partidários do Diálogo, embora não exista nenhuma fronteira nítida separando os dois grupos. Examinaremos aqui duas versões, uma inspirada no holismo quântico e outra na indeterminação quântica.

1. Misticismo Oriental e Holismo Quântico

Diversos autores têm apresentado uma integração sistemática entre a física contemporânea e o misticismo oriental.[27] O livro mais influente e mais lido é *The Tao of Physics* [*O Tao da Física*], do físico Fritjof Capra, que parte de um levantamento das semelhanças epistemológicas. De acordo com Capra, tanto a física como as religiões asiáticas reconhecem a *limitação do pensamento e da linguagem humanas*. Os paradoxos da física, como a dualidade onda/partícula, são reminiscências da polaridade yin/yang do Taoísmo chinês, que descreve a unidade dos opostos aparentes;

o próprio Bohr inseriu o símbolo do yin/yang no centro do seu brasão de família. O Zen-Budismo nos pede para meditar sobre os *koans*, sentenças paradoxais que não admitem solução racional. Capra diz também que a mente cumpre um papel importante na construção da realidade: "Em última análise, as estruturas e os fenômenos que observamos na natureza não passam de criações da nossa mente quantificadora e categorizadora."[28] Cita a afirmação de Wigner segundo a qual as variáveis quânticas não têm valor definido até a intervenção da consciência humana.

Mas Capra vai mais longe em sua afirmação de que a física e o misticismo oriental têm proposições metafísicas semelhantes a fazer sobre a *unidade da realidade*. A física quântica indica a unidade e a interconexão de todos os eventos. As partículas são interferências localizadas em campos que se interpenetram. Na relatividade, o espaço e o tempo formam um todo unificado, e a matéria-energia se identifica com a curvatura do espaço. O pensamento oriental também aceita a unidade de todas as coisas, e fala da experiência do uno indiferenciado que se atinge pela meditação profunda. Existe uma única realidade suprema — denominada Brahma, na Índia, e Tao, na China — que absorve o indivíduo. A nova física afirma que o observador e o observado são inseparáveis, assim como a tradição mística vê uma união entre sujeito e objeto.

Em seguida, Capra afirma que tanto a física como o pensamento oriental tratam o mundo como um *sistema dinâmico e em perpétua mutação*. As partículas são padrões de vibração que estão sendo continuamente criadas e destruídas. A matéria aparece como energia, e vice-versa. O Hinduísmo e o Budismo afirmam que a vida é transitória; toda existência é impermanente e está em movimento incessante. A dança de Shiva é uma imagem da dança cósmica da forma e da energia. Mas, tanto na física moderna como nas religiões asiáticas, existe um *domínio atemporal* subjacente. Capra sustenta que, na teoria da relatividade, o espaço é atemporal, como o presente eterno da experiência mística.

Na minha opinião, Capra exagerou em sua ênfase nas semelhanças e virtualmente ignorou as diferenças entre as duas disciplinas. Em geral, ele encontra uma semelhança comparando certos termos ou conceitos abstraídos de seus contextos mais amplos — que são radicalmente diferentes. As tradições asiáticas, por exemplo, falam em unidade indiferenciada. Mas a integridade e unidade de que a física trata é altamente diferenciada e estruturada, sujeita a limites estreitos, princípios de simetria e leis de conservação. A relatividade unifica o espaço, o tempo, a matéria e a energia, mas há normas exatas de transformação. A unidade sem estrutura da mística, em que todas as distinções são obliteradas, parece bem diferente da interação organizada e do comportamento cooperativo nos sistemas de nível superior — já vistos na física, mas muito mais evidentes na biologia. Enquanto os reducionistas só enxergam as partes, Capra volta sua atenção unilateralmente para o todo.

Acredito que as relações entre *tempo* e *atemporalidade* são também significativamente diferentes na física e no misticismo. A física lida com o domínio da mudança temporal. Concordo com Capra que, no mundo atômico, há impermanência e um fluxo de eventos em eterna mutação. Mas não concordo que o espaço-tempo seja um bloco estático e atemporal. Já argumentei que, na relatividade, a unidade do espaço e do tempo sugere mais uma temporalização do espaço do que uma espacialização do tempo.[29] Por outro lado, para uma boa parte do misticismo oriental, especialmente da tradição advaíta no Hinduísmo, o mundo temporal é ilusório, e a realidade suprema é atemporal. Por baixo da superfície do fluxo de *maya* (ilusão) encontra-se o centro imutável, o único verdadeiramente real — embora o mundo revele padrões regulares a que se pode atribuir uma realidade qualificada. No Budismo, a atemporalidade se refere à realização da nossa unidade com todas as coisas, a qual nos liberta da sujeição ao tempo e dos riscos da impermanência e do sofrimento. As técnicas de meditação conduzem, de fato, a uma experiência do senso de atemporalidade — mas eu proponho que isso talvez seja produto, em parte, da atenção absorta que detém o curso do pensamento.

Capra não diz muito sobre a *diferença de objetivos* entre a física e o misticismo, ou das funções específicas de suas respectivas linguagens. O objetivo principal da meditação não é um novo sistema conceitual, mas uma transformação da existência da pessoa — um novo estado de consciência e de ser, uma experiência de iluminação. O misticismo é um modo de vida, e apenas secundariamente um conjunto de crenças metafísicas.

O físico David Bohm é mais cauteloso ao delinear as semelhanças entre física e misticismo oriental. Ele propõe que a mente e a matéria são duas diferentes projeções de uma *ordem implícita* fundamental; há duas expressões correlacionadas de uma única e mais profunda realidade. Bohm também encontra nas religiões orientais um reconhecimento da unidade básica de todas as coisas; na meditação, há uma experiência direta do todo indiviso. A fragmentação e o egocentrismo podem ser superados por meio da absorção do eu no todo indiferenciado e atemporal.[30] Existe aqui um monismo de essência que contrasta com o maior pluralismo das religiões ocidentais. Para Bohm, a resposta para a fragmentação da vida pessoal é a dissolução do eu separado, enquanto o pensamento cristão busca o remédio para a incompletude na restauração das relações com Deus e com o próximo.

Richard Jones fornece uma detalhada comparação entre temas da nova física, do Hinduísmo advaíta e do Budismo teravada, enfatizando as *diferenças* entre eles.[31] Ele adere basicamente ao que denomino tese da Independência: a ciência e o misticismo são distintos e separados, mas ambos possuem valor cognitivo. A ciência tem autoridade em relação às estruturas objetivas e regularidades no domínio do devir e da mudança, enquanto o misticismo é uma experiência da realidade não estruturada e não objetificável por baixo da superfície da multiplicidade. Em sua maior parte, as proposições de uma e de outro são incomensuráveis, e não há integração possível, pois referem-se a domínios diferentes. A ciência lida objetivamente com estruturas regulares diferenciadas, enquanto a mística encontra o todo indiferenciado da realidade subjacente na experiência da meditação. Jones critica os vários paralelos feitos por Capra e o seu uso de frases abstraídas dos respectivos contextos. Embora Jones trace uma fronteira demasiado nítida entre ciência e religião, ele nos lembra dos perigos de se basear uma Integração nas semelhanças sem consideração das diferenças.

2. Deus e a Indeterminação Quântica

Alguns autores têm sugerido que as indeterminações atômicas são o domínio em que Deus *controla o mundo providencialmente*. Na década de 1950, William Pollard, físico e clérigo, propôs que essa ação divina não violaria nenhuma lei natural e não seria cientificamente detectável. Deus, sugere ele, determina qual o valor efetivo que se converterá em ato numa gama de distribuição de probabilidades. O cientista não encontra nenhuma causa natural da escolha entre as alternativas quânticas; o acaso, afinal, não é uma *causa*. O crente, por outro lado, pode visualizar a escolha como ação de Deus. Deus influenciaria os eventos sem agir como força física. Já que um elétron, numa superposição de estados, não tem posição definida, não é preciso nenhuma força para que Deus converta em ato uma dentre as diversas potencialidades. Por um direcionamento coordenado de vários átomos, Deus poderia governar providencialmente todos os eventos. De acordo com Pollard, é Deus, e não o observador humano, quem colapsa a função de onda num valor único.[32]

A indeterminação no nível quântico parece, à primeira vista, irrelevante para os fenômenos *no nível de uma célula viva* contendo milhões de átomos, entre os quais as flutuações estatísticas tendem a se estabilizar na média. As equações quânticas fornecem previsões exatas para extensos conjuntos de eventos, mas não para eventos individuais. Além disso, os átomos e moléculas têm uma estabilidade intrínseca contra as perturbações pequenas, uma vez que é necessário pelo menos um quantum de energia para mudar seu estado. No entanto, em muitos sistemas biológicos, os microeventos individuais podem ter conseqüências de grande escala. Uma única mutação, num só componente de uma seqüência genética, pode mudar a história evolutiva. No sistema nervoso e no cérebro, um microevento pode causar a queima de um neurônio com efeitos ampliados pela rede neural. Ao controlar os eventos quânticos, portanto, Deus pode influenciar os eventos da história evolutiva e humana.

A proposta de Pollard é coerente com as atuais teorias da física. Deus seria a suprema "variável oculta" não local. Mas tenho três objeções às suas idéias: (1) Pollard defende a soberania divina como um *controle total* sobre todos os eventos, e advoga a predestinação. Isso me parece incompatível com a liberdade humana e com a realidade do mal. Ele nega também a realidade do acaso, que acredita ser apenas um reflexo da ignorância humana da verdadeira causa divina. (2) Para Pollard, a vontade de Deus se cumpre mais pelos aspectos *irregulares* da natureza do que pelos aspectos *regulares*. Isso talvez seja um antídoto necessário contra a ênfase oposta, feita pelo deísmo, mas parece igualmente unilateral. (3) Há um *reducionismo implícito* na suposição de que Deus só age no nível mais inferior, o dos componentes atômicos. Será que não podemos admitir também uma influência de Deus em níveis superiores — mais "de cima para baixo" do que "de baixo para cima"? Será que Deus não tem relação direta, por exemplo, com o eu humano integrado, mas apenas com os eventos atômicos no cérebro?

O físico e teólogo Robert Russell está entre os que afirmam que Deus influencia *somente certos eventos quânticos*, e atua também sobre níveis superiores como causa descendente nos eventos em níveis inferiores. Isso evitaria as objeções levantadas contra o esquema de Pollard, e permitiria o acaso, a lei e a ação de Deus no mundo quântico. Se um evento não é determinado completamente por relações redutíveis a leis, sua determinação final talvez seja feita, em alguns casos, diretamente por Deus, que converteria uma das várias potencialidades do sistema em ato. Como isso não violaria as leis estatísticas da teoria quântica, não seria detectável pelo cientista. A proposta de que Deus age nas indeterminações quânticas não pretende ser um argumento em favor da existência de Deus, na tradição da teologia natural, já que ainda se podem atribuir as incertezas à ignorância humana ou ao acaso. A proposta se apresenta, ao contrário, como uma *teologia da natureza* — isto é, um modo pelo qual o Deus em que nós acreditamos com base em outros fundamentos pode ser concebido agindo por meios coerentes com as teorias científicas.[33] Examinaremos essa proposta mais adiante, no Capítulo 6 (ver "Deus como Determinador de Indeterminações").

Permitam-me resumir, assim, minhas conclusões pessoais.

1. *Lei e acaso.* O determinismo das leis naturais na física clássica era visto geralmente como um desafio às idéias tradicionais sobre a ação de Deus no mundo. Na física quântica, a aleatoriedade dos eventos observáveis dentro de uma gama de valores possíveis pode parecer também incompatível com o conceito de soberania divina. Mas alguns autores têm sugerido modos de se reformularem as idéias tradicionais sobre o papel de Deus, de maneira a admitirem tanto a lei quanto o acaso, como será abordado, mais adiante, nos Capítulos 4 e 6.
2. *Realismo Crítico.* A física quântica expõe as deficiências do realismo clássico, mas o realismo crítico nos permite admitir as limitações do conhecimento humano sem que adotemos a postura

agnóstica, típica do instrumentalismo, em relação aos eventos no mundo. Modelos e teorias não são descrições literais, mas apenas referem-se, de modo seletivo e inadequado, a aspectos limitados da realidade.

3. *Indeterminação*. Na visão do realismo crítico, a incerteza na física quântica é considerada um reflexo da indeterminação na natureza, e não simplesmente um produto da ignorância humana em relação a eventos que são em si mesmos determinados. Nessa perspectiva, as outras potencialidades são consideradas presentes no mundo.
4. *Complementaridade*. A necessidade de utilizar pares de modelos e conceitos que não podem ser unificados coerentemente (como *onda* e *partícula*) reflete as limitações do pensamento humano em domínios distantes da experiência comum. Mas a complementaridade não impede a busca da unidade, nem justifica a alegação de que as proposições científicas e religiosas são totalmente irrelacionadas entre si e independentes.
5. *O Envolvimento do Observador*. O observador que age por meio do aparato experimental influencia as observações dos eventos quânticos. Interpreto isso como um exemplo de holismo (necessidade de se levar em consideração o sistema físico inteiro), e não como prova da influência da mente do observador, ou da infiltração da consciência.
6. *Holismo*. O caráter holístico da teoria quântica evidencia-se no uso de funções de onda para a configuração atômica em seu todo, que não pode ser analisado como soma das partes separadas. É visível também na correlação de eventos distantes, nos experimentos do teorema de Bell. Esse holismo, na física quântica e em outros domínios, justifica a rejeição do reducionismo. É coerente com uma concepção multinivelada da realidade e com o surgimento de novos tipos de eventos em níveis superiores de organização.
7. *Misticismo Oriental*. O monismo das tradições orientais parece-me um holismo demasiado extremo, que minimiza a realidade e a relacionalidade dos seres individuais. Sua ênfase na atemporalidade é compatível com algumas versões do pensamento cristão, mas não com a concepção de processo das relações de Deus com o tempo (da qual tratarei mais adiante).

8. *Deus como Determinador de Indeterminações*. A concepção tradicional da onipotência divina ainda é defensável, sem violação das leis da física, se Deus for o determinador das indeterminações no nível quântico. Mas concluirei, mais adiante, que as idéias de autolimitação divina e teologia de processo são mais coerentes com as provas científicas e com as crenças centrais do Cristianismo.

Notas

1. Há exposições da teoria quântica, em linguagem leiga, disponíveis *in* Nick Herbert, *Quantum Reality: Beyond the New Physics* (Nova York: Doubleday, 1985), e John Polkinghorne, *The Quantum World* (Londres: Penguin Books, 1986). Uma exposição mais técnica pode ser encontrada *in* Bernard d'Espagnat, *Veiled Reality: An Analysis of Present-Day Quantum Mechanical Concepts* (Nova York: Addison-Wesley, 1995).
2. Albert Einstein (numa carta), citado *in* M. Born, *Natural Philosophy of Cause and Chance* (Oxford: Oxford University Press, 1949). Ver também A. Pais, *Subtle Is the Lord* (Oxford: Oxford University Press, 1982).
3. David Bohm, *Causality e Chance in Modern Physics* (Princeton, NJ: Van Nostrand, 1957); David Bohm e B. J. Hiley, *The Undivided Universe* (Londes: Routledge, 1993).
4. Niels Bohr, *Atomic Theory and the Description of Nature* (Cambridge: Cambridge University Press, 1934), pp. 96-101.
5. Werner Heisenberg, *Physics and Philosophy* (Nova York: Harper & Row, 1958) e *Physics and Beyond* (Nova York: Harper & Row, 1971).
6. Ver Paul Davies, *God and the New Physics* (Nova York: Simon & Schuster, 1983), caps. 8, 12; ver também, do mesmo autor, *Other Worlds* (Londres: Abacus, 1982), cap. 7.
7. Ver Ian G. Barbour, *Religion and Science: Historical and Contemporary Issues* (San Francisco: HarperSanFrancisco, 1997), pp. 18-23.
8. Pierre Simon Laplace, *A Philosophical Essay on Probabilities*, 6ª ed. (Nova York: Dover, 1961), p. 4.
9. Bertrand Russell, *Mysticism and Logic* (Nova York: Doubleday, 1957), pp. 45, 54.
10. Jacques Monod, *Chance and Necessity* (Nova York: Vintage Books, 1972), p. 180.
11. Jacques Monod, conferência na BBC, citada *in Beyond Chance and Necessity*, org. John Lewis (Londres: Garnstone Press, 1974), p. ix.
12. Ver Barbour, *Religion and Science*, pp. 117-20, 168.
13. Henry Folse, *The Philosophy of Niels Bohr: The Framework of Complementarity* (Nova York: North Holland, 1985), p. 237.
14. Niels Bohr, *Atomic Physics and Human Knowledge* (Nova York: Wiley, 1958), pp. 39-41, 59-61.

15. C. A. Coulson, *Science and Christian Belief* (Chapel Hill: University of North Carolina Press, 1955), cap. 3. Ver também D. M. MacKay, "Complementarity in Scientific and Theological Thinking", *Zygon* 9 (1974): 225-44, e os capítulos de Edward McKinnon, James Loder/Jim Neidhardt e Christopher Kaiser *in Religion and Science: History, Method, Dialogue*, org. W. Mark Richardson e Wesley J. Wildman (Nova York: Routledge, 1996).
16. Ian G. Barbour, *Myths, Models, and Paradigms* (Londres: SCM Press, 1974), pp. 77-78.
17. James Jeans, *The Mysterious Universe* (Cambridge: Cambridge University Press, 1930), p. 186.
18. Arthur Eddington, *The Nature of the Physical World* (Cambridge: Cambridge University Press, 1928), p. 244.
19. Eugene Wigner, *Symmetries and Reflections* (Bloomington: Indiana University Press, 1967), p. 172.
20. John A. Wheeler, "Bohr, Einstein, and the Strange Lesson of the Quantum", *in Mind and Nature*, org. Richard Elvee (San Francisco: Harper & Row, 1982); ver também, do mesmo autor, "The Universe as Home for Man", *American Scientist* 62 (1974): 683-91.
21. Philip Yam, "Bringing Schrödinger's Cat to Life", *Scientific American* 276 (junho de 1997): 124-29; Serge Haroche, "Entanglement, Decoherence, and the Quantum/Classical Boundary", *Physics Today* 51, nº 7 (julho de 1998): 36-42.
22. Menas Kafatos e Robert Nadeau, *The Conscious Universe: Part and Whole in Modern Physical Theory* (Nova York e Berlim: Springer Verlag, 1990); Diarmuid O'Murchin, *Quantum Theology: Spiritual Implications of the New Physics* (Nova York: Crossroads, 1997).
23. Mark Buchanan, "Why God Plays Dice", *New Scientist* 159 (22 de agosto de 1998): 27-30. Ver também Tim Maudlin, *Quantum Non-Locality and Relativity: Metaphysical Implications of Modern Physics* (Oxford: Blackwell, 1994), e d'Espagnat, *Veiled Reality*.
24. John Polkinghorne, *The Quantum World* (Londres: Penguin Books, 1986), pp. 79, 80.
25. Jean Staune, "On the Edge of Physics", *Science and Spirit* 10, nº 1 (abril/maio de 1999): 15.
26. Barbour, *Religion and Science*, pp. 175-77.
27. Gary Zukav, *The Dancing Wu Li Masters* (Nova York: Morrow, 1979); Ken Wilber, org., *Mystical Writings of the World's Greatest Physicists* (Boulder: Shambala, 1984); Danah Zohar, *The Quantum Self: Human Nature and Consciousness Defined by the New Physics* (Nova York: Morrow, 1991).
28. Fritjof Capra, *The Tao of Physics* (Nova York: Bantam Books, 1997), p. 266.
29. Ver Barbour, *Religion and Science*, pp. 177-81.
30. David Bohm, *Wholeness and the Implicate Order* (Boston: Routledge and Kegan Paul, 1980), cap. 7; Bohm, "Religion as Wholeness and the Problem of Fragmentation", *Zygon* 20 (1985): 124-33.

31. Richard Jones, *Science and Mysticism* (Lewisburg, PA: Bucknell University Press, 1986).
32. William Pollard, *Chance and Providence* (Nova York: Scribner, 1958).
33. Robert John Russell, "Special Providence and Genetic Mutation: A Nova Defense of Theistic Evolution", *in Evolutionary and Molecular Biology: Scientific Perspectives on Divine Action*, org. R. J. Russell, William R. Stoeger, e Francisco Ayala (Roma: Vatican Observatory, e Berkeley: Center for Theology and the Natural Sciences, 1998).

Capítulo 4

Evolução e Criação Contínua

Ao trabalhar como naturalista do HMS *Beagle*, durante uma viagem de cinco anos ao redor do mundo, Charles Darwin percebeu inúmeras variações, dentro das mesmas espécies individuais, em diferentes lugares. Seis anos depois, ao ler o ensaio de Malthus sobre populações humanas competindo por recursos limitados, encontrou a pista para uma teoria capaz de interpretar o grande volume de dados que colhera na viagem. Darwin observara as mudanças paulatinas que ocorrem nas sucessivas gerações de animais quando os criadores humanos selecionam um traço específico. Em toda população, existem pequenas variações aleatórias, que podem ser transmitidas de uma geração a outra. Na luta pela sobrevivência na natureza, argumentou ele, algumas variações conferem uma ligeira vantagem competitiva, o que leva, ao longo de um período de várias gerações, à "seleção natural" das características hereditárias que colaboram para a sobrevivência. Em *On the Origin of Species* [*A Origem das Espécies*], de 1859, formulou a tese segundo a qual, ao longo de um extenso período de tempo, surgem novas espécies por variação e seleção.

As pesquisas sobre *genética de populações*, no século XX, fizeram avançar em muito o nosso conhecimento da transmissão hereditária das variações, conforme as leis da hereditariedade de Mendel foram sendo estudadas em populações de plantas, insetos e animais. Descobriu-se também que, de vez em quando, algum indivíduo possuía uma característica, como a cor dos olhos, marcadamente diferente das do resto da população. Era possível aumentar a freqüência dessas bruscas mudanças (mutações) pela exposição a raios X e a certas substâncias químicas. As mutações e a combinação das unidades de hereditariedade (genes) recebidas dos pais eram vistas como as principais fontes da variação, e ambas eram processos claramente aleatórios, sem relação com as necessidades do organismo. A genética e a teoria da evolução foram conciliadas num neodarwinismo sistemático, ao qual Julian Huxley, em 1942, deu o nome de "Síntese Moderna". Entre seus expoentes, estiveram Ernst Mayr, Theodosius Dobzhansky e Gaylord Simpson.[1]

Em 1953, James Watson e Francis Crick descobriram a estrutura da *molécula de DNA* e identificaram-na com os genes que haviam sido postulados pela genética de populações. Cada seqüência de três bases, numa fita de DNA, corresponde a um determinado aminoácido. A ordem das trincas de bases no DNA determina a ordem em que os aminoácidos vão se combinar nas cadeias de proteína que formam as células de todos os organismos vivos. No DNA, um "alfabeto" de apenas quatro "letras" (as bases), agrupado em "palavras" de três letras (as trincas, cada uma delas especificando um aminoácido), forma "frases" (especificando determinadas proteínas). Milhares de frases, de variados comprimentos e ordenações de palavras, podem ser formadas a partir das vinte palavras básicas, de modo que existem milhares de proteínas possíveis. As longas fitas de DNA, feitas exatamente das mesmas quatro bases, em seqüências variadas, constituem os genes de todos os organismos — dos micróbios aos seres humanos. Em todos os organismos conhecidos, utiliza-se o mesmo código genético para a tradução do DNA para o aminoácido, o que parece indicar uma origem comum de todos os seres vivos.

As técnicas recentes de *comparação das estruturas moleculares* de proteínas semelhantes, em várias espécies vivas, permitem-nos estimar há quanto tempo suas linhagens se separaram. A enzima citocromo-C dos seres humanos, por exemplo, consiste numa seqüência de 104 aminoácidos. Na seqüência que lhe é comparável nos macacos rhesus, há apenas um aminoácido diferente; nos cavalos, doze diferentes, e nos peixes, vinte e dois, o que indica um parentesco cada vez mais distante. A história evolutiva estabelecida por esse método bioquímico está em bom acordo com as provas oriundas de outras duas áreas da ciência totalmente diferentes: o estudo do registro fóssil pelos paleontólogos e a anatomia comparada das espécies vivas, pelos taxonomistas.[2]

O estudo das formas fósseis também sugeriu importantes questões sobre a história evolutiva. Desde 1940, o neodarwinismo compartilhava da suposição, feita por Darwin, de que as mudanças evolutivas de longo prazo são resultado da acumulação gradual de várias pequenas mudanças. Mas, na década de 1970, Stephen Jay Gould e Niles Eldredge defenderam o *equilíbrio pontuado*, teoria segundo a qual houve longos períodos de estabilidade interrompidos por breves períodos de mudanças rápidas. Eles indicaram registros fósseis que revelam milhões de anos de pouquíssimas mudanças, intercalados por explosões de veloz especiação em períodos relativamente curtos — em especial no início do período cambriano, quando todos os grupos (filos) evolutivos e planos estruturais básicos conhecidos apareceram num período muito curto. Postularam que as grandes mudanças estruturais foram produzidas por alterações nas seqüências do desenvolvimento. Seu ponto de vista é holístico, ao argumentar que a maioria dos traços resultam de muitos genes. Concentraram sua atenção mais no conjunto total de genes e na função dos programas regulatórios no desenvolvimento embrionário do que nas mutações em genes isolados. As direções de mudança, disseram eles, são determinadas pelas possibilidades de reorganização do desenvolvimento, assim como pelas forças de seleção que agem sobre os organismos adultos. Além disso, a extinção das espécies, às vezes, é produto não de forças competitivas graduais, mas de súbitos eventos contingentes, como o impacto de um cometa.[3]

Os defensores do neodarwinismo responderam que sua teoria era mais diversificada e flexível do que Gould e seus auxiliares haviam percebido. A raridade, entre os fósseis, de formas transitórias talvez seja resultado da incompletude do registro fóssil. Mudanças que parecem rápidas, na escala do tempo geológico (num período de cinqüenta mil anos, digamos), podem abranger muitas gerações. Ledyard Stebbins e Francisco Ayala, assim, disseram que muitas das idéias de Gould podiam ser incluídas numa versão ampliada da síntese neodarwinista.[4]

O neodarwinismo encarava a mudança evolutiva como produto de variações aleatórias, as quais eram selecionadas, em seguida, pelo ambiente. Mas alguns biólogos observaram que os *impulsos internos dos organismos* podem dar início a mudanças evolutivas. O ambiente seleciona os indivíduos; mas os indivíduos também selecionam os ambientes, e, num novo nicho, um outro grupo de genes pode colaborar com a sobrevivência. Alguns peixes pioneiros se aventuraram em terra e foram os ancestrais dos anfíbios e mamíferos; mais tarde, alguns mamíferos aventureiros voltaram para a água e foram os ancestrais dos golfinhos e baleias. Em cada um desses casos, os próprios organismos tomaram novas iniciativas; as mudanças genéticas, e depois anatômicas, seguiram-se às ações (o chamado efeito de Baldwin).[5]

As mutações aleatórias nos genes, em tais casos, não deram início à cadeia de eventos que levou à mudança; ao contrário, serviram para perpetuar as mudanças inicialmente introduzidas *pelas ações dos próprios organismos*. Isso não implica que os organismos estivessem *tentando* evoluir, mas apenas que o comportamento intencional, tanto quanto as mutações ao acaso, direcionou a mudança evolutiva. Os biólogos a favor desse ponto de vista não adotam a desacreditada idéia lamarckiana de que as mudanças fisiológicas adquiridas durante a vida do organismo pudessem ser diretamente transmitidas por hereditariedade — mas concordam com Lamarck quanto à afirmação de que as ações intencionais podem acabar resultando em mudanças fisiológicas. O efeito de Baldwin pode ser incluído num neodarwinismo ampliado, mas requer uma revisão de certas hipóteses anteriores.

Neste capítulo, investigaremos como os partidários de cada uma de nossas quatro perspectivas básicas sobre ciência e religião interpretam a teoria evolucionista atual.

CONFLITO

Uma das versões da tese do Conflito é apresentada pelos materialistas evolucionistas, como Richard Dawkins e Daniel Dennett. Uma versão bem diferente é enunciada pelos críticos teístas do neodarwinismo, como Philip Johnson e Michael Behe. Mas ambas concordam que existe um conflito; ambas alegam que não se pode ser ao mesmo tempo teísta e neodarwinista com integridade intelectual.

1. Materialismo Evolucionista

The Blind Watchmaker [*O Relojoeiro Cego*], do biólogo Richard Dawkins, tem o subtítulo *Why the Evidence of Evolution Reveals a Universe without Design* [*Por que as Provas da Evolução Revelam que o Universo Não Foi Planejado*].[6] Boa parte do livro é uma clara e enérgica apresentação da teoria evolucionista atual e uma defesa do neodarwinismo ortodoxo contra as críticas religiosas. Alguns críticos, por exemplo, disseram que as várias partes do olho (retina, diafragma, cristalino etc.) não podem ser produto de mutações acidentais isoladas, porque cada uma delas seria inútil sem todas as outras partes coordenadas. Dawkins mostra, porém, que o olho pode ter se originado de vários pequenos aperfeiçoamentos. Uma rudimentar célula sensível à luz, ou um olho bastante simples, é melhor do que nada. Os olhos capazes de formar imagens evoluíram, de modo independente, pelo menos quarenta vezes entre os vertebrados, e é possível identificar nove estruturas oculares diferentes (entre elas, buraco de alfinete, cristalinos, refletor curvo e olhos facetados). Além disso, diz Dawkins, vários sistemas na natureza estão longe de ter um planejamento perfeito. O olho humano tem um sistema de fiação "invertido"; os nervos saem da retina em direção ao cristalino, obstruindo a passagem da luz e exigindo um buraco na retina (o ponto cego) para que os nervos saiam do olho. Nenhum planejador sensível teria feito as coisas dessa maneira, mas a mudança evolutiva sempre tem que partir daquilo que está disponível e aperfeiçoá-lo, mesmo que o resultado final não seja o projeto mais eficiente.[7]

Num livro mais recente, Dawkins indaga como os leopardos (que são bem equipados para matar gazelas) e as gazelas (que são bem equipadas para evitar ser mortas pelos leopardos) podem ter sido ambos projetados pelo mesmo Deus. Mas, se o fator mais destacado nos processos naturais for a *sobrevivência do DNA*, as características tanto dos leopardos quanto das gazelas podem ser explicadas. Como outro argumento contra o planejamento, Dawkins aponta o sofrimento, a dor e o medo onipresentes na natureza e as tragédias sem sentido que se passam na vida humana:

> Num Universo de forças físicas cegas e reproduções genéticas, algumas pessoas vão sofrer, outras vão ser felizes, e você não vai encontrar

sentido algum nisso, nem justiça alguma. O Universo que observamos tem exatamente as propriedades que deveríamos esperar na ausência, em seu substrato, de qualquer planejamento, intenção, mal ou bem — nada além de uma indiferença cega e impiedosa (...). O DNA não se importa e não sabe. O DNA apenas é. E nós dançamos conforme sua música.[8]

Dawkins adota um *reducionismo epistemológico*: "O reducionista hierárquico acredita que os carburadores se explicam em termos de unidades menores (...), que se explicam em termos de unidades menores (...), que se explicam, em última análise, em termos da menor de suas partículas fundamentais. (...) Minha tarefa é explicar os elefantes e o mundo das coisas complexas, nos termos das coisas simples que os físicos compreendem, ou trabalham para compreender."[9]. Ele afirma que o ponto de vista científico é a única forma de explicação aceitável; se a ciência não descobre no Universo uma intenção, *não existe* intenção alguma. Isso o leva a um *reducionismo ontológico*, ou *materialismo ontológico*, em que a matéria é a realidade fundamental. Dawkins descreve um fascinante programa de computador capaz de desenvolver formas geométricas semelhantes a insetos (biomorfas), exibi-las na tela, modificá-las por variações aleatórias e, em seguida, selecioná-las por critérios estabelecidos no programa. Ele vê nisso uma demonstração de que a evolução pode ocorrer sem uma intenção ou planejamento inteligente. Em resposta, pode-se dizer que demonstra o oposto: que o acaso e a seleção são compatíveis com um planejamento inteligente por um agente volitivo — ou seja, o programador do computador.

O filósofo Daniel Dennett defendeu uma forte posição neodarwiniana, apoiando-se na biologia, na teoria das probabilidades, na ciência cognitiva e nas simulações de computador. A evolução, afirma ele, é fruto de um *processo arbitrário e sem sentido*. Ele rejeita veementemente todas as formas de planejamento inteligente, inclusive a crença de Darwin de que as leis da evolução, mas não as espécies individuais, eram produto de um planejamento. Numa extensa crítica a Gould, insiste que as mutações e a seleção natural são os *únicos* fatores responsáveis pela direção da mudança evolutiva. Pelas mutações aleatórias, os genes de uma população vão sondando os confins do "espaço de projeto" (o conjunto de todas as configurações genéticas possíveis). Pela seleção natural, os genes que conferem vantagens adaptativas são transmitidos às gerações seguintes com maior freqüência. A seleção, portanto, é um processo automático e impessoal que segue um algoritmo (uma regra formal composta de etapas simples).[10]

A posição do *espaço de projeto* no pensamento de Dennett não é totalmente clara. Em algumas passagens, ele o compara com o mundo platônico das formas eternas (embora, é claro, para ele as formas não sejam idéias na mente de Deus, como eram no pensamento clássico). Em outras passagens, ele trata o espaço de projeto como o conjunto abstrato de todas as possibilidades genéticas, praticamente sem estrutura intrínseca. Em cada um dos casos, a sondagem do espaço de projeto ocorre inteiramente por acaso. A posterior conservação das novas configurações é produto de condições ambientais contingentes e da utilidade de certas capacidades genéricas, como a visão, a locomoção e a inteligência. Dennett apresenta o seguinte resumo:

> O que é o trabalho de projeto? É o maravilhoso casamento do acaso com a necessidade, ocorrendo num trilhão de lugares ao mesmo tempo, num trilhão de níveis diferentes. E que milagre causou isso? Nenhum. Simplesmente aconteceu, na plenitude do tempo. Você pode até dizer que, de certo modo, a Árvore da Vida criou a si mesma. Não numa aparição miraculosa e instantânea, mas lentamente, lentamente, durante bilhões de anos.[11]

Até mesmo as leis da física, sugere ele, "talvez sejam elas próprias resultantes de um cego e indiferente embaralhamento no Caos".[12]

Assim como Dawkins, Dennett mescla ciência evolucionista e uma filosofia naturalista. Diz que a aceitação da evolução requer a rejeição do teísmo. Vimos que, para os materialistas, o acaso e a necessidade, na astronomia e na física quântica, são vistos como incompatíveis com a intenção e o planejamento; aqui, faz-se uma alegação semelhante quanto ao acaso e à necessidade na história evolutiva.

2. Críticas Teístas ao Neodarwinismo

À época do julgamento do caso Scopes, em 1925, os fundamentalistas cristãos rejeitaram todas as idéias evolucionistas e adotaram uma interpretação literal do Gênesis. Na década de 1980, o *movimento da "ciência criacionista"* pressionou os Legislativos estaduais e conselhos locais de educação para que exigissem dos professores de biologia um "tratamento equilibrado" da teoria evolutiva e da "teoria do surgimento abrupto" como duas hipóteses científicas alternativas, alegando que a segunda podia ser defendida em bases exclusivamente científicas. Os tribunais estaduais e federais derrubaram as leis que exigiam a inclusão da "ciência criacionista", argumentando que não se trata de ciência autêntica e que ensiná-la violaria a separação entre Igreja e Estado (ver Capítulo 1). Mas diversos autores apresentaram argumentos mais sofisticados, afirmando que um *"planejamento inteligente"* é mais compatível com os dados do que o acaso sem sentido e a seleção natural. Alegam que o neodarwinismo entre os biólogos é mais produto de suas pressuposições naturalísticas do que de provas científicas claras.[13]

O professor de direito Philip Johnson aceita a *microevolução* (pequenas modificações em espécies existentes), mas não a *macroevolução* (a formação de espécies novas). Observa que a seleção artificial feita por criadores de animais produz uma grande diversidade, mas não espécies novas. O bico do tentilhão, no isolado arquipélago das Galápagos, mudou quando mudaram as condições climáticas, mas não surgiu nenhuma nova espécie. A seleção artificial da mosca-das-frutas produziu formas que não se reproduzem com suas ancestrais, mas não está claro se elas devem ou não ser consideradas uma nova espécie.[14]

Johnson se impressiona com a escassez de *formas transitórias* no registro fóssil. Diz que o *Archaeopteryx*, uma criatura com forma de pássaro e alguns traços de réptil, é um dos poucos candidatos plausíveis a elo entre espécies. Admite que os fósseis, em especial das partes moles do corpo, são inevitavelmente um tanto fragmentários. Se Gould estiver correto ao afirmar que a especiação acontece rapidamente, em pequenas populações isoladas, os fósseis transitórios serão raros. Mas Johnson alega que, mesmo assim, deveríamos esperar mais formas transitórias do que as que foram encontradas. Afirma que as tentativas de reconstrução de uma árvore genealógica, dos símios até os homens, são particularmente especulativas e subjetivas, e tão influenciadas por preconcepções filosóficas quanto por provas claras.

O surgimento abrupto, no início do período cambriano (cerca de 570 milhões de anos atrás), de criaturas muito diferentes de qualquer coisa encontrada nos estratos pré-cambrianos é particularmente enigmático. Nada menos do que cem mil novos filos (grupos de espécies semelhantes, com o mesmo plano estrutural) surgiram num intervalo de tempo relativamente curto, embora apenas trinta ainda existam hoje. Depois disso, poucos filos novos surgiram — mesmo quando as extinções em massa (como as provocadas pelo impacto de cometas) abriram novos nichos ecológicos; ocorreu, em vez disso, uma ampla diversificação dentro dos filos existentes. Além do mais, muitas espécies não mudaram quase nada durante períodos de milhões de anos. Os paleontólogos ignoraram freqüentemente essas *estases*, pois estavam à procura da mudança. Johnson aceita o conceito de equilíbrio pontuado de Gould, embora pense, ao contrário deste, que a explosão cambriana foi produto de uma intervenção de Deus, por meio da transmissão de novas informações genéticas.

Johson argumenta também que as mutações aleatórias não podem ter produzido o *funcionamento coordenado* de várias partes, como ocorre nos organismos complexos. Um olho eficaz, por exemplo, requer não apenas a coordenação das diversas partes como também a presença de estruturas neurais e cerebrais. Ele responde à especulação, feita por Dawkins, de que as membranas das patas de pequenos animais que escalam árvores os teria habilitado a planar, o que teria levado, mais tarde, às asas para o vôo. Johnson diz que tais membranas os teriam impedido de escalar árvores e segurar alimentos muito antes de poderem permitir o vôo. Diz que os darwinistas elevaram o acaso à posição de um princípio supremo intrinsecamente antiteísta.

Os *críticos científicos* dizem que Johnson exagera as deficiências da teoria de Darwin. Teorias que se aplicam a um passado distante não podem, evidentemente, ser provadas com exatidão. Mas, na ciência, as teorias abrangentes são julgadas em parte por sua capacidade de explicar uma vasta gama de dados de diferentes gêneros. Os cientistas comparam as diversas teorias e avaliam sua fecundidade quanto à sugestão de pesquisas posteriores, mas Johnson não apresenta nenhuma teoria alternativa empiricamente comprovável.[15] Os *críticos teológicos* observam que Johnson pressupõe que o teísmo requer a crença de que Deus intervém nas lacunas da explicação científica. Sugerem que ele não diferenciou adequadamente as teorias científicas em si das posições filosóficas de seus intérpretes ateus. Ele acaba concordando, portanto, com os expositores do materialismo evolucionista quanto à idéia de que não se pode acreditar em Deus e no neodarwinismo ao mesmo tempo.

O bioquímico Michael Behe argumenta que a "complexidade irredutível" dos sistemas bioquímicos demonstra que eles não podem ser produto de evolução gradual. Ele investiga, por exemplo, as longas cadeias ou cascatas de reações moleculares que ocorrem no olho e no sistema imunológico. Afirma que sistemas tão complexos de entrelaçamento não podem ter tido precursores funcionais mais simples, porque eles não operariam na falta de uma única etapa ou componente. Apresenta uma analogia com uma ratoeira, que tem cinco partes essenciais. Se apenas uma parte, como a mola, estiver faltando, a ratoeira não funciona de modo algum. É um sistema tudo-ou-nada, que deve ter sido planejado todo de uma vez, e não por estágios. "Uma vez que a seleção natural só pode escolher entre sistemas que já funcionam, então, se um sistema biológico não pudesse ser produzido de forma gradual, ele teria que surgir como unidade integrada, de um só golpe, para que a seleção natural tivesse algo com que trabalhar."[16]

Behe sugere que a *informação necessária aos sistemas planejados* talvez tenha sido introduzida nas primeiras células isoladas e permanecido latente por bilhões de anos, ou talvez tenha sido acrescentada mais tarde, para produzir um sistema bioquímico complexo. Ele diz:

> Poderiam ser feitas pesquisas para determinar se a informação necessária aos sistemas planejados poderia permanecer latente durante longos períodos de tempo, ou se ela deveria ser acrescentada perto do momento em que o sistema se tornasse operacional. Uma vez que o cenário de planejamento mais simples pressupõe uma única célula — formada há bilhões de anos — já contendo todas as informações necessárias para produzir os organismos descendentes, poderiam ser feitos outros estudos para submeter esse cenário a um teste, por meio do cálculo de quanto DNA seria necessário para codificar as informações (tendo em mente que elas podem ser implícitas, em grande parte).[17]

Ambos os cenários de Behe parecem tomar como pressuposto uma intenção divina predeterminada de um projeto inteligente, em vez de um processo dinâmico e inconcluso, em que a interação com um ambiente mutável desempenha um papel crucial.

A maioria das *resenhas feitas por cientistas* contém críticas a Behe. Observam que muitas mudanças evolutivas podem ser vistas como improvisações que utilizam componentes já disponíveis, e não como sistemas integrais planejados a partir do nada. Às vezes um componente como uma enzima pode servir a mais de uma função e ser cooptado para novas funções sob circunstâncias alteradas. Outros críticos apontam para o grande progresso que se tem feito, hoje, na compreensão dos sistemas de *feedback* de informação genética no desenvolvimento e na regulação biológica.[18] Os *críticos teológicos* dizem que, ao excluir as explicações evolucionistas, Behe apresentou uma nova versão do Deus-das-lacunas. Ele interpretou as lacunas em nosso conhecimento como lacunas nos processos da natureza, em que Deus intervém descontinuamente. Edward Davis chama isso de "uma forma altamente sofisticada de criacionismo especial", que ele contrapõe à idéia de Deus como causa primeira que opera por meio de uma rede inconsútil de causas segundas.[19]

INDEPENDÊNCIA

Não haverá nenhum conflito entre ciência e religião se elas forem iniciativas completamente independentes, distinguindo-se por seus métodos, domínios e funções na vida humana. Estudaremos, primeiro, os domínios e métodos contrastantes da biologia e da teologia. Em seguida, examinaremos a afirmação de que as questões que levam os teólogos a referir-se a Deus como causa primeira são bem diferentes das questões sobre as causas segundas, no domínio da natureza, que os cientistas investigam.

1. Domínios e Métodos Contrastantes

Em resposta ao desafio do criacionismo, a National Academy of Sciences [Academia Nacional de Ciências] publicou, em 1984, um panfleto que, insistindo que a religião e a ciência não têm *nenhuma relação entre si*, procurava dissolver a disputa sobre os cursos de biologia nas escolas públicas. "Religião e ciência são campos separados e mutuamente excludentes do pensamento humano, e sua apresentação no mesmo contexto leva a incompreensões, tanto da teoria científica quanto da crença religiosa."[20] Essa opinião do gênero "dois campos" pode ser utilizada para proteger os professores de ciência das escolas secundárias contra interferências de grupos religiosos.

Em seu recente livro *Rocks of Ages: Science and Religion in the Fullness of Life* [*As Rochas dos Séculos: Ciência e Religião na Plenitude da Vida*], Stephen Jay Gould apresenta a ciência e a religião como campos separados. Ele diz que, embora criado numa família judia, se considera um agnóstico com grande respeito pelas religiões. Seu princípio básico é o dos *magesteria* não-sobrepostos [*non-overlapping magesteria* (NOMA)]. Um *magesterium* significa um domínio de autoridade doutrinal. "O *magesterium* da ciência abrange o domínio empírico: do que é feito o Universo (fato) e por que ele funciona dessa maneira (teoria). O *magesterium* da religião se estende sobre questões relativas ao sentido último e ao valor moral."[21] Cada domínio tem suas questões, suas regras e seus critérios de julgamento específicos. Gould discute vários casos históricos em que líderes religiosos empregaram argumentos religiosos fora de sua área de competência, de Galileu até o julgamento sobre o criacionismo no Arkansas. Mas ele critica igualmente os cientistas que tentam deduzir conclusões filosóficas, teológicas ou éticas a partir da ciência. Rejeita as tentativas feitas por sociobiólogos de fundamentar os julgamentos morais no valor adaptativo do comportamento moral na história evolutiva. Salienta os abusos do darwinismo, que vem sendo utilizado para justificar a guerra, o colonialismo, a competição econômica implacável e a eugenia.

Gould critica toda forma de teologia natural que espere que a ciência permita conclusões religiosas. Repudia a sintonia fina do Universo inicial (o Princípio Antrópico) e todos os argumentos em favor do planejamento no mundo biológico. Diz que a crença de Darwin no planejamento das leis evolutivas, mas não nas espécies individuais, era apenas a "preferência pessoal" dele, e não uma "falsa fusão" de dois domínios que não podem ser reunidos. Mesmo assim, quando Gould apresenta suas opiniões pessoais, no capítulo final, ele vai além da estrita fidelidade ao NOMA. Faz afirmações que parecem confirmadas pela ciência, mas sugiro que elas deveriam ser vistas como interpretações filosóficas naturalistas. Ele diz, por exemplo, que, diante de nossa "insignificância cósmica" e da "sublime indiferença da natureza", só é possível encontrarmos sentido dentro de nós mesmos:

> [A humanidade é] um fato evolutivo absurdamente improvável, e não o cerne de uma intenção universal (...). Somos fruto da história, e pre-

> cisamos definir nossos próprios caminhos neste que é o mais diversificado e interessante dos Universos concebíveis — um Universo que é indiferente ao nosso sofrimento e que, portanto, nos oferece um máximo de liberdade de prosperar, ou de fracassar, no caminho que nós próprios escolhermos.[22]

A independência entre ciência e religião pode ser defendida também pelo lado teológico. A *neo-ortodoxia* não tem dificuldade de aceitar as descobertas da biologia evolucionista, porque ela afirma que Deus age na história humana fundamentalmente na pessoa de Cristo, e não no mundo natural. Considera suspeitos o argumento do planejamento e todas as formas de teologia natural, por se basearem na razão humana, e não na revelação divina. De acordo com a neo-ortodoxia, a doutrina da criação não é uma teoria a respeito do início ou dos processos naturais subseqüentes; é uma afirmação de que o mundo depende de Deus e é essencialmente bom e dotado de ordem. Já indiquei minha afinidade com alguns aspectos da neo-ortodoxia, em especial sua convicção de que as escrituras devem ser respeitadas, mas não ao pé da letra, e seu argumento de que a doutrina da criação *ex nihilo* afirma a existência de uma relação permanente entre Deus e o mundo, e não uma descrição de eventos ocorridos num passado distante. No entanto, sua forte ênfase na transcendência leva a um abismo entre Deus e a natureza, e a um esquecimento da imanência divina. A neo-ortodoxia deixa a desejar em relação ao tema da criação contínua. Além disso, a dicotomia absoluta entre a humanidade e a natureza não humana é duvidosa hoje em dia, assim como o dualismo corpo/alma freqüentemente utilizado para justificar essa dicotomia.

Vimos que a tese da Independência é apoiada também pelos proponentes da *análise lingüística*, os quais afirmam que nossos diversos sistemas fechados de linguagem têm suas próprias regras e funções específicas. A linguagem religiosa exprime um modo de vida por meio dos rituais, narrativas e práticas de uma comunidade religiosa. As histórias da criação, em especial, fornecem um quadro cósmico de sentido e guiamento prático para a vida. A ciência, por outro lado, formula problemas estritamente delimitados, para fins de previsão e controle. Stephen Toulmin sugere que extrapolar da evolução para justificar o ateísmo, ou o teísmo, é misturar as linguagens de modo ilegítimo.[23] Os lingüistas adotam uma avaliação instrumentalista tanto da ciência como da religião; não pode haver conflito porque nenhuma das duas reivindica a verdade. Como realista crítico, afirmo que as duas áreas fazem afirmações sobre a realidade, embora essas afirmações sejam seletivas e sempre passíveis de revisão. Devemos buscar uma interpretação coerente de toda a experiência, e não uma coleção de linguagens irrelacionadas entre si. Proporei que a visão evolutiva da natureza tem implicações de longo alcance em nossa compreensão da natureza humana e das relações entre Deus e a natureza.

2. Causalidade Primária e Secundária

Desde o tempo de Santo Tomás de Aquino, muitos autores católicos afirmam que Deus, como causa primeira, age por meio das causas segundas que a ciência investiga. Como os dois tipos de causa operam em níveis totalmente diferentes, a análise científica pode se desenvolver em seus próprios termos, sem se referir à teologia, tal como sustentam os defensores da Independência. A explicação científica é completa em seu próprio nível, sem quaisquer lacunas em que Deus precisaria intervir, enquanto o teólogo pode dizer que Deus mantém e utiliza toda a seqüência natural. A causalidade primária representa uma ordem diferente de explicação, em resposta a perguntas muito diferentes daquelas formuladas pelo cientista a respeito das relações no mundo natural.

O cientista jesuíta William Stoeger afirma que *Deus age por meio das leis da natureza*, utilizando-as como instrumentos para atingir fins planejados. "Situando isso num contexto evolutivo (...), podemos conceber uma ação criadora contínua de Deus, realizando-se por meio do desdobramento natural das potencialidades da natureza e do surgimento contínuo da inovação, da auto-organização, da vida, da mente e do espírito."[24] As intenções de Deus tomam forma nas potencialidades da natureza, mas Deus, além disso, dá sustentação permanente ao sistema todo e o mantém existindo. Sem Deus, ele deixaria de existir.

A opinião de Stoeger contém três convicções subjacentes. Primeiro, devemos respeitar a *integridade da ordem criada* e a *integridade da ciência*. Não há lacunas na ordem natural, e não foi necessária nenhuma intervenção especial para o surgimento da vida ou da consciência. As indeterminações quânticas não são lacunas que Deus precisa preencher; as leis da natureza são padrões de regularidade, mas não implicam um determinismo estrito. Segundo, é necessário reconhecer *a transcendência e a alteridade radical de Deus*. Deus não é uma causa como as outras, mas um ser eterno, que está num plano muito diferente e permanece um mistério para nós. Terceiro, *a criação dos seres humanos* estava no centro das intenções de Deus, e Deus pode empregar diferentes meios de se revelar a eles — em especial pela pessoa de Cristo e por nossa experiência do perdão e da reconciliação. Stoeger deixa aberta a possibilidade de Deus transmitir diretamente informações de importância particular na vida das pessoas.

Uma posição semelhante é adotada pelo físico Howard Van Till, filiado à tradição protestante. Em resposta a Philip Johnson, ele insiste que é preciso distinguir cuidadosamente a *ciência evolucionista* do *naturalismo filosófico* e do *teísmo cristão*. Diz que Johnson está errado ao alegar que a teoria evolucionista implica ateísmo. Van Till cita os antigos padres da Igreja São Basílio e Santo Agostinho, que afirmavam que Deus não criou tudo diretamente em sua forma atual, mas deu ao mundo o poder de converter em ato, no decurso do tempo, um conjunto de formas de vida específicas. Não houve lacunas ou falhas que precisassem ser remediadas por uma intervenção subseqüente. É claro que esses autores antigos não tinham uma concepção inteiramente evolutiva, mas eles presumiam, isto sim, que Deus outorgara aos seres criados uma capacidade de realizar diversas formas. Agostinho afirmou que os seres existentes no mundo foram dotados de "princípios germinativos" a partir dos quais pudessem desenvolver as formas concebidas para eles na mente de Deus.[25]

Van Till expande essas idéias clássicas em defesa da *integridade da ordem criada*. Afirma que Deus criou um mundo prenhe de potencialidades que se converterão em ato no devido tempo, sem nenhuma intervenção divina posterior. A natureza foi criada como uma economia de desenvolvimento, sem lacunas ou falhas que precisassem ser remediadas depois. Além disso, não se deve apelar para Deus nas explicações científicas, que só podem tratar de relações entre membros da ordem criada. O naturalismo metodológico reconhece as limitações da ciência, mas o naturalismo filosófico não. Van Till afirma que Deus providenciou o abundante conjunto de possibilidades de estruturas viáveis e as vias de configuração genética pelas quais se desenvolveram, mas o cientista pode investigar apenas as próprias estruturas e vias. Só é possível discernir um padrão intencional num contexto mais amplo que o da ciência. Mas a ausência de lacunas não implica que o mundo seja fechado à ação divina, como presumia o deísmo. Existem atos especiais de Deus, revelatórios ou redentores, que são possíveis nesse quadro.

É uma opinião atraente, porque demonstra um grande respeito pela ciência ao mesmo tempo em que mantém muitas das doutrinas do *teísmo clássico*. Tenta evitar o deísmo alegando que Deus tem um papel contínuo na sustentação da ordem natural. Mas sugiro que ela não expressa inteiramente a idéia bíblica de que Deus tem um papel mais ativo e retributivo na natureza e na história. Além disso, se todos os eventos estiverem predestinados no plano divino, então o acaso e a liberdade humana, em última análise, são ilusórios — embora nos pareçam reais, em nossa perspectiva limitada. Mas se, ao contrário, o futuro for aberto, mesmo do ponto de vista de Deus, é preciso dizer que nem todas as causas segundas são instrumentos da vontade divina. Nesse caso, a criação manifesta uma maior autolimitação do poder de Deus, bem como do conhecimento de Deus, do que admite o teísmo clássico (ver Capítulo 6).

DIÁLOGO

O Diálogo vai além da tese da Independência na abordagem dos paralelos conceituais entre a teoria evolucionista e as doutrinas teológicas. Examinaremos três conceitos científicos para os quais foram propostos análogos teológicos: primeiro, complexidade e auto-organização; segundo, transmissão de informações; terceiro, causalidade descendente entre níveis. É preciso analisar esses conceitos dentro da própria ciência antes que se possam considerar seus paralelos na teologia.

1. Complexidade e Auto-organização

Uma das mais enigmáticas questões científicas é como as complexas moléculas orgânicas necessárias à vida podem ter surgido antes da presença dos processos reprodutivos mediante os quais ocorre a evolução darwinista, por variação e seleção natural. As teorias da complexidade lidam com o mundo inanimado, mas sugerem que, nele, os níveis superiores de ordem emergem por meio de *sistemas auto-organizados*. Essas teorias levam ainda mais longe os temas do holismo e da indeterminação que encontramos na física quântica.

Quando seu equilíbrio inicial é perturbado, a maioria dos sistemas físicos e químicos retorna ao mais provável e desordenado estado de equilíbrio. Às vezes, porém, quando um sistema é instável e está afastado do equilíbrio, aparece um novo nível de ordem coletiva, que atinge uma forma estável. Ilya Prigogine ganhou um Prêmio Nobel por sua pesquisa de sistemas dinâmicos afastados do equilíbrio. Um de seus exemplos é o aparecimento repentino do redemoinho na desordenada turbulência do rio. Outro é o surgimento de um padrão complexo de correntes de convecção na circulação do fluido, quando aquecido a partir de baixo. Nesses casos, uma pequena flutuação é amplificada e leva a uma ordem nova e mais complexa, que resiste às flutuações posteriores e se mantém com um *throughput* de energia do ambiente. Às vezes há uma "bifurcação de caminhos" (as correntes de convecção no fluido aquecido, por exemplo, vão circular, todas, em sentido horário ou anti-horário). A escolha entre os caminhos parece resultar de flutuações acidentais muito pequenas.[26]

Prigogine analisou vários sistemas auto-organizados inanimados em que uma desordem num determinado nível leva a uma *ordem num nível superior*, com novas leis regendo o comportamento de estruturas que revelam novos tipos de complexidade. A aleatoriedade, num determinado nível, conduz a padrões dinâmicos em outro nível. Em alguns casos, a nova ordem pode ser prevista com base no comportamento médio ou estatístico dos inúmeros componentes. Mas, em outros casos, Prigogine demonstra que existem muitos resultados possíveis, e não é possível fazer nenhuma previsão única. Múltiplas soluções divergentes emergem dessas instabilidades não-lineares. A formação desses sistemas que se auto-organizam e se autoperpetuam, no nível molecular, foi talvez o primeiro passo para o surgimento da vida. Como na teoria quântica, parece haver uma interação entre lei e acaso; aqui, igualmente, precisamos observar os agregados maiores e os níveis superiores de organização, e não apenas as partes componentes. Mais uma vez, o determinismo e o reducionismo são postos em dúvida.

Conclusões semelhantes são sugeridas pela *auto-organização* em outros tipos de sistemas complexos. Stuart Kauffman encontrou padrões em comum no comportamento integrado de sistemas aparentemente muito diversos, como moléculas, células, redes neurais, ecossistemas e sistemas tecnológicos e econômicos. Em cada um desses casos, os mecanismos de *feedback* e as interações não-lineares tornam possível a atividade cooperativa em agregados maiores. Os sistemas revelam *propriedades sistêmicas emergentes* similares, não encontradas em seus componentes. Kauffman dá especial atenção ao comportamento das redes. Um arranjo, por exemplo, de cem mil lâmpadas elétricas, cada uma delas acesa ou apagada conforme o *input* das quatro vizinhas, passa por apenas 357 estados dentre o número astronômico de estados possíveis. As redes estão presentes também entre genes, células, enzimas e neurônios.[27] Muitas das idéias de Kauffman são especulativas e investigativas, mas conduzem a um novo modo de encarar a evolução molecular pré-biótica e as origens da vida. Ele acredita que a ordem emerge espontaneamente nos sistemas complexos, em especial na fronteira entre a ordem e o caos. O excesso de ordem impossibilita a mudança; o excesso de caos impossibilita a continuidade. A complexidade em um nível leva à simplicidade em outro. A desordem é freqüentemente a condição prévia do aparecimento de uma nova forma de ordem.

2. O Conceito de Informação

Informação é uma palavra importante em vários ramos da ciência. Com o advento dos computadores, tornou-se possível codificar instruções com precisão numa representação binária (0/1 ou desligado/ligado) e quantificá-las como "bits" de informação. O computador responde às instruções do programa que determinam as conexões em seus circuitos elétricos. Ele manipula as representações elétricas dos símbolos com que foi abastecido ("processamento de dados") e em seguida ativa alguma forma de *output*.[28]

A informação consiste num *padrão ordenado* que é uma entre muitas seqüências ou estados possíveis de um sistema (de letras do alfabeto, sons auditivos, dígitos binários, bases de DNA ou quaisquer outros elementos combináveis). A informação é *transmitida* quando um outro sistema (o leitor, o ouvinte, o computador, a célula viva etc.) responde seletivamente — ou seja, quando a informação é codificada, emitida e decodificada. O significado da mensagem depende de um *contexto de interpretação* mais amplo. Deve ser visto de modo dinâmico e relacional, e não em termos puramente estáticos, como se a mensagem estivesse contida no próprio padrão.

Nos organismos, a informação segue em duas direções: a partir dos genes e para os genes. Na *expressão do DNA* do embrião em crescimento, a mensagem linear da molécula de DNA produz uma cadeia de proteína linear; mas, como a cadeia possui ângulos de ligação e dobras característicos, o resultado é uma estrutura protéica tridimensional específica. Mensagem conduz a estrutura, e estrutura conduz a função. Um conjunto bastante complexo de programas de regulação genética, com ativadores e inibidores, liga e desliga a atividade dos sistemas de genes, de modo que o tipo adequado de célula se produz no lugar certo e no tempo certo, no embrião em crescimento e no funcionamento contínuo do organismo. Por meio de sinais de *feedback* e *delays* temporais, a informação retorna para fins de controle das seqüências genéticas. Um gene contém um imenso número de cenários possíveis de desenvolvimento, dos quais apenas uns poucos se realizam. Em *The Ontogeny of Information* [*A Ontogenia da Informação*], Susan Oyama argumenta que o significado e a importância informacional das instruções genéticas depende de quais células e tecidos já estão presentes e do funcionamento efetivo do sistema de desenvolvimento. Em vez de um fluxo único de informações, devemos imaginar uma construção interativa num contexto particular.[29]

O DNA só constitui um programa de *desenvolvimento* e *funcionamento* em conjunção com as moléculas no citoplasma, que garantem um ambiente e mantêm a estrutura. O programa genético foi protegido no passado e é eficaz no presente por causa do comportamento de unidades maiores — inclusive, no fim, todo o ecossistema interdependente, com seus ciclos e interações de energia, materiais e informações. Cada unidade atinge a estabilidade quando se aninha num agregado maior para cuja estabilidade e dinamismo ela contribui. Como diz Jeffrey Wicken, "a natureza se produz hierarquicamente: cada nível estabelece a base de sua própria estabilidade utilizando mecanismos fornecidos pelos níveis inferiores e encontrando contextos funcionais nos níveis superiores".[30]

As *informações sobre o ambiente* foram transmitidas aos genes pela seleção natural. Os genes são um registro das informações historicamente adquiridas sobre o que já se mostrou viável e sobre como o organismo pode encontrar seu lugar no mundo, incluindo-se padrões comportamentais instintivos codificados. Um pássaro ou outro animal, por exemplo, usa certas pistas visuais ou auditivas para reconhecer e reagir a um predador perigoso nunca encontrado anteriormente. Em algumas espécies, há indivíduos programados para transmitir sinais de perigo para alertar os outros membros da espécie. A capacidade de memória do DNA permite testes de longo prazo, por tentativa e erro, numa série de experimentos de aglutinação de informações que perfazem unidades maiores: organismos, populações e ecossistemas. O DNA é parte de um grande sistema de *feedback*, ou cibernético, de obtenção, armazenamento, restauro e utilização de informações.

A *percepção* é a transmissão seletiva de informações sobre o ambiente. Mesmo órgãos sensitivos elementares são capazes de detectar fatores do ambiente relevantes para a vida do organismo. A percepção é um processo ativo em que os padrões relevantes à sobrevivência são selecionados e organizados. Um paramécio unicelular tem um sistema grosseiro de percepção e uma forma rudimentar de memória. Quando não encontra alimento num lugar, ele não permanece ali, mas utiliza seus cílios coordenados, semelhantes a remos, para se mover para outro local. A memória de curto prazo requer um novo modo de armazenar e retomar informações, diferente do armazenamento de informações nos genes. Mais acima na escala, a *senciência* parece envolver uma dimensão interior — modos elementares de consciência, sensibilidade e capacidade de experimentar dor e prazer. Essas capacidades se desenvolveram presumivelmente por seu valor para a sobrevivência. A dor serve como um sistema de alarme para que a ação evite o que causa o dano. Quando surgiu o sistema nervoso central, já havia uma rede de coordenação e um novo nível de integração de experiência, que mais tarde se desenvolveu em consciência e, por fim, em autoconsciência.

Os primatas superiores têm capacidade de *comunicação simbólica* de informações, e os seres humanos conseguem utilizar palavras para expressar conceitos abstratos. A informação humana pode ser transmitida de uma geração a outra não apenas pelos genes e pelo exemplo dos pais, mas também pelo discurso, literatura, arte, música e outras formas culturais. O armazenamento e a transmissão das informações constituem, portanto, um importante aspecto dos processos biológicos em todos os níveis, que sempre deve ser visto de modo dinâmico e relacional, e não em termos estáticos e formais. A informação é comunicada somente quando obtém, de alguma maneira, uma resposta, de modo que ela sempre depende do contexto.

Alguns teólogos têm demonstrado interesse no conceito de informação. No Capítulo 2, vimos que a idéia bíblica de Verbo divino *(logos)* envolve comunicação de sentido e de estrutura. Como no mundo biológico, o sentido da mensagem precisa ser decodificado e interpretado num contexto mais amplo. John Polkinghorne e outros argumentam que Deus influencia a história evolutiva transmitindo informações por meios que não violam a conservação da energia, ou outras leis científicas. Avaliaremos essa proposta no Capítulo 6 (ver "Deus como Transmissor de Informações").

3. Uma Hierarquia de Níveis

Um traço dos sistemas biológicos que vem despertando o interesse dos teólogos é a causalidade descendente entre níveis. Os organismos vivos exibem uma *hierarquia de múltiplos níveis* de sistemas e subsistemas. Um nível identifica uma unidade relativamente integrada, estável e autoregulada, mesmo que interagindo com outras unidades de nível igual, superior ou inferior. Uma dessas hierarquias de níveis é identificada estruturalmente: quark, núcleo, átomo, molécula, macromolécula, organela, célula, órgão, organismo e ecossistema. Outras hierarquias são identificadas funcionalmente: a hierarquia reprodutiva (gene, genoma, organismo e população) e a hierarquia neural (molécula, sinapse, neurônio, rede neural, cérebro e corpo). Os seres humanos participam também de todas as interações sociais e culturais estudadas pelas ciências sociais e humanas. Cada disciplina ou ramo de investigação se concentra num nível específico e em sua relação com os níveis adjacentes.

É possível distinguir três tipos de *redução entre níveis*.

1. *Redução Metodológica*. É uma estratégia de pesquisa: o estudo de níveis inferiores a fim de compreender melhor as relações em níveis superiores. A análise das interações moleculares tem sido

uma estratégia de espetacular sucesso na biologia, mas não é incompatível com a análise de múltiplos níveis e com o estudo de sistemas maiores.

2. *Redução Epistemológica.* É uma relação entre teorias: a alegação de que é possível deduzir leis e teorias de um nível de análise a partir de leis e teorias de níveis inferiores. Já argumentei que os conceitos biológicos são específicos e não podem ser definidos em termos físicos ou químicos. Tipos específicos de explicação têm validade para níveis diferentes. Mas as teorias interníveis podem conectar níveis adjacentes, mesmo que essas teorias não sejam dedutíveis das teorias aplicáveis a cada nível isolado. Os conceitos utilizados em cada nível podem mudar com o tempo, conforme se desenvolvem as teorias interníveis. Uma série de teorias e modelos sobrepostos unifica as ciências sem implicar que um nível seja mais fundamental ou mais real que outro.
3. *Redução Ontológica.* É uma afirmação sobre as espécies de realidade e de causalidade que existem no mundo. Diz-se, às vezes, que um organismo "não passa de moléculas organizadas", ou que "somente as forças físicas têm eficácia causal". Tenho defendido o *pluralismo ontológico*, uma concepção da realidade em múltiplos níveis, na qual se considera que diferentes níveis (epistemológicos) de análise se referem a diferentes níveis (ontológicos) de eventos e processos no mundo, como defende o realismo crítico. Na história evolutiva, emergiram novas formas de ordem que não apenas não poderiam ter sido previstas pelas leis e teorias que regiam as formas previamente existentes, como também deram origem a tipos de comportamento e de atividade genuinamente novos na natureza. Podemos reconhecer as características próprias dos organismos vivos sem presumir que a vida seja uma substância separada ou uma "força vital" acrescentada à matéria, como postulavam os vitalistas.[31]

A presença de uma hierarquia de níveis é importante na *história evolutiva*. Cada nível representa uma unidade relativamente estável que preserva sua identidade própria mesmo ao interagir com outras unidades similares. A construção modular facilita a montagem de variadas configurações de nível superior sem que seja preciso partir, todas as vezes, dos componentes mais elementares. Os ganhos em complexidade do passado podem ser conservados e utilizados de novas formas. Esse sistema possui estados metaestáveis — como os de uma bola numa colina com patamares onde ela pudesse repousar sempre que fosse perturbada, sem precisar ficar sempre retornando ao pé da colina.[32]

O *holismo* é mais um fator de rejeição do reducionismo ontológico. A atenção se dirige a um todo específico, mesmo que ele seja, por sua vez, uma parte de um todo maior. A distinção parte/todo é estrutural e espacial (um todo "maior", p. ex.). A *causalidade descendente* é um conceito muito parecido, mas a atenção é voltada para uma hierarquia de múltiplos níveis caracterizados por diferenças qualitativas de organização e de atividade (um nível "superior", p. ex.). Os níveis se definem não por tamanho, mas por relações funcionais e dinâmicas. Enfatizam-se padrões no tempo, embora, é claro, eles sejam inseparáveis de padrões no espaço.

A *causação ascendente* ocorre quando vários subsistemas influenciam um sistema. A *causação descendente* é a influência de um sistema sobre vários subsistemas. Eventos de um nível superior impõem condições limitativas a processos químicos e físicos de níveis inferiores, sem violar as leis destes. O estado do sistema superior é determinado sem referência a variáveis dos níveis inferiores. As propriedades de rede podem se realizar por uma grande variedade de conexões particulares. A correlação entre comportamentos em um nível não requer um conhecimento detalhado de todos os seus componentes. As regras do xadrez delimitam os movimentos possíveis, mas deixam em aberto um imenso número de possibilidades coerentes com tais regras, embora não determinadas por elas. Assim, as leis da química também delimitam as combinações de átomos encontradas no DNA, mas não as determinam. O significado da mensagem comunicada pelo DNA não é dado pelas leis da química.

Michael Polanyi salienta que o projeto de uma máquina impõe *condições limitativas* sobre processos químicos e físicos. O projeto não viola as leis da física ou da química, mas as subordina para funções organizadas. Polanyi sugere que, do mesmo modo, a morfologia e a estrutura de um organismo produz condições limitativas que não são exigidas pelas leis bioquímicas, mas são compatíveis com elas.[33] Donald Campbell faz uma cuidadosa análise da *causação descendente*, pela qual processos em níveis inferiores são restringidos por relações em níveis superiores. As enormes mandíbulas do cupim soldado, por exemplo, são um desenvolvimento de seu DNA; mas o próprio DNA é um produto da seleção do organismo todo, em sua dependência em relação à colônia de cupins. (As mandíbulas, na verdade, são tão grandes que ele não consegue se alimentar sozinho, e precisa ser alimentado pelos cupins operários.) No mundo dos organismos, ocorre uma complexa interação entre vários níveis.[34] Niles Eldredge e Stanley Salthe falam de uma "influência de baixo para cima", quando vários subsistemas de nível inferior trabalham juntos como condições necessárias para um todo maior, e de uma "influência de cima para baixo", quando vários subsistemas são restringidos pelas condições limitativas determinadas pelas atividades de nível superior.[35] A causalidade descendente será importante para nossa discussão da natureza humana e do problema corpo/mente, no Capítulo 5.

A idéia de causalidade descendente tem sido ampliada também por teólogos, que sugerem que *Deus age como causa descendente*, a partir de um nível superior, sem violar as leis que descrevem os eventos de níveis inferiores. Deus seria a condição limitativa última, que determina as fronteiras dentro das quais se passam todos os eventos do mundo. Vamos examinar essa proposta e compará-la com algumas alternativas no Capítulo 6.

INTEGRAÇÃO

A última categoria, Integração, tem três versões, como foi indicado no Capítulo 1. A teologia natural toma, aqui, a forma de argumentação em favor de um planejamento evolutivo. A teologia da natureza é representada por conceitos de criação contínua de Deus pela evolução. A síntese sistemática da filosofia de processo aproveita amplamente as idéias evolucionistas.

1. Planejamento Evolutivo

Seria a evolução um processo *direcional*? Se concebida localmente e por períodos curtos, parece caracterizada por várias direções de mudança, em vez de um progresso numa só direção. O oportunismo de curto prazo se revela quando nichos ecológicos temporariamente vazios são ocupados, embora possam vir a se tornar becos sem saída quando as condições mudarem. Gould fornece exemplos em que uma estrutura que, na origem, cumpria uma função se adaptou provisoriamente a outra função. O polegar do panda, por exemplo, se desenvolveu a partir de um osso e de músculos do pulso de seus antepassados — um *design* que está longe de ser perfeito.[36] Em alguns casos, vemos uma retrogressão, como quando um organismo anteriormente independente se torna parasita. E, é claro, a maioria esmagadora das espécies foram extintas. O padrão da evolução se assemelha menos a uma árvore de crescimento uniforme do que a um arbusto, com seus ramos entrelaçados crescendo em várias direções e freqüentemente perecendo. Não obstante, a história evolutiva mostra uma tendência generalizada a um aumento de complexidade, responsividade e consciência. A capacidade dos organismos de recolher, armazenar e processar informações cresceu constantemente. Quem duvidaria que um ser humano representa um avanço espantoso em relação a uma ameba ou um verme? É possível que tudo isso tenha sido produto do acaso?

Fred Hoyle e Chandra Wickramasinghe argumentam que o surgimento de uma cadeia qualquer de proteína por acaso é algo *inconcebivelmente improvável*. Suponha que você estivesse reunindo aminoácidos para formar uma cadeia de cem elos. Você pode escolher um entre vinte aminoácidos diferentes para cada elo que acrescentar à cadeia. Formando as cadeias ao acaso, um bilhão de vezes por segundo, você demoraria várias vezes a história do Universo para fazer todas as combinações possíveis. Sugerem os autores que esperar que um determinado conjunto de proteínas interagindo fosse produzido por acaso seria como esperar fazer um avião completo mexendo num amontoado de ferro-velho.[37]

O argumento, no entanto, é duvidoso, porque existem forças de atração específicas entre aminoácidos, e as diversas combinações não são igualmente prováveis nem igualmente estáveis. Enquanto as estruturas maiores vão se formando, as combinações estáveis dos vários níveis permanecem juntas. A complexidade aparece por etapas hierárquicas, e não numa loteria gigante. Uma vez estabelecidos os processos de reprodução, a seleção natural é um agente antiacaso, preservando combinações altamente improváveis por sucessivas gerações. A evolução mostra, assim, uma sutil interação entre acaso e lei.

É claro que o teísta pode dizer que *Deus controla os eventos biológicos* que nos parecem aleatórios (proposição semelhante à de que Deus controla os eventos quânticos indeterminados, discutida no capítulo anterior). O acaso está presente em toda parte na evolução, inclusive nas mutações e recombinações genéticas. O cometa que se acredita ter causado a extinção dos dinossauros não poderia ser previsto com base na história evolutiva. A história evolutiva é irreversível e irrepetível. No entanto, ao contrário do caso quântico, muitos desses eventos evolutivos talvez tenham ocorrido por causa de uma intersecção acidental com cadeias causais independentes que eram, em si mesmas, regidas por leis e determinadas. Além disso, a maioria das mutações são prejudiciais ou letais. Deus é responsável por elas também? Parece haver becos sem saída e espécies extintas demais, e sofrimento e destruição demais, para se atribuir todo e qualquer evento à ação específica de Deus.

Tradicionalmente, *planejamento* equivalia a um detalhado projeto preexistente na mente de Deus. Os padres da Igreja e os teólogos posteriores foram influenciados pela concepção platônica da ordem eterna das idéias por trás do mundo material. Deus, diziam, tinha um plano preordenado e o executou na criação. Nesse quadro, o acaso é a antítese do planejamento. Mas a evolução sugere um outro conceito de planejamento — um conceito que estipula uma direção geral, mas nenhum plano detalhado. Uma estratégia de longo alcance pode ter sido combinada com o oportunismo de curto alcance que emerge do *feedback* e do ajuste. Nessa perspectiva, há uma ordem e uma informação crescentes, mas nenhum estado final previsível.[38]

D. J. Bartholomew salienta que os seres humanos são capazes de *utilizar o acaso a favor de suas intenções*. Nós deixamos que a sorte decida, em nome da eqüidade, e buscamos amostras aleatórias ao fazer enquetes representativas. Vários jogos mesclam habilidade e acaso; ao embaralhar cartas, geramos variedade, surpresa e emoção. Na evolução, diz ele, a variedade é fonte de flexibilidade e adaptabilidade. Populações onde há variedade são capazes de reagir a mudanças de circunstância melhor do que aquelas mais uniformes, e a variação genética é essencial para a mudança evolutiva. Acaso e lei são fatores complementares, e não conflitantes, da natureza. Eventos aleatórios em um nível podem levar a regularidades estatísticas em um nível superior de agregação. Os efeitos de eventos aleatórios sobre sistemas integrados talvez sejam delimitados por redundância ou por extremos. Nessa leitura, o acaso seria parte do planejamento, e não incompatível com ele.[39]

Hoje podemos pensar em Deus como planejador de um sistema que se auto-organiza. A natureza é um processo criativo, em múltiplos níveis, de lei, acaso e emergência. Indicamos anteriormente os trabalhos de Prigogine e Kauffman sobre a auto-organização e o surgimento de novos níveis de ordem nos sistemas complexos. Podemos ver um *planejamento embutido* nos limites que restringem as possibilidades de estruturas moleculares estáveis e de padrões de desenvolvimento viáveis na história evolutiva. Um mundo hierarquizado em níveis parece possuir uma tendência intrínseca a ir em direção ao emergir da complexidade, da vida e da consciência. Pode ser que um Deus permissivo tenha dotado a matéria de diversas potencialidades e deixado que ela criasse formas mais complexas por si mesma. Nessa interpretação, Deus respeita a integridade do mundo e não interfere nele.

Essas idéias são parecidas com as de Stoeger e Van Till relativas à causalidade primária e secundária, mas permitem um maior papel do acaso e uma modificação de doutrinas religiosas tradicionais à luz da ciência. Um aspecto atraente dessa opção é que ela fornece respostas ao menos parciais para os problemas da morte e do sofrimento que tanto desafiaram o argumento clássico do planejamento. A competição e a morte são intrínsecas ao processo evolutivo. A dor é conseqüência inevitável de uma maior sensibilidade e consciência, e garante um valioso alerta contra os perigos externos.

Ao discutir o Princípio Antrópico na astronomia, defendi que, vistos isoladamente (na tradição da teologia natural), os *argumentos do planejamento* não são conclusivos, mas podem cumprir um papel de sustentação como parte da teologia da natureza. O planejamento é o que se espera de um Deus inteligente e volitivo — embora, como vou sugerir, a presença do acaso, do mal e da liberdade humana deveria levar-nos a modificar as idéias clássicas de onipotência. Minha principal objeção a essas teses do planejamento é que elas terminam no Deus distante e inativo do deísmo — muito diferente do Deus ativo da Bíblia, o qual permanece intimamente envolvido com o mundo e com a vida humana.

2. Deus e a Criação Contínua

Uma *teologia da natureza* baseia-se essencialmente na experiência religiosa e na vida de uma comunidade religiosa histórica. As doutrinas teológicas começam como interpretações humanas da experiência individual e comunitária; e estão, portanto, sujeitas à revisão. Cada concepção da relação permanente entre Deus e a natureza reflete uma visão particular desta. A articulação do tema da *criação contínua*, hoje, precisa levar em conta a nova concepção da natureza como processo dinâmico, interdependente e evolutivo.

Arthur Peacocke tem escrito extensivamente sobre *modelos de Deus num mundo em evolução*. Entre os modelos clássicos, o Espírito e o Verbo, segundo ele, são os mais adequados para exprimir a criatividade divina imanente. Deus é o comunicador, transmitido significado por meio dos padrões da natureza, bem como da pessoa de Cristo. Peacocke emprega também várias e surpreendentes imagens novas. Notando a imprevisibilidade da história evolutiva, afirma que Deus é como o coreógrafo de uma dança perene, ou como o compositor de uma sinfonia ainda inacabada — experimentando, improvisando e desenvolvendo um tema e suas variações. Peacocke faz outras analogias que atribuem um papel decisivo ao acaso. Por exemplo, o acaso é a antena do radar de Deus, sondando as potencialidades que estão presentes, de maneira invisível, em cada configuração do mundo. O acaso é um modo de explorar toda a gama de formas potenciais da matéria.

Peacocke afirma que Deus dotou a substância de que é feito o mundo de potencialidades criativas que se manifestam sucessivamente. A atualização dessas potencialidades só pode ocorrer quando estão presentes as condições adequadas. Os eventos se desenrolam não de acordo com um plano predeterminado, mas com inovações imprevisíveis. Deus está experimentando e improvisando, num processo ilimitado de criação contínua. Peacocke rejeita a idéia de onipotência e fala de autolimitação de um Deus que sofre junto com o mundo.[40]

Peacocke diz que "o nexo causal natural entre eventos *é*, ele próprio, a ação criativa de Deus". Afirma que os processos da natureza são *intrinsecamente* criativos. Isso pode ser interpretado como uma versão da idéia de que Deus planejou um sistema de lei e de acaso por meio do qual surgiriam lentamente as formas superiores de vida, o que seria uma forma sofisticada de deísmo. Mas Peacocke diz também que Deus "trabalha continuamente, criando na substância do mundo, e por meio dela — que foi dotada por ele dessas mesmas potencialidades".[41] As imagens de um coreógrafo ou compositor improvisando implicam uma relação ativa e contínua com o mundo, e Peacocke defende especificamente a idéia de criação contínua.

Em outros livros, Peacocke faz uso da idéia de *causalidade descendente*, dentro da hierarquia de níveis de um organismo, e sugere que Deus age a partir de um nível ainda superior. Deus seria uma causa descendente que age no mundo como condição restritiva, ou limitativa, sem violar as leis que regem as relações nos níveis inferiores. Peacocke expande também a idéia de *relações entre parte e todo* ao considerar Deus como o todo mais abrangente possível, do qual todos os organismos naturais são partes. Em acréscimo, adota a relação mente/corpo como análogo da relação entre Deus e o mundo. O mundo, sugere ele, pode ser concebido como o corpo de Deus, e Deus como a mente do mundo. A história cósmica pode ser vista como ação de um agente manifestando intenções. Refletiremos sobre essas propostas mais adiante, em "Deus como Causa Descendente" (ver Capítulo 6).

3. Filosofia de Processo

Alguns autores utilizaram conceitos da filosofia de processo como modo de integrar idéias científicas e religiosas. O próprio Whitehead foi influenciado pela física quântica em sua representação da realidade como uma série de eventos passageiros e campos interpenetrantes, em vez de porções duradouras de matéria. A temporaridade e o holismo vistos no mundo quântico são considerados características de todos os seres. O pensamento de processo rejeita o determinismo, admite potencialidades alternativas e aceita a presença, entre os eventos, tanto do acaso como das relações regidas por leis. Partilha, com a *teoria evolutiva*, da convicção de que os processos de mudança são mais fundamentais do que as substâncias duradouras, e de que não existe uma linha absoluta separando a vida humana da não-humana — seja historicamente, seja no mundo atual. Um organismo, de qualquer tipo, é um padrão altamente integrado e dinâmico de eventos interdependentes. Suas partes contribuem para a atividade unificada do todo e são modificadas por ela. Todo evento se passa num contexto que o afeta. A concepção de processo é ecológica ao considerar o mundo uma rede de interações onde cada ente é constituído por suas relações.

O pensamento de processo leva em conta dois aspectos em todos os eventos, conforme vistos de dentro ou de fora. A *evolução da interioridade* se caracteriza, como a evolução das estruturas físicas, tanto pela continuidade como pela mudança. As formas adotadas pela interioridade, ou subjetividade, variam amplamente, partindo da memória, senciência, reatividade e antecipação rudimentares, nos organismos simples, e chegando à consciência e à autoconsciência nos mais complexos. A interioridade pode ser construída como um momento de experiência, embora a experiência consciente só ocorra em níveis superiores de organização.[42]

Vimos que até mesmo um átomo deve ser considerado um todo, e não apenas a soma de suas partes. Mas o átomo repete um mesmo padrão, essencialmente sem espaço para inovações, a não ser quanto à indeterminação dos eventos quânticos. Os objetos inanimados, como as pedras, não têm nível superior de integração; a indeterminação de cada um de seus átomos tende à média, nas estatísticas gerais. Uma *célula*, ao contrário, tem uma considerável integração num novo nível. Pode agir como unidade, com um tipo de reatividade ao menos rudimentar. Numa planta, há uma certa coordenação entre as células, mas relativamente pouca organização geral.

Sugeri anteriormente que as reações de aproximação e fuga do paramécio podem ser vistas como formas elementares de *percepção* e *reatividade*. Uma ameba aprende a encontrar açúcar, o que indica uma memória e uma intencionalidade rudimentares. Os invertebrados têm alguma senciência e capacidade de experimentar dor e prazer. Sob tensão, liberam endorfinas e outras substâncias analgésicas semelhantes às dos humanos. A intencionalidade e a antecipação estão claramente presentes entre os vertebrados inferiores. O desenvolvimento de um sistema nervoso torna possível um nível maior de unificação da experiência. Alguns mamíferos exibem consideráveis habilidades de resolução de problemas e antecipatórias, assim como um espaço de consciência e sentimento. Observei também anteriormente que a mudança evolutiva pode ser iniciada pela atividade dos organismos na seleção de seus ambientes (o efeito Baldwin). Talvez suas ações imprevistas criem novas possibilidades evolutivas. Os organismos participam ativamente da história evolutiva, e não são simples produtos passivos de forças genéticas e ambientais.

Novas formas de memória, aprendizado, antecipação e intenção apareceram nos *vertebrados*. O comportamento dos animais indica que eles são capazes de sofrer intensamente. A consciência, e também a senciência, foram selecionadas e intensificadas porque dirigiram um comportamento que contribuía para a sobrevivência. Nos *seres humanos*, o eu é o nível mais alto, no qual se integram todos os níveis inferiores. Os humanos mantêm objetivos conscientes e almejam fins distantes. A linguagem simbólica, a deliberação racional, a imaginação criativa e a interação social ultrapassam qualquer coisa anteriormente possível na história evolutiva. Os humanos gozam de uma intensidade e de uma riqueza de experiência muito maiores do que as de outras formas de vida. O pensamento de processo atribui certas formas de interioridade (experiência, mas não consciência) a seres integrados de todos os níveis, mas afirma que a interioridade adota formas muito diversas nos diferentes níveis de complexidade organizacional. Esse tema prosseguirá mais adiante, no fim do próximo capítulo.

No pensamento de processo, Deus é *a fonte da ordem* e também *a fonte da inovação*. Deus apresenta ao mundo novas possibilidades, mas deixa as alternativas abertas, estimulando uma reação dos seres no mundo. Como fonte de inovação, Deus está presente no interior de cada evento, conforme se desdobra, mas nunca determina com exclusividade o resultado. É um Deus de persuasão, mais do que de coerção.[43] Para os teólogos de processo cristãos, que se baseiam tanto na teologia bíblica quanto na filosofia de processo, Deus não é um soberano onipotente, mas um líder e inspirador de uma comunidade interdependente de seres, como veremos no Capítulo 6.

Os temas do presente capítulo podem ser resumidos assim:

1. *Conflito*. A tese do Conflito foi representada, em lados opostos, pelos naturalistas evolucionistas e pelos críticos teístas do neodarwinismo. Suas concepções são conflitantes, mas ambas dizem que ninguém pode aceitar ao mesmo tempo o neodarwinismo e o Deus do teísmo.

2. *Independência*. A tese da Independência foi exemplificada pela separação entre os domínios e as funções da ciência e da religião nas obras de alguns biólogos, teólogos neo-ortodoxos e analistas lingüísticos, e pela distinção fechada, feita por outros autores, entre causalidade primária e secundária na história evolutiva.
3. *Diálogo*. A tese do Diálogo envolveu propostas de paralelos conceituais entre a teoria evolucionista e doutrinas teológicas — primeiro referentes à complexidade e auto-organização, depois à transmissão de informações, e finalmente à idéia de causalidade descendente entre níveis superiores e inferiores. Todos esses conceitos sugerem modos possíveis de se abordar a relação de Deus com o mundo.
4. *Integração*. A tese da Integração adotou três formas: argumentos evolucionistas do planejamento (teologia natural), modelos evolutivos de Deus (teologia da natureza) e uso de idéias evolucionistas na filosofia de processo. Os argumentos apresentados partem, respectivamente, da ciência (como as provas de um planejamento), da teologia (na vida de uma comunidade religiosa) e da metafísica (a busca das categorias filosóficas mais gerais para a interpretação dos diversos tipos de experiência). Como nos capítulos anteriores, minha preferência recai sobre a tese do Diálogo e sobre a da Integração na forma da teologia da natureza e da filosofia de processo.

Notas

1. Julian Huxley, *Evolution: The Modern Synthesis* (Londres: Allen & Unwin, 1942); Gaylord G. Simpson, *The Meaning of Evolution* (New Haven, CT: Yale University Press, 1949).
2. Hoimar von Ditfurth, *The Origins of Life: Evolution as Creation* (San Francisco: Harper & Row, 1982).
3. S. J. Gould e N. Eldredge, "Punctuated Equilibria", *Paleobiology* 3 (1977): 115-51; Stephen Jay Gould, "Darwinism and the Expansion of Evolutionary Theory", *Science* 216 (1982): 384.
4. G. Ledyard Stebbins e Francisco Ayala, "The Evolution of Darwinism", *Scientific American* 253 (julho de 1985): 72-85.
5. C. H. Waddington, *The Strategy of the Genes* (Nova York: Macmillan, 1975); Alister Hardy, *The Living Stream* (Londres: Collins, 1965), cap. 6.

6. A edição brasileira do livro tem o subtítulo *A Teoria da Evolução contra o Desígnio Divino* (São Paulo: Companhia das Letras, 2001) (N. T.).
7. Richard Dawkins, *The Blind Watchmaker: Why the Evidence of Evolution Reveals a Universe without Design* (Nova York: Norton, 1987).
8. Richard Dawkins, *River out of Eden* (Nova York: Basic Books, 1995), p. 133.
9. Dawkins, *The Blind Watchmaker*, pp. 13, 15.
10. Daniel Dennett, *Darwin's Dangerous Idea: Evolution and the Meanings of Life* (Nova York: Simon & Schuster, 1995).
11. *Ibid.*, p. 520.
12. *Ibid.*, p. 185.
13. *Teaching Science in a Climate of Controversy: A View from the American Scientific Affiliation* (Ipswich, MA: American Scientific Affiliation, 1986); J. P. Moreland, org., *The Creation Hypothesis* (Downers Grove, IL: InterVarsity Press, 1994).
14. Philip Johnson, *Darwinism on Trial*, ed. rev. (Downers Grove, IL: InterVarsity Press, 1993); *Reason in the Balance: The Case against Naturalism in Science, Law, and Education* (Downers Grove, IL: InterVarsity Press, 1995), cap. 4; *Defeating Darwinism by Opening Minds* (Downers Grove, IL: InterVarsity Press, 1997).
15. S. J. Gould, "Impeaching a Self-Appointed Judge", *Scientific American* (julho de 1992): 118.
16. Michael Behe, *Darwin's Black Box: The Biochemical Challenge to Evolution* (Nova York: Free Press, 1996), p. 39.
17. Behe, *Darwin's Black Box*, p. 231.
18. Por exemplo, a resenha de Behe feita por Robert Dorit *in American Scientist* 85 (setembro/outubro de 1997): 474-75; Kenneth Miller, *Finding Darwin's God: A Scientist's Search for the Common Ground between God and Evolution* (Nova York: Cliff Street Books, 1999), cap. 5.
19. Edward B. Davis, "Debating Darwin: The Intelligent Design Movement", *Christian Century* 115 (15-22 de julho de 1998): 678-81.
20. Resolução do Conselho da National Academy of Sciences (1981), citada *in Science and Creationism: A View from the National Academy of Sciences* (Washington, DC: National Academy Press, 1984), p. 6.
21. Stephen Jay Gould, *Rocks of Ages: Science and Religion and the Fullness of Life* (Nova York: Ballantine, 1999), p. 6; ver também, do mesmo autor, "Nonoverlapping Magesteria", *Natural History* 106 (março de 1997): 16-22, 60-62.
22. Stephen Jay Gould, *Rocks of Ages*, pp. 206-07.
23. Stephen Toulmin, "Metaphysical Beliefs", *in Metaphysical Beliefs*, org. A. Macintyre (Londres: SCM Press, 1957).
24. William Stoeger, "Describing God's Action in the World in Light of Scientific Knowledge", *in Chaos and Complexity: Scientific Perspectives on Divine Action*, org. Robert J. Russell, Nancey Murphy e Arthur R. Peacocke (Roma: Vatican Observatory e Berkeley, CA: Center for Theology and the Natural Sciences, 1995), p. 249.
25. Howard Van Till, "When Faith and Reason Cooperate", *in Christian Scholar's Review* 21 (1991): 31-45; "Is Special Creationism a Heresy?", *Christian Scholar's Review* 22 (1993): 380-95.

26. Ilya Prigogine e Isabelle Stengers, *Order out of Chaos* (Nova York: Bantam Books, 1984).
27. Stuart Kauffman, *The Origins of Order: Self-Organization and Selection in Evolution* (Nova York: Oxford University Press, 1993) e *At Home in the Universe: The Search for Laws of Self-Organization and Complexity* (Nova York: Oxford University Press, 1995).
28. Jeremy Campbell, *Grammatical Man: Information, Entropy, Language, and Life* (Londres: Penguin Books, 1982).
29. Susan Oyama, *The Ontogeny of Information: Developmental Systems and Evolution* (Cambridge: Cambridge University Press, 1985).
30. Jeffrey Wicken, *Evolution, Thermodynamics, and Information* (Nova York: Oxford University Press, 1987), p. 177.
31. F. Ayala e T. Dobzhansky, orgs., *The Problem of Reduction* (Berkeley: University of California Press, 1974); Francisco Ayala, "Reduction in Biology: A Recent Challenge", *in Evolution at the Crossroads*, org. David Depew e Bruce Weber (Cambridge, MA: MIT Press, 1985); Ian G. Barbour, *Religion and Science: Historical and Contemporary Issues* (San Francisco: HarperSanFrancisco, 1997), pp. 230-35.
32. Niles Eldredge e Stanley Salthe, "Hierarchy and Evolution", *in Oxford Surveys of Evolutionary Biology 1984*, org. Richard Dawkins (Oxford: Oxford University Press, 1985).
33. Michael Polanyi, "Life's Irreducible Structures", *Science* 160 (1968): 1308-12.
34. Donald Campbell, "'Downward Causation' *in* Hierarchically Organized Systems", *in* Ayala e Dobzhansky, orgs., *The Problems of Reduction*.
35. Eldredge e Salthe, "Hierarchy and Evolution"; ver também Stanley Salthe, *Evolving Hierarchical Systems* (Nova York: Columbia University Press, 1985).
36. Stephen Jay Gould, *The Panda's Thumb* (Nova York: Penguin Books, 1980), cap. 1.
37. Fred Hoyle e Chandra Wickramasinghe, *Evolution from Space* (Londres: Dent, 1981).
38. John Bowker, "Did God Create This Universe?" *in The Sciences and Theology in the Twentieth Century*, orgs. Arthur Peacocke (Notre Dame, IN: University of Notre Dame Press, 1981); ver também Hugh Montefiore, *The Probability of God* (Londres: SCM Press, 1985), cap. 10.
39. D. J. Bartholomew, *God and Chance* (Londres: SCM Press, 1984).
40. Arthur Peacocke, *Creation and the World of Science* (Oxford: Clarendon Press, 1979), pp. 131-38; *Theology for a Scientific Age*, ed. rev. (Minneapolis: Fortress Press, 1993), cap. 9.
41. Arthur Peacocke, *Intimations of Reality* (Notre Dame, IN: University of Notre Dame Press), p. 66.
42. Para uma discussão mais detalhada do pensamento de processo, com referências a outros autores nas notas, ver Barbour, *Religion and Science*, cap. 11.
43. John B. Cobb e David Ray Griffin, *Process Theology: An Introduction* (Filadélfia: Westminster Press, 1976).

Capítulo 5

Genética, Neurociência e Natureza Humana

No tempo de Darwin, a evolução representou um desafio não apenas ao literalismo na interpretação das escrituras como também ao *status* da humanidade. Desde então, acumularam-se os indícios, fornecidos por várias disciplinas científicas, de que os humanos descendem de ancestrais pré-humanos. Da biologia molecular, sabemos que os gorilas e humanos de hoje compartilham mais de 99% do DNA — embora, é claro, o 1% que difere seja decisivo. Os antropólogos encontraram, na África, uma grande variedade de formas fósseis intermediárias entre gorilas e humanos. O *Australopithecus afarensis*, uma criatura simiesca, já andava sobre duas pernas há cerca de quatro milhões de anos. Na Etiópia, encontraram-se ossos de uma fêmea de baixa estatura, apelidada Lucy, que andava sobre duas pernas, possuía braços longos e um cérebro de tamanho próximo ao dos grandes símios e alimentava-se (como revelam seus dentes) de carne. O *Homo erectus*, há um milhão de anos, tinha um cérebro muito maior, vivia em grupos, nos mesmos lugares, por longos períodos, produzia ferramentas mais complicadas e provavelmente utilizava fogo.

As formas arcaicas do *Homo sapiens* apareceram há quinhentos mil anos, e havia neandertais na Europa há duzentos mil anos (embora eles provavelmente não façam parte da linhagem de ancestrais dos humanos modernos). Os cro-magnons faziam pinturas em cavernas e rituais funerários há trinta mil anos. A mais antiga forma conhecida de escrita, a suméria, tem seis mil anos. As técnicas de fusão de minérios metálicos deram origem à Idade do Bronze e, em seguida, há menos de três mil anos, à Idade do Ferro. Eis aqui, ao menos em linhas gerais, a evolução da fisiologia e do comportamento, das formas não-humanas às humanas, e o início da cultura humana.[1]

Várias espécies de insetos e de outros animais vivem em ordens sociais complexas, com papéis diferenciados e padrões de comportamento cooperativo. Nos insetos, esses padrões, em sua maior parte, são geneticamente determinados; os animais superiores possuem maior capacidade de aprendizado e individualização. Os macacos têm elaboradas estruturas sociais e padrões de dominação e submissão. Os golfinhos constroem amizades próximas e fazem brincadeiras. Em tais espécies, uma parte da informação importante para a sobrevivência é transmitida socialmente, pelo exemplo dos pais e não pelos genes. Mas os humanos possuem meios adicionais de transmitir informações de geração em geração, entre eles a linguagem falada, a escrita, a educação e as instituições sociais.

Apenas os seres humanos são inteiramente capacitados para a linguagem, mas os chimpanzés podem aprender formas limitadas de *comunicação simbólica*. Os chimpanzés não têm os órgãos vocais (especialmente a laringe) necessários à fala articulada, mas podem aprender a se comunicar por linguagem de sinais ou símbolos geométricos num teclado de computador. Eles são capazes de combinar esses símbolos em sentenças simples. Dando alguns exemplos, os chimpanzés conseguem formar conceitos gerais, como "comida" ou "utensílio", e com isso classificar um novo objeto à categoria conceitual correta. Conseguem expressar intenções, fazer pedidos e transmitir informações a outros chimpanzés. São resultados impressionantes, embora ainda muito abaixo do nível de uma criança de 2 anos de idade. Mas sugerem que a habilidade de linguagem pode ter-se desenvolvido gradualmente.

Os animais superiores parecem ter uma *autoconsciência* rudimentar. Quando um chimpanzé vê, num espelho, uma marca anteriormente colocada em sua testa, ele tenta remover a marca. Mas existe, nos seres humanos, uma autoconsciência que não parece ter paralelo. Nossa maior capacidade de recordar o passado, de antecipar o futuro e de utilizar símbolos abstratos nos liberta de nossa situação imediata no tempo e no espaço. Podemos imaginar possibilidades que têm apenas uma distante relação com nossa experiência presente, e refletir sobre objetivos que vão muito além de nossas necessidades imediatas. Os humanos têm consciência de sua finitude e da inevitabilidade da morte, e se perguntam sobre o sentido de sua vida. Eles constroem mundos simbólicos por meio da linguagem e das artes.[2]

O próprio Darwin ansiava por defender a origem evolutiva dos seres humanos, e enfatizava sua semelhança com as formas não-humanas. Pesquisas mais recentes encontraram tanto *semelhanças* quanto *diferenças*, de modo que a descendência evolutiva, em si, não parece mais uma ameaça tão grande à singularidade humana. Durante a história evolutiva, as mudanças nas linhagens de descendência foram graduais e contínuas, mas acrescentaram diferenças dramáticas de habilidade e comportamento. Podemos defender, por exemplo, o caráter distintivo da autoconsciência, da linguagem e da cultura humanas. Os seres humanos são capazes de uma criatividade artística e intelectual e de relações pessoais muito além de qualquer coisa encontrada nas outras criaturas. Estamos, sem dúvida, apartados do resto da natureza, mas não da maneira absoluta como supunha o Cristianismo clássico.

Existem, no entanto, diversas disciplinas científicas novas que apresentam fortes desafios às tradicionais crenças religiosas a respeito da natureza humana. A *sociobiologia* (estudo das origens evolutivas do comportamento social) oferece explicações evolucionistas para o comportamento humano, inclusive para a moral. A *genética comportamental* (estudo do papel dos genes no atual comportamento humano) vem sendo interpretada, por alguns autores, como prova de que somos determinados por nossos genes, o que seria incompatível com o que geralmente se entende por liberdade humana. A *neurociência* (estudo da estrutura neural e da atividade do cérebro) levou alguns cientistas a afirmar que os eventos mentais serão completamente explicados quando compreendermos a interação dos neurônios. A *ciência da computação* (estudo do processamento de informações em computadores, incluindo-se as pesquisas sobre Inteligência Artificial) levou à alegação de que o cérebro é um sistema de processamento de informações que funciona como um computador. As pesquisas recentes nesses diversos campos serão examinadas dentro da tipologia quádrupla que utilizamos neste livro.

CONFLITO

Três desafios às concepções religiosas da natureza humana são abordados aqui. Primeiro, o materialismo redutivo defende a tese de que todos os traços do comportamento humano podem ser explicados, em princípio, pelas leis que governam o comportamento da matéria. Segundo, a sociobiologia sugere que a moralidade humana desenvolveu-se a partir do comportamento que, em nossos antigos ancestrais, contribuiu para a sobrevivência de seus genes. Terceiro, os estudos da genética comportamental são interpretados de modo a significar que nós somos controlados por nossos genes e que a liberdade humana é ilusória. São indicadas também algumas respostas teológicas a esses desafios.

1. Materialismo Redutivo

Em *The Astonishing Hypothesis* [*A Hipótese Espantosa*], Francis Crick, codescobridor do DNA, combinou uma apresentação de dados da neurociência com uma filosofia explicitamente materialista. Ele vê apenas duas alternativas filosóficas: o dualismo corpo/alma sobrenatural e o reducionismo materialista. O dualismo equivale à religião, que ele critica muito, sem saber que muitos teólogos contemporâneos rejeitam o dualismo. O livro abre com essa declaração:

> A Hipótese Espantosa é a de que "você", suas alegrias e tristezas, suas memórias e ambições, seu senso de identidade pessoal e livre-arbítrio, nada mais são, na verdade, do que o comportamento de um vasto conjunto de células nervosas e de moléculas associadas a elas. Como diria a Alice, de Lewis Carroll: "Você não passa de um pacote de neurônios."[3]

No terreno científico, ele critica a ciência cognitiva por confiar em modelos computacionais e por ignorar a pesquisa neural. Seu livro é dedicado principalmente a pesquisas sobre o processamento da visão e sobre a percepção visual. Propõe que a *consciência* é produto da correlação de diversos sistemas cognitivos por meio de oscilações elétricas de aproximadamente quarenta ciclos por segundo. Sugere que as atividades de várias regiões do cérebro são coordenadas quando essas oscilações sincronizam as descargas neurais locais. Ele não rejeita inteiramente o caráter subjetivo da consciência, mas não acredita que a ciência possa estudá-lo. "O que talvez se mostre difícil ou impossível de estabelecer são os detalhes da natureza subjetiva da consciência, uma vez que isso depende do exato simbolismo adotado por cada organismo consciente."[4]

No capítulo anterior, abordamos a concepção de evolução de Daniel Dennett. Em outros livros, ele afirma que "a consciência é o último bastião das propriedades ocultas e dos estados subjetivos imensuráveis". Afirma que os *qualia* (os fenômenos como são experimentados) são vagos e inefáveis. O eu é uma ficção lingüística gerada pelo cérebro para dar uma coerência retroativa às suas diversas narrativas. Dennett afirma que o cérebro forma tentativas de interpretações dos fatos — múltiplos cenários-rascunho, de que não temos consciência, competindo pela predominância. O eu é um "centro de gravidade narrativa" dos cenários dominantes. É uma ficção útil que nós criamos para impor ordem à nossa vida. Em outras palavras, a unidade e continuidade da consciência são ilusões. Dennett pede para que rejeitemos o conceito de Descartes de uma mente duradoura, de um observador que unifica nossas diversas percepções. Só existem processos inconscientes, intermitentemente unificados por uma representação do eu, que o cérebro recria repetidamente a partir das memórias do passado e dos novos cenários do presente.[5]

Dennett descreve a *postura intencional* como uma estratégia de agir como se outras pessoas tivessem intenções. Diz que a atribuição de intenções é previsivelmente útil, mas não precisamos supor que os estados intencionais estejam realmente presentes em algum momento. Dennett alega ser um *instrumentalista,* ou *funcionalista,* que julga os conceitos somente por sua utilidade na descrição do comportamento, sem se perguntar se eles são reais ou não. Mas aceita a metafísica do materialismo, ao afirmar que a neurociência será capaz de explicar completamente a ação intencional. Diz não ser um "reducionista voraz", que espera explicar todos os níveis superiores nos termos dos níveis inferiores, mas sim um "bom reducionista", que espera explicar cada nível nos termos do imediatamente inferior.[6]

Dennett prevê explicações físicas para todos os eventos mentais. "De acordo com os materialistas, é possível (em princípio!) esclarecer todos os fenômenos mentais utilizando as mesmas leis físicas e os mesmos materiais brutos que são suficientes para explicar a radioatividade, a fotossíntese, a reprodução, a nutrição e o crescimento."[7] Ele afirma: "Você é feito de robôs — ou, o que dá na mesma, de uma coleção de trilhões de máquinas macromoleculares." Mas os robôs e as redes neurais são capazes, nesta concepção, do comportamento que denominamos intencional. Dennett declara que o método científico equivale à racionalidade e que a fé religiosa é irracional, mesmo quando cumpre, por vezes, funções sociais úteis. A filosofia do materialismo redutivo defendida por ambos, Crick e Dennett, entra claramente em conflito com as crenças religiosas ocidentais sobre a natureza humana.

2. Sociobiologia e Moralidade Humana

Um outro desafio ao pensamento religioso tradicional veio da sociobiologia. Se evolução é sobrevivência do mais apto, como se explica o comportamento aparentemente *altruístico* pelo qual um organismo põe em risco sua própria sobrevivência? Insetos sociais, como as formigas, se auto-sacrificam para proteger a colônia. Edward O. Wilson e outros demonstraram que esse comportamento reduz o número de descendentes que o indivíduo terá, mas aumenta a sobrevivência de parentes próximos que carregam muitos dos mesmos genes. Se eu possuo metade dos meus genes em comum com meu irmão ou minha irmã, estarei perpetuando meus genes se eu desejar proteger seu futuro reprodutivo, mesmo submetendo minha própria vida a algum risco. Se eu ajudo pessoas com quem não tenho parentesco, elas estarão, no futuro, mais dispostas a me ajudar (altruísmo recíproco) — mas isso também vai colaborar indiretamente com a sobrevivência dos meus genes.[8]

Wilson está confiante de que a biologia evolucionista vai explicar *todos os aspectos da vida humana*. Tanto a religião como a ética serão explicadas, e mais tarde substituídas, pelo conhecimento biológico: "Quando a religião, aí incluídas as ideologias seculares dogmáticas, puder ser sistematicamente analisada e explicada como produto da evolução do cérebro, seu poder, como fonte exterior de moralidade, terá desaparecido para sempre."[9] No passado, diz ele, a moral foi uma expressão das emoções codificadas nos genes. "A única função comprovada da moral é a de manter os genes intactos." Mas agora a ciência é capaz de "buscar o substrato da ética — e eu quero dizer, com isso, a base material da lei da natureza". "O conhecimento empírico da nossa natureza biológica nos permitirá fazer, entre critérios concorrentes de progresso, uma escolha otimizada."[10]

O filósofo evolucionista Michael Ruse argumenta que todos os valores são *subjetivos* e afirma que o fato de que nós pensamos que eles são *objetivos* pode ser explicado pela sociobiologia. Os valores são, na verdade, construções humanas que nós projetamos no mundo, diz ele, mas para levá-los a sério precisamos acreditar que eles são objetivos. A seleção evolutiva favoreceu o mito cultural dos valores objetivos. "A teoria darwiniana mostra que a moral, na verdade, é uma função dos sentimentos (subjetivos), mas também que nós temos (e precisamos ter) a ilusão da objetividade. (...) Num certo sentido, portanto, a moral é uma ilusão coletiva imposta pelos nossos genes."[11] Ruse diz que a crença de que Deus é a fonte das regras morais torna essas regras mais socialmente eficazes e, assim, cumpre uma função biológica. Parece, no entanto, que a posição de Ruse se autodestrói, pois, uma vez revelado o segredo de que as normas éticas são uma ilusão coletiva, dificilmente podemos esperar que sua eficácia social se mantenha.

No novo ramo da *psicologia evolucionista,* os autores compartilham de muitos dos pressupostos da sociobiologia. A revista *Time* publicou uma reportagem de capa, de autoria de Robert Wright, com o título "Infidelity: It May Be in Our Genes" ["Infidelidade: Ela Pode Estar em Nossos Genes"]. Wright alega que o adultério é natural, porque, na sociedade da Idade da Pedra, foi selecionado o comportamento que favorecia um maior número de descendentes. Diz que os homens são particularmente propensos à promiscuidade porque podem proliferar seus genes com um investimento relativamente menor no nascimento e na criação dos filhos. As mulheres tendem mais a procurar homens de poder e *status*, que possam ser bons provedores para seus filhos. Wright alega também que existe uma base genética da criminalidade, mas afirma que a crença no livre-arbítrio é uma ficção útil por permitir-nos atribuir responsabilidades e punições, que detêm o comportamento criminoso.[12]

O filósofo Holmes Rolston apresentou uma visão alternativa que diverge de tais interpretações. Fornece vários exemplos da importância dos genes na história evolutiva e na vida humana de hoje, mas sustenta que a *evolução cultural* difere significativamente da evolução biológica. Primeiro, a inovação cultural substitui a mutação e a recombinação genética como fonte de variabilidade. Tal inovação, até certo ponto, é deliberada e direcional; seguramente não é aleatória. As novas idéias, instituições e formas de comportamento geralmente são reações criativas e imaginativas a problemas e crises sociais. Em seguida, na competição entre idéias, a seleção se dá por meio da experiência social; as idéias mais úteis são mantidas por um processo de tentativa e erro, mas vários fatores entram no julgamento social do sucesso. A seleção, aqui, é menos severa do que a seleção biológica, porque as idéias podem ser rejeitadas sem a morte do indivíduo que as sustenta.

Por fim, de acordo com Rolston, a *transmissão das informações culturais* se dá por meio da linguagem, da tradição, da educação e das instituições sociais, e não dos genes. A mudança é mais rápida, deliberada e cumulativa do que no caso da evolução biológica. Grandes mudanças podem ocorrer em poucas gerações (ou mesmo dentro de uma geração). Por outro lado, as velhas idéias podem voltar à tona e ser revividas, de modo que não se perdem para sempre, como os genes das espécies extintas. Por causa dessas diferenças, as crenças culturais podem suplantar ou contrabalançar as tendências genéticas herdadas de nossos ancestrais pré-humanos e da Idade da Pedra.[13]

Rolston confere especial atenção à *evolução da moralidade*. Afirma que expressões como "genes egoístas" e "altruísmo" nas formas inferiores de vida são metáforas enganosas, porque, nesses níveis, não existem agentes morais com capacidade de escolha. Afirma que a capacidade para a moral, embora não para os julgamentos morais específicos, é produto da seleção natural — assim como há uma base genética da capacidade para a linguagem, mas não para linguagens específicas, ou uma base genética da capacidade de raciocínio, mas não para argumentos racionais específicos. Acha implausíveis as alegações de que todo o altruísmo humano é na verdade interesse próprio dissimulado, ou expectativa de reciprocidade ou de aprovação social no futuro. Essas explicações simplesmente não são compatíveis com o Bom Samaritano da história bíblica, ou com a vida de Madre Teresa, ou com a pessoa que salva a vida de um estranho que se afoga.

Rolston salienta que os próprios sociobiólogos adotam valores que suas teorias não conseguem justificar. Parece implausível que a profunda preocupação de Wilson com as espécies ameaçadas, por exemplo, seja apenas uma forma inconsciente e indireta de aumentar ao máximo sua própria aptidão genética. Rolston sustenta que a capacidade de julgamento moral é produto da história evolutiva, mas afirma que devemos procurar na filosofia e na teologia as bases dos julgamentos morais. A concepção de Rolston da evolução da moralidade é compatível com as concepções cristãs da natureza humana, ao passo que a de Wilson não o é.

3. Determinismo Genético e Liberdade Humana

A *genética comportamental* estuda a correlação entre os genes e o comportamento, mais na atualidade do que na história evolutiva. Tem-se afirmado, às vezes, que o nosso destino é determinado por nossos genes, ou que uma pessoa não pode ser responsabilizada por um ato violento porque "seus genes a levaram a cometê-lo". Estudos com gêmeos idênticos sugerem que, para muitos traços comportamentais, os fatores genéticos respondem por cerca de metade da variação. Num estudo comparativo de irmãos de 161 homens *gays*, 52% dos gêmeos idênticos (compartilhando de todos os genes) eram também *gays*, mas apenas 22% dos gêmeos fraternos e 11% dos irmãos adotivos eram também *gays*.[14] Um estudo de filhos adotivos descobriu que 2,9% tinham histórico criminal se nem os pais biológicos nem os adotivos o tivessem; 6,7%, se apenas os pais biológicos; 12,1%, se apenas os pais adotivos; e 40%, se os dois pares o tivessem.[15]

Outros estudos registram que a porcentagem de afro-americanos na prisão é nove vezes o da população branca, e alguns comentaristas concluíram que as *diferenças genéticas* são responsáveis pelo comportamento criminoso. Mas essa interpretação é altamente questionável. A maior parte das diferenças raciais, se não todas, nos números das prisões pode ser atribuída não a fatores genéticos, mas a fatores sociais, como o desemprego maior entre os afro-americanos e a discriminação no número de capturas e condenações (seis vezes maior do que de outras raças, para crimes comparáveis).[16] A mídia vem publicando com freqüência estudos genéticos controversos sem as restrições que constam dos relatórios originais; do mesmo modo, os estudos posteriores que deixam de confirmar os relatórios iniciais raramente são publicados. Os estudos sobre alcoolismo são particularmente problemáticos, porque o alcoolismo parece ter várias formas, cada uma das quais influenciada por vários genes, assim como pela história pessoal e pelo ambiente cultural. Não é possível separar os fatores genéticos dos culturais de nenhum modo simples, porque até mesmo gêmeos podem encontrar diferentes ambientes, subculturas e experiências que, por sua vez, vão influenciar suas vidas. A natureza e a cultura sempre estão presentes ao mesmo tempo, e nenhuma delas pode ser vista isoladamente.

Mas, mesmo tendo admitido uma influência do ambiente tão grande quanto a dos genes, ainda não admitimos a *liberdade humana*. A natureza e a cultura impõem, sem dúvida, severas restrições. Os genes estabelecem um espectro de potencialidades e predisposições. Os pais e as instituições sociais nos apresentam padrões aceitáveis de comportamento. Liberdade não significa que nossas ações não tenham causa ou sejam indeterminadas, mas que elas resultam de nossos motivos, intenções e escolhas, e não são coagidas externamente. Liberdade é autodeterminação no nível da pessoa. Não somos mecanismos passivos de estímulo e resposta, mas indivíduos capazes de antever possíveis inovações e de escolher, deliberada e responsavelmente, entre alternativas de ação. No caso de hábitos consolidados, as mudanças não são fáceis, mas podem ocorrer se a pessoa encontra um contexto que lhe dê apoio, como demonstram os programas dos doze passos contra o alcoolismo. Não podemos escolher as cartas que nos foram dadas, mas podemos, até certo ponto, escolher o que fazer com elas.

Mesmo sendo, talvez, apenas parcialmente controlados do passado por nossos genes, sabemos também que a ciência da genética nos dará novos poderes sobre a vida humana no futuro. Alguns líderes religiosos se opõem a qualquer *intervenção genética* ou *engenharia genética*. Afirmam que "mexer no DNA", especialmente na tentativa de alterar a natureza humana, seria "brincar de Deus" e transgredir nossos limites. Perderemos o respeito pela vida, dizem eles, se tentarmos adquirir poderes divinos para replanejá-la.[17] A manipulação dos genes é tida como mais uma forma de arrogância tecnocrática, como simbolizada no mito de Prometeu, na história da torre de Babel e no moderno romance sobre o dr. Frankenstein. Sugiro, no entanto, que diferentes concepções da intervenção genética não representam conflito entre ciência e religião enquanto sistemas de crença, mas, em vez disso, um conflito entre diferentes julgamentos éticos das aplicações da ciência. Em vez de rejeitar todas as formas de intervenção genética, é necessário fazer distinções entre elas.

Muitos autores sustentam que a modificação das *células somáticas* (as células do corpo que não são transmitidas às gerações futuras) deve ser distinguida da modificação das *células germinativas* (as células reprodutoras que *são* transmitidas). A última apresentaria efeitos de maior duração, mas também maiores riscos de conseqüências incertas e talvez irreversíveis. Além disso, a intervenção com o fim de *prevenir defeitos genéticos* (em especial os que resultam em doenças debilitantes ou fatais, como a doença de Huntington ou a fibrose cística) deve ser distinguida da intervenção com o fim de *aperfeiçoar determinados traços* (como a inteligência, a estatura ou a força física). A última é mais duvidosa cientificamente (pois a maioria dos traços depende da interação de muitos genes, e não de um gene único) e também eticamente (pois perpetuaria os preconceitos culturais e as preferências pessoais de determinados pais ou sociedades). É claro que a fronteira entre prevenção e aperfeiçoamento não é nítida, mas os motivos parecem bem diferentes.[18]

É preciso fazer uma última distinção entre intervenções na vida *humana* e na vida *não-humana*. A clonagem de Dolly, a ovelha escocesa cujos genes eram idênticos aos da mãe, foi motivada pela esperança de se produzirem proteínas para o tratamento de doenças humanas. O problema é muito diferente quando alguém propõe o uso de técnicas, que ainda são de alto risco, para que as pessoas possam clonar a si mesmas. É claro que o clone humano e o fornecedor do gene humano seriam mais diferentes entre si do que gêmeos idênticos, porque cresceriam em gerações e ambientes diferentes. Mas a clonagem humana, assim como a modificação genética para aperfeiçoar traços, trataria as pessoas como objetos a ser manipulados, ou produtos a ser refeitos. Tais medidas imporiam uma pesada carga de expectativas sobre o recém-nascido. A busca de um filho "perfeito" pode mudar também nossas atitudes para com as pessoas com inaptidões genéticas. A tradição cristã afirma que o amor e a aceitação de cada pessoa, por parte de Deus, são incondicionais, e que nossa atitude deve ser assim também.[19] Em todos esses casos, a discussão das decisões éticas sobre o uso de nosso novo conhecimento genético é uma expressão de nossa liberdade humana, o que implica uma rejeição tanto do determinismo evolucionista como do determinismo da genética comportamental.

INDEPENDÊNCIA

Não há lugar para conflito entre as afirmações científicas e religiosas sobre a natureza humana se elas forem independentes e irrelacionadas entre si. No dualismo corpo/alma clássico, a alma é considerada imaterial e intrinsecamente inacessível à investigação científica. Uma outra versão da tese da Independência pode ser encontrada entre autores recentes que afirmam que os termos "corpo" e "alma" pertencem a duas formas distintas de discurso, as quais preenchem funções contrastantes e fornecem perspectivas complementares sobre a vida humana. Finalmente, os conceitos bíblicos de pecado e redenção parecem não ter nenhuma relação direta com a ciência, embora não sejam contestados por provas científicas.

1. Dualismo Corpo/Alma

O dualismo corpo/alma encontrado no Cristianismo mais recente não está presente na própria Bíblia. Nas escrituras hebraicas, o eu é uma atividade unificada de pensamento, sentimento, vontade e ação. H. Wheeler Robinson diz: "A idéia de natureza humana implica uma unidade, e não um dualismo. Não existe o contraste entre corpo e alma que essas palavras instintivamente nos sugerem."[20] Oscar Cullmann concorda, salientando que "a interpretação judaica e cristã da criação exclui totalmente o dualismo grego entre corpo e alma".[21] O corpo, especialmente, não é a fonte do mal nem algo que se deva rejeitar, abandonar ou negar — embora ele possa ser mal utilizado. Em vez disso, encontramos uma afirmação do corpo e uma aceitação positiva da ordem material. Lynn de Silva diz:

> Os estudos bíblicos demonstraram, de modo bastante conclusivo, que não há na Bíblia o conceito dicotômico do homem encontrado no pensamento grego e hindu. A concepção bíblica do homem é holística, e não dualista. A noção da alma como uma entidade imortal, que entra no corpo no nascimento e sai dele na morte, é bastante estranha à concepção bíblica do homem. A concepção bíblica é a de que o homem é uma unidade; uma unidade de alma, corpo, carne, mente etc., os quais, juntos, constituem o homem integral.[22]

De acordo com o *Interpreter's Dictionary of the Bible* [*Dicionário de Exegese Bíblica*], a palavra hebraica *nephesh* (geralmente traduzida como "alma" ou "eu") "jamais significa a alma imortal, mas essencialmente o princípio de vida, ou o eu como sujeito de apetites, de emoções e, ocasionalmente, de volição". A palavra correspondente no Novo Testamento é *psyche*, "que mantém seu antigo uso grego, que significa 'vida'".[23] Quando a crença numa vida futura enfim se desenvolveu, no período neotestamentário, ela se expressava em termos de uma ressurreição da pessoa inteira por um ato de Deus, e não por uma imortalidade intrínseca da alma. Cullmann demonstra que a vida futura era vista como um dom de Deus "nos últimos dias", e não como um atributo humano inato. São Paulo refere-se aos mortos como dormindo até o dia do juízo, quando serão reintegrados — não como corpos físicos ou almas desencarnadas, mas com o que ele denomina "corpo espiritual" (1Cor 15:44). Tais concepções da vida futura podem ser problemáticas, mas atestam a crença de que é o ser integral das pessoas o objeto do propósito salvífico de Deus.

No entanto, desenvolveu-se uma concepção dualística na Igreja primitiva, em grande parte por influência do pensamento grego. Platão afirmara que uma *alma imortal* preexistente entra no corpo humano e sobrevive à morte do corpo. Os movimentos gnóstico e maniqueísta, no mundo helenístico posterior, sustentavam que a matéria é maligna e que a morte liberta a alma de seu aprisionamento no corpo. Os padres da Igreja rejeitaram o gnosticismo, mas aceitaram o dualismo neoplatônico entre alma e corpo e, num grau menor, o dualismo moral entre bem e mal a ele associado. Outras forças da cultura greco-romana decadente colaboraram com o crescimento do ascetismo, do monasticismo, da rejeição do mundo e da busca da salvação individual. Algumas dessas atitudes negativas em relação ao corpo podem ser vistas nas obras de Santo Agostinho, mas representam uma ruptura com a afirmação bíblica da bondade do mundo material enquanto criação de Deus.[24]

No século XIII, Santo Tomás de Aquino aceitava a opinião aristotélica de que *a alma é a forma do corpo*, o que implica uma avaliação mais positiva do corpo. Dizia que a alma não existe antes do corpo, mas é criada por Deus algumas semanas depois da concepção. Os animais, afirmava, têm "alma sensitiva", mas apenas os humanos têm "alma racional". Santo Tomás forneceu uma complexa análise da natureza humana e da ação moral, incluindo a atribuição de um papel importante às emoções ("paixões") na realização do bem, que se pode conhecer tanto pela razão quanto pela revelação.[25] Os teólogos medievais manifestavam um senso da unidade orgânica de um mundo planejado segundo as intenções de Deus. Não obstante, o conceito de uma alma imortal instituía uma fronteira absoluta entre os seres humanos e as demais criaturas, e estimulava uma concepção antropocêntrica (centrada no homem) de nosso lugar no mundo — embora o esquema cósmico geral fosse teocêntrico (centrado em Deus). Com umas poucas exceções, o mundo não-humano era retratado, na Idade Média e na Reforma, num papel coadjuvante no drama da redenção humana.

O dualismo de Descartes entre *mente* e *matéria* foi uma ruptura ainda maior com a concepção bíblica. O conceito de alma pelo menos admitia, como fizera a concepção bíblica, o papel das emoções. Na visão cartesiana, porém, a mente era uma "substância pensante", não-espacial e não-material, caracterizada pela razão e não pela emoção. A matéria, por outro lado, era vista como espacial e controlada somente por forças físicas. É difícil imaginar como duas substâncias tão dessemelhantes poderiam interagir de alguma forma. Descartes alegou que os animais não têm racionalidade e são máquinas sem inteligência, sentimento ou consciência.

Muitos teólogos continuaram a defender um dualismo entre *corpo* e *alma*. A posição católica oficial é a de que o corpo humano evoluiu a partir do corpo de primatas e hominídeos proto-humanos, mas a alma humana, num determinado ponto da história evolutiva, foi inserida num corpo apropriado para recebê-la. Numa declaração de 1996, João Paulo II disse que a evolução é "mais do que uma hipótese", pois vem sendo confirmada por várias linhas de pesquisa independentes; reafirmou também que cada alma, ao longo de toda a história humana, foi "criada imediatamente por Deus".[26] Outros comentaristas insistem que a alma é imaterial e não pode, portanto, ser descoberta pela investigação científica — seja em antigos fósseis, seja no cérebro dos seres humanos atuais. Sustentam que as afirmações teológicas a respeito da alma não derivam da pesquisa científica e são totalmente independentes de todas as teorias da ciência.

Vários cientistas de destaque defendem um dualismo entre *cérebro* e *mente*. Wilder Penfield observa que um paciente submetido a estímulos elétricos no cérebro tem consciência de que não é ele mesmo, ou ela mesma, quem levanta o braço. Penfield postula a existência de um centro de decisão radicalmente distinto da rede neural — "um operador de painel de controle e, ao mesmo tempo, um painel de controle".[27] Em *The Self and Its Brain* [*O Eu e Seu Cérebro*], o fisiologista John Eccles e o filósofo Karl Popper afirmam que a mente seleciona, lê e integra módulos do cérebro e, em seguida, altera outros circuitos cerebrais: "A mente autoconsciente é uma entidade autônoma, ativamente engajada na leitura da infinidade de centros ativos nos módulos das áreas de ligação do hemisfério cerebral dominante."[28] Eles salientam que os impulsos aparecem na área motora suplementar antes da área motora, mas apenas quando a ação é iniciada de modo deliberado e voluntário. Defendem a interação da consciência e do cérebro e a eficácia causal dos fenômenos mentais. Mas a maior parte dos cientistas, hoje, não aceita nem o dualismo corpo/alma nem o dualismo cérebro/mente — embora essas idéias ainda possam ser defendidas, com bases mais teológicas ou filosóficas do que científicas.

2. Corpo e Alma: Perspectivas Complementares

Alguns autores afirmam que corpo e alma não são duas entidades diferentes, mas termos que pertencem a *duas formas de discurso* a respeito do ser humano. Na tradição britânica da filosofia da linguagem (ver Capítulo 1), eles nos pedem para examinar os usos específicos dos vários tipos de linguagem nas suas funções na vida humana. Para o teólogo Keith Ward, a referência à alma é um modo de afirmar a abertura humana para Deus e o valor e a singularidade de cada indivíduo. As pessoas são agentes ao mesmo tempo carnais e espirituais. Seus atos podem ser descritos tanto em termos de mecanismos fisiológicos como de escolhas morais, e as duas explicações não se excluem mutuamente. De acordo com Ward, as explicações dos processos cerebrais e das decisões mentais conscientes derivam de perspectivas diferentes da mesma realidade. Numa delas, somos organismos biológicos; na outra, somos agentes responsáveis criados para conhecer e amar a Deus. De um ponto de vista religioso, podemos defender a dignidade e a sacralidade da vida humana e a obrigação de tratar as outras pessoas como fins em si mesmas, e não apenas como meios para atingirmos nossos fins.[29]

A *abordagem das duas linguagens* é adotada também por diversos psicólogos respeitados e com firme interesse em teologia. Malcolm Jeeves afirma que mente e cérebro são dois modos de se referir aos mesmos fatos. Cita a afirmação, de Donald MacKay, segundo a qual o relato em primeira pessoa dos eventos mentais, feito pelo agente, complementa (e não compete com) o relato em terceira pessoa dos eventos neurais, feito pelo observador. Jeeves diz que a ciência e a religião também oferecem perspectivas complementares, ou modos de percepção do mundo. Em outras passagens, sugere que existem no cérebro diferentes níveis de atividade, aos quais se aplicam diferentes conceitos. Essas passagens vão além da tese das duas perspectivas (epistemológicas) e sugerem que existem dois aspectos (ontológicos) de um mesmo conjunto de eventos, e não dois conjuntos distintos.[30]

Fraser Watts afirma que "é preciso ver a ciência e a religião como visões de mundo potencialmente complementares". Cita o clérigo Lewis Hall, dos romances de Susan Howatch, como alguém que utiliza a abordagem complementar para "relatar, tanto de forma psicológica quanto religiosa", um mesmo conjunto de eventos na vida de uma pessoa. Watts sugere que "falar da alma" capta o que queremos dizer sobre a singularidade das pessoas e sobre sua capacidade de união com Deus e de imortalidade potencial. Mas ele espera também que, no futuro, possa haver uma interação frutífera entre a teologia e as ciências humanas. Indaga se a ciência e a teologia poderão ser capazes de auxiliar-se mutuamente, dirigindo a elaboração das teorias ou influenciando escolhas entre teorias que estiverem subdeterminadas pelos dados.[31] Essa proposta iria além da tese da Independência e nos levaria a um diálogo mais ativo.

3. Pecado e Redenção

A afirmação bíblica de que a humanidade foi criada "à imagem de Deus" (Gên 1:27) é interpretada, às vezes, como uma referência a determinados traços humanos, como a racionalidade, o livre-arbítrio, a espiritualidade e a responsabilidade moral, que nos distinguem das outras criaturas. Uma outra concepção, na história do Judaísmo e do Cristianismo, é a de que a *Imago Dei* se refere às relações dos seres humanos com

Deus e indica seu potencial para espelhar as intenções de Deus para com o mundo. A criatividade humana pode ser vista como uma expressão da criatividade divina.[32] Se a *Imago Dei* refere-se a uma relação com Deus, não se deve esperar que ela seja objeto de investigação científica.

Mas a tradição bíblica diz também que todos nós estamos longe de realizar completamente nossas potencialidades criativas. À luz da história evolutiva, a queda de Adão não pode ser interpretada literalmente. Não existiu um Jardim do Éden nem um estado de inocência original, livre da morte e do sofrimento, do qual a humanidade decaiu. Pode-se interpretar a queda como uma poderosa expressão simbólica da *propensão humana para o pecado*, em que "pecado" quer dizer egocentrismo e alheamento de Deus e das outras pessoas — e, podemos acrescentar, do mundo natural. O pecado, sob todas as suas formas, é uma ruptura de relações.[33] O pecado original, assim, não é uma herança de Adão, mas um reconhecimento de que nós nascemos em estruturas sociais pecaminosas, como as que perpetuam o racismo, a opressão e a violência. Cada grupo tende a absolutizar a si mesmo, cego para a racionalização dos interesses próprios. A injustiça social, assim como a ganância individual, é contrária à vontade de Deus.[34]

Talvez seja possível verificar empiricamente pelo menos alguns aspectos do *pecado*. O caráter trágico da história é patente em seus ciclos de violência e contraviolência. O massacre de seis milhões de judeus no Holocausto foi certamente um mal consumado. Os psicólogos podem também estudar empiricamente o fenômeno da *culpa* na vida individual, tanto em suas formas sadias quanto patológicas. Existem alguns indícios, fornecidos pela psicoterapia, de que uma visão demasiado negativa da natureza humana e uma estima demasiado baixa de si mesmo podem ser prejudiciais. A culpa sem perdão, ou o ódio a si próprio sem auto-aceitação, parecem mais obstruir do que estimular o amor pelos outros. Alguns teólogos juntam-se aos psicólogos ao propor um auto-respeito sem auto-absorção. Talvez a meta seja buscar uma autocompreensão e um realismo no reconhecimento de nossas potencialidades, tanto criativas quanto destrutivas.

A *redenção* é identificada, às vezes, com a vida depois da morte, mas ela também tem uma dimensão presente enfatizada por muitos autores contemporâneos. Redenção é restauração de relações — com Deus, com outras pessoas e com outras criaturas. A redenção ocorre quando a fragmentaridade e a alienação são substituídas pela inteireza, pela cura e pela reconciliação. A tradição cristã diz que essa possibilidade redentora é vista de modo mais claro na vida de Cristo e na nossa reação ao amor divino que se fez conhecer em Cristo. A doutrina da Encarnação afirma a corporificação integral de Cristo, ressaltando mais uma vez a importância do corpo; afirma também sua relação singular com Deus e sua total identificação com a vontade divina. *Imago Dei*, pecado, redenção e Encarnação podem ser concebidos, portanto, em termos relacionais, e não como atributos ou estados dos indivíduos em si mesmos.

Eu, particularmente, não aceito nem o dualismo corpo/alma clássico nem a proposta de que "corpo" e "alma" são termos que pertencem a linguagens complementares. Defenderei uma visão integral da pessoa como unidade psicossomática, o que está mais próximo, creio, tanto da concepção bíblica quanto das provas da ciência contemporânea. Vou sugerir que mesmo os conceitos bíblicos de pecado e redenção, aparentemente tão distantes de qualquer dado científico, devem ser reinterpretados, hoje, no contexto da história evolutiva e das ciências sociais e comportamentais.

DIÁLOGO

O dualismo corpo/alma vem sendo criticado igualmente por teólogos e cientistas, e diversas alternativas vem sendo propostas no sentido de possibilitar uma interação construtiva em vez do conflito ou da independência. Os três tópicos do Diálogo de que vamos tratar aqui são: a neurociência e o eu corporificado; a antropologia e o eu social; e a comparação entre o computador e o cérebro.

1. Neurociência e o Eu Corporificado

Muitos teólogos atuais têm procurado recuperar a concepção bíblica do eu como atividade unificada de pensamento, sentimento, vontade e ação. A Bíblia reconhece a importância tanto da *emoção* quanto da razão. "Amarás o Senhor teu Deus de todo o teu coração, e de toda a tua alma, e de todo o teu entendimento" (Mt 22:37). De acordo com os especialistas bíblicos, essas três palavras — "coração", "alma" e "entendimento" — descrevem características e atividades humanas diferentes, mas sobrepostas, e não faculdades ou componentes distintos da pessoa. "A tão amplamente defendida distinção entre a mente, como sede do pensamento, e o coração, como sede das sensações, é estranha ao sentido que essas palavras têm na Bíblia (...). O coração é sede tanto da razão e da vontade quanto das emoções."[35]

São Paulo escreve: "Ainda que eu conhecesse todos os mistérios e toda a ciência, e tivesse toda a fé, até ao ponto de transportar montes, se não tiver amor, não sou nada" (1Cor 13:2). O amor, é claro, não é simplesmente uma questão de emoção, pois envolve intenção e ação. Mas ele não é essencialmente um produto da razão. Algumas partes da Bíblia, como a literatura sapiencial, manifestam o ponto de vista do sábio a refletir sobre a experiência humana. Mas, na maioria dos textos bíblicos, nós somos conclamados a ser *agentes responsáveis*, e não simplesmente pensadores racionais. O pecado é visto como defeito da vontade, não da razão. Em boa parte do pensamento grego, o problema humano fundamental é a ignorância, cujo remédio é o conhecimento, enquanto, no pensamento bíblico, são nossas atitudes e motivações que nos desviam.

Várias *teólogas feministas* atuais criticam o dualismo mente/corpo. No Capítulo 1, mencionei a crítica das correlações em nossa cultura entre as dicotomias mente/corpo, razão/emoção, objetividade/subjetividade, dominação/assistência e masculino/feminino. O masculino é associado à mente, à razão, à objetividade e à dominação, aos quais se atribui um valor superior ao do corpo, da emoção, da subjetividade e da assistência. As feministas atacam a renegação do corpo em boa parte da história cristã; buscam uma avaliação mais positiva da corporeidade e uma visão mais integral da pessoa. Os *teólogos ambientalistas* criticam o dualismo corpo/alma porque ele estabelece uma fronteira absoluta entre a vida humana e a não humana, contribuindo para certas atitudes perante as demais formas de vida que têm sido ecologicamente destrutivas.

A importância do corpo nos eventos mentais é clara em diversas áreas da pesquisa científica. A própria *percepção* é um produto evolutivo da ação corporal. Humberto Martuna e Francisco Verela mostram que os sistemas de percepção dos organismos não fornecem representações exatas do mundo, mas elaboram informações relevantes para as necessidades e as ações do organismo. No sistema visual de um sapo, alguns neurônios reagem somente a pequenos pontos escuros — o que é uma vantagem, sem dúvida, para a captura das moscas. Do mesmo modo, a neurofisiologia humana também evoluiu paralelamente a objetivos e interesses humanos específicos.[36] Michael Arbib argumenta que a percepção não é uma recepção passiva de dados. As representações mentais ("esquemas") do mundo fornecem informações relevantes para possíveis ações realizadas pelos programas motores. As ações corporais são guiadas por percepções, expectativas e objetivos.[37]

A dependência dos estados mentais em relação aos *processos bioquímicos* se revela nos efeitos dos hormônios, das "drogas que alteram a consciência" e da medicação terapêutica. Paul Kramer, por exemplo, estuda o uso do Prozac no tratamento da depressão. Ele defende o seu valor na correção dos desequilíbrios químicos (especialmente do neurotransmissor serotonina), mas conclui que a terapia mais eficaz é a que mescla a medicação com a conversação sobre experiências traumáticas e fatores psicossociais na história pessoal do paciente.[38]

O papel das *emoções* na cognição também é amplamente reconhecido pelos neurocientistas. Antonio Damasio estudou pessoas que sofreram lesões no córtex pré-frontal. Phineas Gage, num caso clássico, recuperou-se de uma lesão grave e preservou suas habilidades mentais, mas passou por uma alteração de personalidade e se tornou incapaz de tomar decisões ou respeitar convenções sociais. Um outro paciente, com tumor cerebral pré-frontal, era totalmente apático emocionalmente. Quando assistia a filmes com cenas de violência, conseguia descrever as reações emocionais adequadas, mas dizia-se incapaz de senti-las; e não conseguia tomar decisões na vida cotidiana. Damasio argumenta que os danos à razão e à emoção não podem ser separados. Sugere que tanto Descartes quanto os cientistas cognitivos modernos negligenciaram o papel das emoções na cognição. Damasio afirma também que a consciência e a continuidade da identidade são dadas pela auto-representação e pela construção de uma narrativa que inclua memórias pessoais e intenções. Descreve o eu como unidade de múltiplos níveis. "A mente verdadeiramente corporificada não abandona os seus níveis mais refinados de operação, os que constituem a alma e o espírito."[39]

Em suma, as provas da neurociência não favorecem o dualismo corpo/alma, mas parecem ser coerentes com as afirmações teológicas sobre a corporeidade e a importância das emoções.

2. Antropologia e o Eu Social

Na tradição bíblica, nós somos seres intrinsecamente sociais. Deus fez aliança com um povo, e não com uma sucessão de indivíduos. Alguns dos salmos e dos escritos dos últimos profetas enfocam o indivíduo (Jeremias, por exemplo, fala de uma nova aliança escrita no coração de cada pessoa), mas os indivíduos sempre são vistos como *pessoas-em-comunidade*. O Judaísmo preservou essa ênfase na comunidade, ao passo que o Cristianismo protestante tende a ser mais individualista. Na Bíblia, nós não somos indivíduos fechados; somos feitos de nossas relações. Somos quem somos enquanto filhos, maridos e esposas, pais e mães, cidadãos e membros do povo da aliança. Deus dá tanta importância ao caráter da vida da comunidade quanto às motivações e aos atos de cada indivíduo.[40] A comunidade religiosa compartilha de um conjunto comum de narrativas e rituais sacros. Mesmo a prece e a meditação dos indivíduos se dão num quadro de memórias históricas e pressupostos compartilhados.

O tema do *eu social* tem destaque entre os teólogos contemporâneos. H. Richard Niebuhr defende o caráter fundamentalmente social da pessoa. "Cada aspecto da existência de cada pessoa é condicionado por sua qualidade de membro do grupo interpessoal."[41] Niebuhr baseia-se em George Herbert Mead e em psicólogos sociais, para quem a personalidade surge somente no diálogo com os outros dentro de uma comunidade de agentes. Nós não somos espectadores imparciais, mas membros de uma comunidade de intérpretes. O contexto social é claro também na idéia do *eu narrativo*. Alisdair MacIntyre e outros afirmam que nossa identidade pessoal é estabelecida pelas histórias que contamos, as narrativas de que cada um de nós é o tema. Essas histórias sempre envolvem outras pessoas.[42] Defensores da "teologia narrativa" insistem que a nossa história pessoal é inserida no contexto das histórias da comunidade. Afirmam que nossas crenças religiosas são transmitidas, essencialmente, não por doutrinas teológicas abstratas, mas por aquelas histórias que nos fornecem um quadro maior para a nossa própria história de vida.[43]

As pesquisas em antropologia e psicologia fornecem indícios do *caráter social da personalidade*. As histórias que contamos sobre nós mesmos, como agentes e sujeitos de experiência, fazem parte de nossa identidade pessoal. As crianças aprendem as palavras mentais e a linguagem auto-referente na medida em que os pais atribuem a elas intenções, desejos e sentimentos. Temos uma identidade contínua como sujeitos, mas a memória é sempre uma reconstrução ativa, e não simplesmente uma retomada de informações. Buscamos coerência e plausibilidade em nossas histórias; as narrativas são revistas e relacionadas a metas e planos futuros. O trágico no mal de Alzheimer é a perda da memória de longo prazo exigida para a auto-representação. Oliver Sachs descreve o caso do "marinheiro perdido" que sofrera lesão cerebral e perda de memória, para o qual a arte e a música ajudaram a reconstruir uma nova identidade.[44]

As emoções, tanto nos animais como nos humanos, são um produto da *história evolutiva*. A raiva, por exemplo, foi selecionada presumivelmente porque contribuía para a sobrevivência (por mobilizar sistemas fisiológicos de autodefesa e sinalizar para os oponentes a prontidão para agir). As emoções, no entanto, não são simplesmente reações instintivas, porque em geral elas requerem uma avaliação cognitiva da situação e uma decisão quanto ao seu potencial de perigo. Na vida humana, a cultura participa da construção social das emoções.[45] As sensações emotivas são moldadas pelos significados culturais aprendidos na infância e durante toda a vida. Quando as crianças aprendem as palavras que designam as emoções e as condutas culturalmente aprovadas pelas quais expressá-las, a própria experiência emocional é influenciada. Historiadores e psicólogos sociais descreveram o papel das emoções como meios de controle social (por meio da culpa e da vergonha, por exemplo, na Nova Inglaterra puritana).[46]

Os seres humanos elaboram *representações simbólicas* sempre parciais e seletivas do eu e do mundo. Nós procuramos sentido e ordem visualizando a nossa vida num contexto mais amplo — num contexto, em última análise, de alcance cósmico. Nós nos identificamos com propósitos e metas que se estendem para além da nossa vida pessoal, temporal e espacialmente. As tradições religiosas fornecem muitos dos símbolos pelos quais os indivíduos conciliam seus desejos contraditórios e compreendem a própria vida num contexto mais includente. Na narrativa e no ritual, as pessoas tomam parte em comunidades religiosas e compartilham suas memórias históricas e experiências de transformação pessoal. Essas estruturas simbólicas maiores de ordem e sentido são criações humanas, sem dúvida, mas, como já argumentei, são também uma reação a certos padrões existentes no mundo e na experiência humana, de modo que podem ser avaliadas e revistas criticamente.[47] As tradições religiosas e as ciências do comportamento estão de acordo, aqui, ao afirmar o caráter social da personalidade.

3. O Computador e o Cérebro

Vários especialistas em informática afirmam que o cérebro humano é um *sistema de processamento de informações* que funciona como um computador. Essa concepção poderia ter sido discutida como tese de Conflito, mas uma visão crítica nos levará a outras concepções, mais abertas ao diálogo. As pesquisas sobre Inteligência Artificial (IA) têm um duplo objetivo: projetar máquinas inteligentes e compreender as habilidades cognitivas humanas. A concepção predominante entre os pesquisadores da IA é a da *IA simbólica* (também denominada IA formalista, ou, em algumas versões, IA forte), que compreende quatro proposições:[48]

1. *A Tese Formalista.* A inteligência consiste em manipulação de símbolos abstratos segundo regras formais.
2. *O Teste de Turing.* Um computador é inteligente quando, ao realizar certas tarefas (como resolver problemas, jogar xadrez ou responder perguntas), ele mostra um comportamento que nós chamaríamos de inteligente se mostrado por um ser humano.
3. *Neutralidade do Substrato (ou Múltipla Realizabilidade).* As informações podem ser processadas em diferentes sistemas físicos (com base em transistores ou em neurônios) com os mesmos resultados.
4. *O Cérebro Computacional.* O cérebro humano funciona como um computador. O cérebro e o computador são dois exemplos de aparelhos que geram comportamento inteligente pela manipulação de símbolos. Em linguagem popular, a *mente* está para o *cérebro* assim como o *software* está para o *hardware.*

Os críticos do formalismo dizem que a linguagem e a percepção humanas *dependem do contexto*. Hubert e Stuart Dreyfus descreveram a importância do senso comum, da formação intelectual e da experiência não-lingüística na interpretação da linguagem humana. A compreensão lingüística e perceptiva, insistem eles, é um processo ativo, fortemente influenciado por nossas expectativas, intenções e interesses. Enfatizaram também o *papel do corpo* no aprendizado humano. Boa parte do nosso conhecimento é adquirida ativamente, por meio da interação com nosso ambiente físico e com outras pessoas. Nós não aprendemos a andar de bicicleta estudando física ou assimilando um conjunto de regras, mas pela prática. Nós utilizamos as habilidades do "*knowing how*" ["saber como"], e não as proposições do "*knowing that*" ["saber que"]. Esse "conhecimento tácito" pode ser inteiramente formalizado. No desenvolvimento da criança, o aumento da percepção está ligado à ação e ao movimento corporal. Esses autores vêem na tese formalista o legado de um racionalismo que remonta a Platão: a suposição de que o conhecimento consiste em relações racionais e formais, com existência independente do corpo e do mundo material. Alegam que o formalismo é uma nova espécie de dualismo no qual o *software* e o *hardware*, como a mente e o corpo, podem ser analisados independentemente.[49]

Mais recentemente, um conjunto de suposições diferentes daquelas da IA simbólica vem sendo utilizado para projetar robôs computadorizados *corporificados* e *interativos*. No laboratório de Rodney Brooks no MIT,[50] os robôs são capazes de se mover e de interagir com o mundo por meio da percepção (sensores visuais, auditivos e táteis) e da ação (movimento de juntas flexíveis), e se localizam em ambientes determinados. Esses robôs aprendem fazendo coisas, e não manipulando símbolos abstratos. O corpo mecânico deles é bem diferente, é claro, do nosso corpo biológico; o que eles aprendem com suas ações difere do que nós aprendemos com as nossas.[51] Anne Foerst, que possui formação em teologia e em ciência da computação, trabalha com um grupo que está projetando um robô humanóide chamado Cog. Ela descreve quatro características desse robô:[52]

1. *Corporificação*. O grupo afirma que a inteligência humana não pode ser isolada da ação corporal nem reduzida a habilidades computacionais. Cog possui uma "cabeça" e "mãos" capazes de se mover e de interagir com o ambiente.

2. *Funções Distribuídas*. Os controles motores locais são ativados por pequenas unidades de processamento independentes. Unidades modulares livremente conectadas entre si, em vez de grandes programas centralizados, permitem maior flexibilidade de coordenação e facilitam a aquisição de novas habilidades.
3. *Aprendizagem Desenvolvimental*. Como um recém-nascido aprendendo a coordenação olho-mão, Cog aprende a pegar objetos por prática. Muitas de suas capacidades, em vez de pré-programadas, são adquiridas desenvolvimentalmente.
4. *Interação Social*. Cog pratica um equivalente do "contato visual" e está programado para levar em conta alguns dos efeitos de seus atos sobre as pessoas. Esses aspectos sociais encontram-se num estágio elementar, mas fazem parte das metas da pesquisa futura.

Trabalhos recentes em robótica respondem a algumas das objeções feitas contra o programa da IA simbólica, mas outras questões relativas à comparação entre inteligência artificial e humana permanecem. Nos seres humanos, o *processo de socialização* se dá num período de muitos anos. Nos computadores, o processamento das informações é muito rápido, mas a interação com o ambiente leva um tempo considerável. Os robôs poderiam ser socializados fornecendo-se a eles vastas quantidades de informações, mas, se os críticos do formalismo estiverem certos, a participação na cultura e nos padrões de vida humanos requereria uma ativa interação durante um longo período de tempo. Os Dreyfus sustentam que somente sistemas computacionais quase idênticos ao cérebro humano e dotados de motivações humanas, objetivos culturais e forma corporal poderiam imitar integralmente a inteligência humana. Essa afirmação pode ser demasiado forte, mas salienta a importância da cultura, assim como do corpo, para o conhecimento humano e para quaisquer tentativas de reproduzir esse conhecimento em máquinas.

A maioria dos pesquisadores da IA almejam apenas simular processos cognitivos e afirmam que a cognição é totalmente independente das *emoções*. Roger Shank diz: "Parece que perguntas como 'um computador é capaz de amar?' não têm muita importância. Decerto nossa compreensão do conhecimento humano não vai diminuir se a resposta for uma ou outra. E, mais importante, a capacidade de amar não afeta a capacidade de compreensão do computador."[53] Alguns autores sugerem que é possível analisar a função de uma emoção na história evolutiva e, em seguida, tentar criar um programa de IA que preencha a mesma função. A principal função comportamental do medo, por exemplo, é a de evitar o perigo, e isso poderia ser programado diretamente. Outros afirmam que os computadores não podem experimentar emoções, mas sim representar os elementos cognitivos das emoções (como as causas exteriores da raiva e sua relação com as crenças do sujeito e com seus atos subseqüentes).[54]

As pesquisas de Rosalind Piccard são voltadas para o desenvolvimento de computadores com capacidade de *reconhecer e expressar emoções*, a fim de facilitar a comunicação entre computadores e seres humanos. Um programa de ensino por computador, por exemplo, poderia ficar mais lento ou fornecer explicações mais detalhadas quando percebesse expressões de frustração ou de raiva no rosto ou no batimento cardíaco do usuário. Um sintetizador de voz poderia passar uma mensagem com uma intonação que transmitisse o matiz emocional adequado. Mas Piccard permanece cética em relação à possibilidade de, no futuro, os computadores virem realmente a experimentar emoções. Se o fizessem, seus sentimentos seriam bem diferentes dos nossos, que se dão num organismo biológico complexo.[55]

Ainda existem enormes diferenças entre o *computador* e o *cérebro*. Um cérebro possui trilhões de neurônios, cada um deles conectado a nada menos de dez mil vizinhos; o número de maneiras possíveis de interconectá-los é maior do que o número de átomos no Universo. Os sinais entre neurônios não são digitais, mas codificados em propriedades continuamente variáveis, como os potenciais elétricos ou as freqüências de disparo dos neurônios. Novos conhecimentos advindos da neurociência hão de influenciar, indubitavelmente, o futuro desenvolvimento dos computadores, mas não podemos subestimar as diferenças nem as dificuldades.[56]

INTEGRAÇÃO

Enquanto os representantes do Diálogo podem, às vezes, reformular idéias religiosas tradicionais sobre determinados tópicos à luz da ciência, os defensores da Integração se baseiam mais ampla e sistematicamente na ciência e se dispõem a aceitar uma reconstrução teológica de maior alcance. Três exemplos são apresentados aqui: as concepções teológicas da pessoa como organismo biológico e como eu responsável; as análises filosóficas da mente e do cérebro como dois aspectos de um mesmo processo; e o conceito de personalidade na filosofia de processo.

1. Organismo Biológico e Eu Responsável

O teólogo Philip Hefner afirma que nós somos *co-criadores criados*, inseridos num processo ininterrupto de criação contínua. A evolução é o modo como Deus cria seres livres e, por meio disso, permite outras possibilidades criadoras. Nós somos criaturas ao mesmo tempo da natureza e da cultura, condicionadas pelos genes e pela história prévia. Mas, como co-criadores, temos a liberdade e a capacidade de buscar novas direções inesperadas — e, mesmo assim, continuamos dentro dos limites impostos por nossa herança genética e social. Hefner diz que a natureza é "ajustada" e "habilitada" ao dar margem à nova zona de liberdade. "O *Homo sapiens* é o co-criador criado de Deus, e sua finalidade é ajustar/habilitar os sistemas da natureza de maneira que eles possam tomar parte nos propósitos de Deus em modo de liberdade."[57] Deus é imanente à criatividade e à autotranscendência atestadas pela história evolutiva e continuadas no futuro.

Hefner sustenta que nós podemos tomar parte na *obra criadora contínua de Deus*: "Nós, humanos, criados à imagem de Deus, somos participantes e co-criadores na ininterrupta obra da atividade criadora divina. Estamos sendo conduzidos a um destino comum que vai determinar, em última análise, o que significa ser verdadeiramente humano."[58] Hefner diz que Cristo é o protótipo da verdadeira humanidade e representa uma fase radicalmente nova na evolução cultural. Em Cristo, nós alcançamos o conhecimento da vontade de Deus enquanto amor universal. A esperança escatológica é uma confiança na intenção de Deus de aperfeiçoar e completar a criação. Nós, seres humanos, podemos ser agentes conscientes num novo nível de criação, diz Hefner, mas também estamos num estágio de grande precariedade e vulnerabilidade. A tecnologia nos dá um imenso poder sobre a natureza, e nossas decisões vão afetar toda a vida terrestre. Somos responsáveis não apenas pelo nosso próprio futuro, mas também pelo restante das criaturas em nosso planeta.

Hefner sugere também que é possível dar uma interpretação evolucionista ao *conceito de pecado*. Ele identifica o pecado com o conflito entre as informações em nossos genes e na cultura. O egoísmo de base genética está em conflito com as fontes culturais da cooperação e do altruísmo. O pecado original consiste nas inclinações do passado, de base biológica, não adaptáveis ao mundo moderno.[59] O problema com essa análise é que ela tende a fazer dos genes a fonte do mal e da cultura a fonte do bem. Eu argumentaria que a injustiça social, a violência, o racismo e o militarismo são produtos tanto da cultura e das instituições sociais, e de decisão individual, quanto da herança genética.

Ronald Cole-Turner indaga como nossa concepção da natureza humana influencia nossas decisões sobre a *intervenção genética*. A engenharia genética, diz ele, não é "manipular a criação divina" (como se a natureza fosse uma ordem estática e completa), mas participar da atividade criadora contínua de Deus. Deus age por meio de processos naturais, e pode agir por meio de nós se escolhermos seguir seus desígnios. Cole-Turner tem consciência da tentação de fazermos mau uso do nosso poder, como expressa a idéia tradicional de pecado. Diz que nós devemos providenciar salvaguardas para impedir a concentração de poder nas indústrias de biotecnologia, como a que se dá quando genes naturais são descobertos e patenteados. Mas a intervenção genética pode ser um importante meio de aliviar o sofrimento e de realizar os desígnios de Deus. Cole-Turner diz que a atividade de Cristo de curar os doentes confirma a tese, mais abrangente, segundo a qual nem tudo na natureza está de acordo com as intenções de Deus.[60]

Cole-Turner sustenta que nós somos chamados a participar da obra criadora e redentora de Deus. Podemos ser mantenedores e transformadores da criação, como é Deus, quando cooperamos a serviço dos desígnios divinos. Cole-Turner está ciente das limitações genéticas na nossa vida (inclusive da nossa capacidade de experiência religiosa e de amor humano), mas advoga nossa liberdade de intervir para corrigir defeitos genéticos, reduzir o sofrimento humano e empregar nosso poder tecnológico a fim de promover a justiça social e a realização humana. Ele enfatiza as possibilidades positivas da engenharia genética, embora reconheça os perigos da intervenção embrionária, em especial para o aperfeiçoamento de certos traços humanos. Assim como Hefner, Cole-Turner mescla um reconhecimento das provas científicas da influência dos genes no comportamento humano com uma interpretação religiosa reformulada da tendência para o pecado, da liberdade e da responsabilidade humanas.

2. Mente e Cérebro: Dois Aspectos de um Único Processo

Já descrevemos anteriormente o materialismo redutivo de Crick e Dennett e o dualismo mente/corpo de Descartes, mas não são essas as únicas alternativas filosóficas. Owen Flanagan sustenta que algumas características dos relatos fenomênicos em primeira pessoa podem ser correlacionados a dados da psicologia cognitiva e da neurociência. Ele leva seriamente em conta a nossa experiência consciente — ou seja, a nossa consciência das sensações, percepções, emoções, crenças, pensamentos e expectativas. Flanagan descreve os correlatos neurais da experiência visual, como os neurônios que reagem a extremidades, formas, cores e movimentos, e discute as atividades cerebrais relacionadas às emoções de medo e raiva. Diz, porém, que não é possível expressar os conceitos superiores do eu em termos neurais. As ações humanas, por exemplo, devem ser identificadas de acordo com as intenções de que se constituem.[61]

Flanagan argumenta que *o eu é uma construção*; o eu não nos é dado como uma entidade singular ou um ego transcendental. O recém-nascido constrói gradualmente um eu integrado com a ajuda dos pais e de outras pessoas. Com o amadurecimento e a socialização, toma forma uma identidade distinta, moldada, em grande parte, nas histórias que contamos para nós mesmos. O eu muda como resultado de um entrosamento ativo com o ambiente e com as outras pessoas. Nossas auto-representações organizam nossas lembranças dos eventos do passado e nossos planos e aspirações para o futuro. Os modelos do eu não empregam conceitos aplicáveis aos neurônios, porque refletem nossas metas e valores e nossos padrões de ação e relações humanas. O eu narrativo tem uma *eficácia causal* enquanto auto-representação complexa e em permanente mudança. Ele é a causa que faz com que as pessoas digam e façam coisas; e, por isso, ele é de natureza ontológica, e não meramente lingüística. O eu é uma realidade de múltiplos níveis, construída e não recebida; as atividades de cada nível possuem uma certa autonomia e, ao mesmo tempo, são relacionadas entre si.

David Chalmers afirma que *a consciência é irredutível*, mas argumenta que todos os outros estados biológicos e psicológicos são determinados por estados físicos e, em princípio, explicáveis por teorias físicas. Afirma que as ciências cognitivas são capazes de fornecer detalhadas explicações funcionais da memória, do aprendizado e do processamento de informações — mas não de dizer por que motivo esses processos são acompanhados de uma experiência consciente, que não é definida por seus papéis causais. A experiência fenomênica subjetiva é conhecida em primeira mão por percepção sensorial, dor, emoções, imagens mentais e pensamento consciente.

Chalmers rejeita o materialismo e o funcionalismo e defende uma *teoria do duplo aspecto*, que ele denomina também dualismo de propriedades ou uma forma de pan-psiquismo. Ele propõe que os componentes básicos da realidade são os *estados de informação*, e que eles sempre se realizam *subjetiva* e *fisicamente*: "Podemos dizer que os aspectos interiores desses estados são fenomênicos, e que os aspectos exteriores são físicos. Ou, em forma de *slogan*: 'experiência é informação vista de dentro; física é informação vista de fora.'"[62] Um cachorro tem acesso a uma extensa informação perceptiva; podemos presumir, então, que ele tem experiências visuais ricas. Uma mosca possui um discernimento perceptivo bastante limitado, e também um menor nível de experiência, com baixa diferenciação fenomênica. Os estados de informação simples se realizam em estruturas físicas simples e em experiências fenomênicas simples. "É de se esperar que um grupo muito restrito de sujeitos de experiência tenha a estrutura psicológica necessária para realmente se qualificarem como *agentes* ou *pessoas*."[63] Essas concepções da pessoa sob dois aspectos oferecem uma alternativa a ambos os dualismos, mente/corpo e corpo/alma.

3. Filosofia de Processo

Whitehead e seus discípulos afirmam que os componentes básicos da realidade não são duas espécies de substância duradoura (mente e matéria), ou uma espécie única (matéria), mas *uma espécie de evento, com dois aspectos ou fases*. Enquanto as substâncias permanecem as mesmas, em diferentes contextos, os eventos são constituídos de suas relações e seus contextos no espaço e no tempo. Essa filosofia vê um caráter bipolar em todos os eventos unificados, mas reconhece que esses eventos podem se organizar de diversas maneiras, o que leva a um pluralismo organizacional de múltiplos níveis. Todo evento integrado, em qualquer nível, possui uma realidade interna e uma realidade externa, mas elas adotam formas bem diferentes em diferentes níveis. Tanto a interioridade quanto a complexidade organizacional dos sistemas psicofísicos evoluem historicamente.

Os pensadores de processo concordam com os dualistas quanto à tese de que a *interação* se dá entre a mente e as células cerebrais, mas rejeitam a alegação dualista de que essa é uma interação de duas entidades totalmente dessemelhantes. Entre a mente e a célula cerebral há enormes diferenças de características, mas não a dessemelhança absoluta que, no dualismo, torna a interação tão difícil de imaginar. A concepção de processo tem muito em comum com as teorias das duas linguagens ou com o paralelismo que enxerga os fenômenos mentais e neurais como dois aspectos de um mesmo evento. Mas, ao contrário de muitas teorias do duplo aspecto, defende a interação, a causalidade descendente e as restrições que os eventos de nível superior impõem aos eventos de níveis inferiores. Existem, nos níveis superiores, novos eventos e novos entes, e não apenas novas relações entre eventos e entes de nível inferior.[64]

Vimos que, observando diversos tipos de sistemas, Whitehead atribui *experiência subjetiva*, sob formas cada vez mais atenuadas, a pessoas, animais, organismos inferiores e células (e mesmo, em princípio, a átomos — embora, nesse nível, a experiência subjetiva seja efetivamente desprezível), mas não a pedras, plantas e outros agregados não integrados. David Griffin propõe, para isso, a denominação de *pan-experiencialismo* — e não de *pan-psiquismo*, uma vez que, para Whitehead, a mente e a consciência são encontradas apenas em níveis superiores. A consciência ocorre somente em formas superiores, dotadas de sistema nervoso central. Cada ente é um sujeito para si mesmo e se torna um objeto para os outros, mas apenas em formas de vida superiores os dados das células cerebrais se integram no fluxo da experiência, de nível superior, que denominamos "mente". A consciência e a mente, portanto, são ocorrências radicalmente novas na história cósmica.

O sistema conceitual da filosofia de processo expressa vários temas desenvolvidos anteriormente neste capítulo.

1. *Corporificação*. No pensamento de processo, cada evento é visto como uma síntese de eventos corporais passados e presentes. Não existem eventos com um aspecto subjetivo sem um aspecto objetivo. Nós experimentamos a eficácia causal no nosso próprio corpo. Os sentidos, como a visão, têm sempre uma referência corporal, e não simplesmente transmitem informações sobre o mundo.
2. *Emoções*. O pensamento de processo reconhece a importância da experiência não-sensorial e a percepção dos sentimentos no nosso próprio corpo. A consciência e o pensamento cognitivo ocorrem sobre o pano de fundo dos sentimentos. Whitehead diz: "A base da experiência é emocional (...). O fato básico é o surgimento de um tom afetivo a partir de coisas cuja relevância é admitida."[65]
3. *Hierarquia de Níveis*. Entre os pensadores de processo, Charles Hartshorne foi o que desenvolveu de modo mais completo a idéia de uma seqüência de níveis intermediários entre o átomo e o eu. Ele discorre sobre as diferenças entre as células e simples agregados, como as pedras. Uma perspectiva holística chamaria a atenção para as propriedades do sistema que não se revelam nas partes isoladas. Mas a filosofia de processo reconhece que vários níveis podem se integrar de acordo com princípios de organização bem diferentes, de modo que suas características podem diferir bastante. Num organismo complexo, a causação descendente, dos níveis superiores para os inferiores, pode ocorrer porque cada ente é o que é em virtude de suas relações. Cada ente é influenciado por sua participação num todo maior. A ocorrência surge com a modificação dos componentes de nível inferior num novo contexto.[66]
4. *Processos Conscientes e Inconscientes*. Whitehead diz que a consciência apareceu pela primeira vez, nos animais dotados de sistema nervoso central, como uma ocorrência radicalmente nova. Nos seres humanos, a maior parte da atividade mental é inconsciente. A consciência ocorre somente na última fase das ocasiões mais complexas de experiência, como um subproduto derivativo da experiência não-consciente. Envolve a unificação das informações do passado e do corpo com um novo elemento: o contraste entre o passado e o futuro, a cogitação das possibilidades, a com-

paração entre as alternativas. A identidade pessoal consiste na continuidade dos processos, a maior parte dos quais estão abaixo do limiar da consciência.

5. *A Construção do Eu*. Whitehead foi influenciado por William James, que afirmava que não existe nenhum eu permanente, mas apenas o fluxo da experiência. O pensamento não depende do pensador, ou sequer de uma sucessão de pensadores conscientes de um mesmo passado. A continuidade da identidade, dizia James, é garantida apenas pela persistência da memória. Whitehead também afirma que o eu é uma construção momentânea, mas assevera que esse é um processo unificado e complexo. A unidade do eu é uma unidade de funcionamento, e não a unidade do pensador de Descartes. Essa idéia de que a personalidade é construída é compatível com a neurociência mais recente. Os teólogos de processo argumentam que ela é compatível também com uma concepção religiosa da natureza humana.

No pensamento de processo, entre os atributos de Deus incluem-se formas específicas de corporificação, emoção, consciência e interação social (ver Capítulo 6). Deus está presente em todo o tempo e em todo o espaço, mas também transcende tempo e espaço. Deus é eterno e imutável quanto ao caráter e ao propósito, mas temporal por influenciar-se pela interação com o mundo. A concepção de processo da imortalidade humana, assim como suas concepções de pecado, redenção e Encarnação, é relacional — ou seja, a imortalidade é uma relação das pessoas com Deus e com outros seres, e não uma propriedade dos indivíduos em si. Alguns teólogos de processo defendem somente a *imortalidade objetiva* — nosso efeito sobre Deus e nossa participação na vida eterna de Deus —, em que o mal é transmutado e o bem é salvo e inserido na harmonia do todo. Outros defendem a *imortalidade subjetiva*, em que o eu humano se mantém, como centro de experiência, num cenário radicalmente diferente, em meio a uma contínua mudança — e não numa eternidade imutável — e com a possibilidade de uma comunhão permanente com Deus.[67] John Cobb especula que é possível imaginar a vida futura, não como uma absorção em Deus, nem como sobrevivência de indivíduos isolados, mas como uma nova espécie de comunidade, que transcende a individualidade.[68] Essa versão da imortalidade está mais próxima da tradição clássica, mas, em vez de postular uma alma intrinsecamente imortal, preserva o tema de processo da relacionalidade.

Resumindo este capítulo, acredito que tanto a teologia quanto a ciência mais recentes favorecem uma concepção da pessoa como uma unidade psicossomática de múltiplos níveis, ao mesmo tempo um organismo biológico e um eu responsável. As ciências que levei em consideração foram a biologia evolucionista, a genética, a neurociência, a antropologia e a informática. Alguns níveis da vida humana são comuns a toda a matéria, alguns a todos os seres vivos e outros à vida animal, enquanto alguns parecem exclusivamente humanos. A moral humana é produto da cultura, e nós temos a faculdade de escolher entre resistir ou não a algumas das tendências herdadas do passado evolutivo. Nosso atual comportamento é restringido (mas não completamente determinado) por nossos genes. A corporificação, a emoção e as relações sociais constituem a individualidade, como concebem a religião bíblica e a ciência atual. Processos tanto conscientes quanto inconscientes ocorrem nas atividades mentais; o cérebro é, sem dúvida, um processador de informações, mas ele tem outras características que os computadores não têm. O materialismo redutivo e o dualismo entre mente e matéria (ou entre corpo e alma) são evitados pelas teorias do duplo aspecto e pelo pluralismo bipolar do pensamento de processo. O eu pode ser concebido, assim, não como ente isolado, mas como a pessoa na atividade unificada do pensamento, do sentimento e da ação.

Notas

1. Um bom levantamento do registro fóssil da evolução humana é fornecido *in* Ian Tattersall, *The Human Odyssey: Four Million Years of Human Evolution* (Nova York: Prentice-Hall, 1993); ver também, do mesmo autor, *The Fossil Trail: How We Know What We Think We Know about Human Evolution* (Nova York: Oxford University Press, 1995).
2. E. S. Savage-Rumbaugh, *Kanzi: The Ape at the Brink of the Human Mind* (Nova York: Wiley, 1994); Terrence Deacon, *The Symbolic Species: The Co-evolution of Language and the Brain* (Nova York: Norton, 1997).
3. Francis Crick, *The Astonishing Hypothesis: The Scientific Search for the Soul* (Nova York: Scribner, 1994), p. 3.
4. *Ibid.*, p. 252.
5. Daniel Dennett, *Consciousness Explained* (Boston: Little, Brown, 1991).

6. Daniel Dennett, *Darwin's Dangerous Idea* (Nova York: Simon & Schuster, 1995), pp. 81-83.
7. Dennett, *Consciousness Explained*, p. 33.
8. Edward O. Wilson, *Sociobiology: The Nova Synthesis* (Cambridge, MA: Harvard University Press, 1976).
9. Edward O. Wilson, *On Human Nature* (Cambridge, MA: Harvard University Press, 1978), p. 201.
10. Wilson, *On Human Nature*, p. 176.
11. Michael Ruse, *Taking Darwin Seriously* (Oxford: Blackwell, 1986), p. 253.
12. Robert Wright, "Our Cheating Hearts", *Time* 144 (15 de agosto de 1994): 45-52; ver também, do mesmo autor, *The Moral Animal: Evolutionary Psychology and Everyday Life* (Nova York: Pantheon, 1994).
13. Holmes Rolston, *Genes, Genesis, and God: Values and Their Origins in Natural e Human History* (Cambridge: Cambridge University Press, 1999).
14. J. Michael Bailey e Richard Pillard, "A Genetic Study of Male Sexual Orientation", *Archives of General Psychiatry* 48 (1991): 1089-96. Ver também Dean Hammer em parceria com Peter Copele, *The Science of Desire* (Nova York: Simon & Schuster, 1994).
15. Estudo sueco citado *in* Lawrence Wright, "Double Mystery", *New Yorker*, 7 de agosto de 1995, pp. 45-62.
16. Troy Duster, "Persistence and Continuity in Human Genetics e Social Stratification", *in Genetics: Issues of Social Justice*, org. Ted Peters (Clevele: Pilgrim Press, 1998).
17. Jeremy Rifkin, *Algeny* (Nova York: Viking, 1983); Richard Stone, "Religious Leaders Oppose Patenting Genes and Animals", *Science* 268 (26 de maio de 1995): 1126.
18. Ted Peters, *Playing God? Genetic Determinism and Human Freedom* (Nova York e Londres: Routledge, 1997).
19. Ronald Cole-Turner, *The Nova Genesis: Theology and the Genetic Revolution* (Louisville: Westminster/John Knox, 1993); Ronald Cole-Turner, org., *Human Cloning: Religious Responses* (Louisville: Westminster/John Knox, 1997).
20. H. Wheeler Robinson, *Religious Ideas of the Old Testament* (Londres: Gerald Duckworth, 1913), p. 83.
21. Oscar Cullmann, *Immortality of the Soul or Resurrection of the Dead?* (Nova York: Macmillan, 1958), p. 30.
22. Lynn de Silva, *The Problem of Self in Buddhism and Christianity* (Londres: Macmillan, 1979), p. 75.
23. *Interpreter's Dictionary of the Bible*, vol. 4 (Nashville: Abingdon, 1962), p. 428.
24. David Kelsey, "Human Being", *in Christian Theology*, 2ª ed., org. Peter Hodgson e Robert King (Filadélfia: Fortress Pres, 1985).
25. James Keenan, *Goodness and Rightness in St. Thomas's Summa Theologiae* (Washington, DC: Georgetown University Press, 1992).
26. João Paulo II, "Message to Pontifical Academy of Sciences on Evolution", *Origins* 26 (5 de dezembro de 1996): 414-16.
27. Warren Penfield, *The Mystery of Mind* (Princeton, NJ: Princeton University Press, 1975).

28. Karl Popper e John Eccles, *The Self and Its Brain* (Nova York e Berlim: Springer International, 1977), p. 355.
29. Keith Ward, *Defending the Soul* (Londres: Hodder & Stoughton, 1992).
30. Malcolm Jeeves, *Mind Fields: Reflections on the Science of Mind and Brain* (Grand Rapids: Baker, 1993) e *Human Nature at the Millennium* (Grand Rapids: Baker, 1997); Donald M. MacKay, *Behind the Eye* (Oxford: Blackwell, 1991).
31. Fraser Watts, "Brain, Mind, and Soul", *in Science Meets Faith: Theology e Science in Conversation*, org. Fraser Watts (Londres: SPCK, 1998); ver também, do mesmo autor, "Science and Theology as Complementary Perspectives", *in Rethinhing Theology and Science: Six Models for the Current Dialogue*, org. Niels Gregersen e J. Wentzel van Huyssteen (Grand Rapids: Eerdmans, 1998).
32. Ver Philip Hefner, "The Evolution of the Created Co-Creator", *in Cosmos as Creation*, org. Ted Peters (Nashville: Abingdon, 1989).
33. Marjorie Hewitt Suchocki, *The Fall to Violence: Original Sin in Relational Theology* (Nova York: Continuum, 1995); Robert Williams, "Sin and Evil", *Christian Theology*, 2ª ed., org. Peter Hodgson e Robert King (Filadélfia: Fortress Press, 1985).
34. Reinhold Niebuhr, *The Nature e Destiny of Man*, vol. 1 (Nova York: Scribner, 1943), caps. 7-8.
35. E. C. Blackman *in A Theological Word Book of the Bible*, org. Alan Richardson (Nova York: Macmillan, 1950), p. 145.
36. Humberto Maturna e Francisco Varela, *The Tree of Knowledge: The Biological Roots of Human Understeing* (Boston: Science Library, 1987).
37. Michael Arbib, *The Metaphorical Brain 2: Neural Networks and Beyond* (Nova York: Wiley, 1989), cap. 2.
38. Peter Kramer, *Listening to Prozac* (Nova York: Viking Penguin, 1993).
39. Antonio Damasio, *Descartes' Error: Emotion, Reason, and the Human Brain* (Nova York: Putnam, 1994), p. 252.
40. Brevard Childs, *Biblical Theology of the Old and New Testaments* (Minneapolis: Fortress Press, 1993), cap. 7.
41. H. Richard Niebuhr, *The Responsible Self* (Nova York: Harper & Row, 1963).
42. Alisdair MacIntyre, *After Virtue: A Study in Moral Theory*, 2ª ed. (Notre Dame, IN: University of Notre Dame Press, 1984), cap. 15.
43. Michael Goldberg, *Theology as Narrative: A Critical Introduction* (Nashville: Abingdon, 1982).
44. Oliver Sachs, *The Man Who Mistook His Wife for a Hat* (Nova York: Harper-Collins, 1985).
45. Leslie Brothers, *Friday's Footprint: How Society Shapes the Human Mind* (Nova York e Londres: Oxford University Press, 1997).
46. Ron Harré, org., *The Social Construction of Emotions* (Oxford: Blackwell, 1986); K. J. Gergen e K. E. Davis, orgs., *The Social Construction of the Person* (Nova York: Springer-Verlag, 1985).
47. Ian G. Barbour, *Myths, Models, and Paradigms* (Nova York: Harper & Row, 1974).
48. Allen Novaell e Herbert Simon, "Computer Science as Empirical Enquiry: Symbols and Search", *in Philosophy of Artificial Intelligence*, org. Margaret Boden (Oxford: Oxford University Press, 1990).

49. Hubert Dreyfus e Stuart Dreyfus, *What Computers Still Can't Do*, 3ª ed. (Cambridge, MA: MIT Press, 1993); ver também Stan Franklin, *Artificial Minds* (Cambridge, MA: MIT Press, 1995).
50. Massachusetts Institute of Technology (N. T.).
51. R. A. Brooks e L. Steels, orgs., *The Artificial Life Route to Artificial Intelligence: Building Embodied, Situated Agents* (Hillsdale, MI: Erlbaum, 1995); Ey Clark, *Being There: Putting Brain, Body, and World Together Again* (Cambridge, MA: MIT Press, 1997).
52. Anne Foerst, "COG: A Humanoid Robot, and the Question of *Imago Dei*", *Zygon* 33 (1998): 91-111.
53. Roger Shank, "Natural Language, Philosophy, and Artificial Intelligence", *in Philosophical Perspectives on Artificial Intelligence*, org. M. Ringle (Brighton, UK: Harvester Press, 1979), p. 222.
54. Aaron Sloman, "Motives, Mechanisms, and Emotions", *in Philosophy of Artificial Intelligence*, org. Margaret Boden (Oxford: Oxford University Press, 1990).
55. Rosalind Piccard, *Affective Computing* (Cambridge, MA: MIT Press, 1997).
56. John Puddefoot, *God and the Mind Machine: Computers, Artificial Intelligence, and the Human Soul* (Londres: SPCK, 1996).
57. Philip Hefner, "Theology's Truth and Scientific Formulation", *Zygon* 23 (1988): 270.
58. Philip Hefner, "The Evolution of the Created Co-Creator", *in Cosmos as Creation*, org. Ted Peters (Nashville: Abingdon Press, 1989), p. 232.
59. Philip Hefner, *The Human Factor: Evolution, Culture, and Religion* (Minneapolis: Fortress Press, 1993), cap. 8. Ver também Lindon Eaves e Laura Gross, "Exploring the Concept of Spirit as a Model for the God-World Relationship in the Age of Genetics", *Zygon* 27 (1992): 261-85.
60. Ronald Cole-Turner, *The New Genesis*.
61. Owen Flanagan, *Consciousness Reconsidered* (Cambridge, MA: MIT Press, 1992).
62. David Chalmers, *The Conscious Mind: In Search of a Fundamental Theory* (Nova York e Oxford: Oxford University Press, 1996), p. 305.
63. David Chalmers, *The Conscious Mind*, p. 300.
64. David Ray Griffin, *Unsnarling the World Knot: Consciousness, Freedom, and the Mind-Body Problem* (Berkeley e Los Angeles: University of California Press, 1998).
65. Alfred North Whitehead, *Adventure of Ideas* (Nova York: Macmillan, 1993), p. 226.
66. Charles Hartshorne, *Reality as Social Process* (Glencoe, IL: Free Press, 1953), cap. 1; ver também, do mesmo autor, *The Logic of Perfection* (LaSalle, IL: Open Court, 1962), cap. 7.
67. Margaret Hewitt Suchocki, *The End of Evil: Process Eschatology in Historical Context* (Albany: State University of Nova York Press, 1988), cap. 5; John Cobb e David Griffin, *Process Theology*, cap. 7.
68. John B. Cobb, "What Is the Future? A Process Perspective", *in Hope and the Future*, org. Ewart Cousins (Filadélfia: Fortress Press, 1972).

Capítulo 6

Deus e a Natureza

Nos capítulos anteriores, examinamos algumas implicações teológicas de ciências específicas — desde a astronomia e a física até a biologia, a genética e a neurociência. Neste capítulo final, faremos uma indagação mais ampla a respeito das relações entre Deus e a natureza: como Deus pode agir num mundo de processos naturais regidos por leis?

Vimos que a Bíblia inclui uma grande variedade de modelos teológicos. Deus é representado como um planejador dotado de propósito que impõe ordem ao caos, como um oleiro ou artesão que produz um objeto e como um arquiteto que lança os fundamentos de uma construção. Deus é considerado um Espírito doador de vida, que opera por toda a natureza, e um comunicador que transmite sentido e estrutura racional por meio do Verbo divino. Deus é o soberano que governa a história e a natureza. Em relação a Israel, Deus é o libertador que resgata a comunidade da escravidão e um juiz voltado à retidão e à justiça. Em relação às pessoas, Deus é o pastor zeloso, o pai que perdoa e (mais raramente) a mãe que cuida. Deus é também o redentor que traz uma nova integração às comunidades e aos indivíduos — e até mesmo à natureza, na consumação final.

Na Idade Média, as idéias bíblicas e aristotélicas foram conciliadas — em especial nas obras de Santo Tomás de Aquino, tão influentes na teologia católica posterior. O modelo bíblico de Deus como rei e soberano desenvolveu-se em doutrinas formais de onipotência e onisciência divinas. O modelo predominante era o do monarca absoluto, que imperava sobre o seu reino, embora existissem também outros modelos. Uma concepção semelhante de Deus teve destaque na Reforma, em particular na ênfase de Calvino na soberania divina e na predestinação.

Na doutrina clássica da *onipotência divina,* Deus rege e domina o mundo em sua sabedoria providencial. Todos os fatos estão totalmente subordinados à vontade e ao poder de Deus. A preordenação, dizia-se, envolve não apenas um conhecimento prévio, mas também uma predeterminação de cada evento. Tanto o Catolicismo medieval quanto o Protestantismo da Reforma afirmavam que Deus intervém milagrosamente como causa direta de alguns eventos, em acréscimo à ação mais usual que é a de operar por meio de causas segundas naturais. Essa relação era considerada estritamente de mão única: Deus afeta o mundo, mas o mundo não afeta Deus, que é eterno e imutável.[1]

A exclusão de toda e qualquer temporalidade da natureza de Deus, no pensamento medieval, parece dever-se principalmente ao pensamento grego. Platão imaginara um reino de formas eternas e de verdades atemporais, com reflexos imperfeitos no mundo; o perfeito era o imutável. Santo Tomás de Aquino argumentou que Deus é impassível, não afetado pelo mundo. Deus só ama no sentido de fazer coisas boas para nós, mas sem paixão ou emoção. O ser de Deus é totalmente auto-suficiente; independente do mundo, nada recebe do mundo. Como Deus conhece previamente todos os fatos e controla cada detalhe, o conhecimento divino é imutável; em Deus não há ocasião para suscetibilidade. Em última análise, a passagem do tempo é irreal para Deus, para quem todo o tempo se apresenta simultaneamente. Isso tudo parece contrastar com o Deus dinâmico da Bíblia, que se envolve intimamente na história de Israel e reage de modo apaixonado às suas mudanças de situação.

Na verdade, a imagem da soberania divina na Idade Média e na Reforma era matizada por outros temas. O controle de Deus nunca era retratado como um poder absoluto, pois era sempre o poder do amor. Dante encerrou a *Divina Comédia* com uma visão de Deus como "o Amor que move o Sol e as outras estrelas".[2] O teísmo clássico enfatizava, sem dúvida, a transcendência, e considerava-se que Deus agia ocasionalmente por uma intervenção sobrenatural, além da natureza. No entanto, a imanência divina era também defendida. Era afirmado que Deus está presente na Encarnação, nos sacramentos e na vida da Igreja de modo preeminente, mas era dito que o Espírito Santo vivifica a natureza, assim como a vida humana.

Seis tipos de objeção foram levantadas contra o modelo monárquico de Deus como soberano onipotente:

1. *Um Mundo em Evolução*. Durante os séculos em que predominou o modelo monárquico, presumia-se uma concepção estática da realidade. O mundo era visto como ordem fixa, com formas básicas imutáveis, dadas de uma vez para sempre. Isso tendia a reforçar a idéia de uma criação *ex nihilo* num momento inicial absoluto; a idéia bíblica de criação contínua era virtualmente ignorada. Cada forma inferior servia à superior, numa hierarquia preordenada: Deus/homem/mulher/animal/planta. Essa ordem fixa era unificada pelo poder soberano e pelo plano onisciente de Deus. Esses pressupostos foram desafiados pela concepção evolucionista do mundo.
2. *Lei e Acaso na Natureza*. Com o surgimento da ciência moderna, a idéia de uma intervenção sobrenatural na natureza começou a parecer cada vez mais duvidosa. Já no século XVIII, a sabedoria e o poder de Deus eram vistos fundamentalmente no planejamento inicial do Universo, e não em seu governo contínuo. O deísmo levou a sério a regularidade da natureza ao preço de relegar a atividade de Deus a um passado distante. Vimos que, mais recentemente, o papel do acaso pôs em xeque tanto o determinismo da predestinação quanto o determinismo da lei natural.
3. *Liberdade Humana*. A onipotência divina e a predestinação parecem incompatíveis com a existência de genuínas opções de escolha humana. Nenhuma sutileza na distinção entre presciência e preordenação parece capaz de afastar essa contradição básica. A completa dependência e submissão da humanidade a um Deus autoritário também se choca com a responsabilidade e a maturidade humanas. Se todo o poder pertence a Deus, que poderes é possível atribuir à humanidade?
4. *Mal e Sofrimento*. Por que um Deus onipotente e bom permitiria o mal e o sofrimento? Se aceitamos a evolução, o sofrimento e a

morte não podem ser vistos como conseqüências da queda de Adão. Se defendemos a onipotência, e tudo o que acontece é vontade de Deus, então Deus parece responsável pelo mal. Vários teólogos recentes sugeriram que o mal e o sofrimento (assim como a liberdade humana) indicam uma autolimitação voluntária de Deus, em vez de um exercício da onipotência.

5. *Patriarcado*. As características do Deus monárquico são as que nossa cultura identifica com as virtudes "masculinas" (poder, controle, independência, racionalidade e impassibilidade), não com as virtudes estereotipadas como "femininas" (cuidado, suscetibilidade, interdependência e sensibilidade emocional). A identificação de Deus com qualidades "masculinas" parece refletir os preconceitos de uma cultura patriarcal, e esse modelo de Deus tem sido utilizado, por sua vez, para justificar a dominação masculina na sociedade.
6. *Intolerância Religiosa*. A exaltação do poder de Deus estimulou uma concepção exclusivista da revelação. Juntamente com uma interpretação hierárquica da autoridade da Igreja, ela foi usada para fundamentar reivindicações absolutas de verdade religiosa, que, somada ao poder político e militar, resultou em perseguição religiosa, cruzadas, guerras santas e imperialismo colonial, tudo em nome de Deus. Tais concepções são um perigo constante num mundo de pluralismo religioso e armas de destruição em massa.

Vamos estudar algumas reações aos desafios ao teísmo clássico oriundos da ciência contemporânea, usando a mesma tipologia quádrupla que empregamos nos capítulos anteriores. O Conflito se mostra em variadas formas de naturalismo, que rejeita qualquer idéia de um Deus pessoal. Os defensores da Independência sustentam que não pode haver conflito porque as afirmações teológicas são de um nível totalmente diferente das científicas; teologia e ciência são linguagens complementares, e não concorrentes. O Diálogo é exemplificado no fato de se usar conceitos científicos (como auto-organização ou informação) para reformular idéias tradicionais sobre as relações entre Deus e o mundo. E, finalmente, alguns autores buscam a Integração concebendo Deus como determinador de indeterminações ou como causa descendente, ou ainda usando as categorias filosóficas da teologia de processo.

CONFLITO

Vamos considerar, primeiro, algumas críticas ao conceito de Deus feitas pelos cientistas naturalistas. Examinaremos, em seguida, algumas formas de naturalismo religioso em que se rejeitam as idéias tradicionais de Deus, mas discutem-se dimensões da ordem natural capazes de cumprir funções semelhantes na vida humana.

1. Críticas Naturalistas do Teísmo

Sigmund Freud afirmava que as crenças religiosas são produto do *pensamento positivo*. São uma evasão da realidade e uma regressão à infância, em busca de segurança num mundo hostil. A criança depende do pai quando é pequena, mas, conforme cresce, vai reconhecendo as limitações do seu pai humano e procura uma nova segurança projetando uma imagem paterna idealizada numa escala cósmica. As convicções de Freud sobre a importância da experiência infantil foram combinadas com uma filosofia naturalista que reivindicava ter base na ciência. Ele manteve uma grande confiança na razão humana, apesar de suas idéias quanto ao poder das forças inconscientes e irracionais na vida humana.[3]

O teísta pode responder que, embora a busca de segurança e a evasão da responsabilidade sejam bastante comuns na história religiosa, vários profetas, santos e pessoas comuns encontraram nas suas crenças religiosas uma fonte de coragem para correr riscos e agir pelo bem dos outros. Alguns dos nossos desejos são realistas; outros, não. Se todas as crenças pudessem ser rejeitadas como pensamento positivo, o próprio naturalismo estaria excluído. O teísta pode argumentar que, se Deus é pessoal, o amor do pai ou da mãe, em seu melhor aspecto, talvez seja uma analogia adequada para o amor de Deus. A base científica das teses de Freud também tem sido questionada; seus pacientes eram um grupo limitado de uma sociedade particular, e muitos deles sofriam de culpa neurótica numa cultura moralista. O naturalismo de Freud deve ser visto não como conclusão científica, mas como pressuposto filosófico.

Entre os autores contemporâneos, o cosmólogo Peter Atkins é um dos mais veementes em sua *rejeição do teísmo*. Afirma que o Universo foi produto de flutuações acausais do vácuo. No subseqüente colapso termodinâmico em desordem, emergiram ocasionais ilhas de ordem por processos físicos sem propósito. A religião é "pensamento positivo sentimental" e "emoção intelectualmente desonesta". "A história inteira da Igreja baseia-se num engenhoso, mas compreensível, auto-engano (e, suspeito, em alguns casos, numa mentira consciente e direta)."[4] Em contraste, Atkins faz uma avaliação triunfalista da ciência. "O conhecimento total está quase ao nosso alcance. Compreender é percorrer a face da Terra, como o Sol."[5] Ele diz:

> A ciência reducionista é onicompetente. A ciência jamais encontrou uma barreira que não fosse superada, ou que não possamos razoavelmente supor que ela tem o poder de superar e que estará, no devido tempo, equipada para fazê-lo (...). A religião fracassou, e seus fracassos devem ser expostos. A ciência, com sua busca da competência universal pela identificação do mínimo, supremo deleite do intelecto, deve ser aclamada rainha.[6]

No Capítulo 4, discutimos a afirmação de Richard Dawkins de que a presença do acaso demonstra que este é um *Universo sem propósito*. A seleção natural, diz ele, é um mecanismo que torna prováveis combinações moleculares altamente improváveis, pela acumulação de vários pequenos aperfeiçoamentos adaptativos.[7] "Somos máquinas de propagar DNA, e a propagação do DNA é um processo que se auto-sustenta. É a única razão para viver de todo objeto vivo."[8] Dawkins acredita que o teísmo é uma teoria concorrente da ciência quanto à explicação do mundo. Faz um desafio ao teísta: "Ou admita que Deus é uma hipótese científica, e concorde que ela se submeta ao mesmo julgamento de qualquer outra hipótese científica, ou admita que sua condição não é superior à das fadas e duendes."[9]

Em outra ocasião, ele diz: "Penso que é possível argumentar que a *fé* é um dos maiores males do mundo, comparável ao vírus da varíola, porém mais difícil de erradicar. A fé, sendo uma crença não baseada em provas, é o principal vício da religião (...). Não se encante com o argumento de que religião e ciência operam em dimensões isoladas ou tratam de tipos completamente distintos de questão. As religiões, historicamente, sempre tentaram resolver questões que pertencem propriamente à ciência."[10]

Em seu recente livro *Consilience* [*Consiliência*], E. O. Wilson leva adiante a visão iluminista da *unidade do conhecimento*. Afirma que os avanços da ciência estão começando a tornar possível a consiliência (unificação) das ciências da natureza com as ciências sociais e humanas. A busca de conexões interdisciplinares é, sem dúvida, uma tarefa significativa, e Wilson percorre várias disciplinas de modo amplo e eloqüente. Mas, em sua versão, a unidade só pode ser alcançada nos termos ditados pela ciência:

> Argumentei que só existe intrinsecamente uma única classe de explicação. Ela atravessa as escalas do espaço, do tempo e da complexidade para unir os fatos disparatados das várias disciplinas pela consiliência, a percepção de uma rede de causa e efeito inconsútil (...). A idéia central da visão de mundo da consiliência é a de que todos os fenômenos tangíveis, do nascimento das estrelas ao trabalho das instituições sociais, por mais longas e tortuosas que sejam as seqüências, baseiam-se em processos materiais redutíveis, em última análise, às leis da física (...). Ninguém jamais apresentou uma razão obrigatória para que a mesma estratégia não possa funcionar de modo a unir as ciências da natureza às ciências sociais e humanas. A diferença entre os dois domínios está na magnitude do problema, e não nos princípios que se requer para resolvê-lo.[11]

Um resenhador disse: "O modelo de unidade de Wilson não é de colaboração entre disciplinas, mas de uma hostil tomada de posse das ciências humanas e sociais pelas ciências da natureza."[12]

Wilson apresenta uma *explicação evolucionista* das crenças religiosas, semelhante à sua explicação evolucionista da ética resumida no capítulo anterior. Ele descreve as hierarquias de dominação e submissão que contribuíram para a sobrevivência das espécies animais. Todo bando de lobos ou de macacos tem um macho dominante, e a submissão dos outros membros é assinalada pela expressão facial, pela posição da cauda e por um comportamento deferente. Wilson sugere que um comportamento submisso comparável se manifesta na deferência humana por líderes carismáticos e autoridades religiosas — e, em última análise, por uma figura dominante suprema, normalmente um Deus masculino. A submissão é representada e reforçada no ritual e na prece. "Cientistas do comportamento de um outro planeta notariam imediatamente as semelhanças semióticas entre o comportamento submisso animal, de um lado, e a obediência humana à autoridade civil e religiosa, de outro. Eles observariam que os ritos de obediência mais elaborados se dirigem aos deuses, os membros hiperdominantes, ainda que invisíveis, do grupo humano."[13]

Wilson afirma que a religião serviu a funções úteis no passado e que as pessoas precisam de narrativas sacras nas quais possam ver a própria vida como parte de um propósito maior. Hoje essas funções poderiam ser mais bem preenchidas por uma versão poética do épico evolutivo. "Se essa narrativa sacra não puder ser feita na forma de uma cosmologia religiosa, será tirada da história material do Universo e da espécie humana. Essa não é, de modo algum, uma inclinação depreciativa. O verdadeiro épico evolutivo, recontado como poesia, é intrinsecamente tão enobrecedor quanto qualquer épico religioso. A realidade material descoberta pela ciência já possui mais conteúdo e grandeza do que todas as cosmologias religiosas juntas."[14]

2. Naturalismo Religioso

Vários capítulos anteriores incluíam, no tópico do Conflito, além dos naturalistas anti-religiosos, pessoas da extremidade conservadora do espectro teológico que não aceitam a evolução ou outras teorias científicas. Neste capítulo, em vez disso, examinarei os defensores de um naturalismo religioso menos reducionista e mais simpático à religião do que o esposado pelos autores estudados anteriormente. Essas versões do naturalismo conservam pelo menos alguns conceitos da herança religiosa ocidental, mas os reformula radicalmente a fim de acomodá-los à ciência contemporânea. Talvez esses autores preferissem ser incluídos na nossa quarta categoria, a da Integração, porque de fato integram a ciência com sua interpretação minimalista da religião. Mas, em meu julgamento, eles rejeitaram tamanha quantidade de crenças religiosas tradicionais que devem ser considerados exemplos de Conflito — a despeito de seus cuidadosos esforços de reinterpretação e de sua descrição de uma certa continuidade, assim como de uma descontinuidade mais evidente, entre suas concepções e o Cristianismo clássico.

Ralph Burhoe, fundador e, por muitos anos, editor do *Zygon: Journal of Science e Religion*, afirma (em contraste com Wilson) que não é possível explicar pela seleção genética o altruísmo para com indivíduos que não são parentes próximos. Ele argumenta que a religião é a principal força de promoção do altruísmo externo ao parentesco genético. O conjunto de valores transmitido pelos mitos e rituais religiosos une uma sociedade. A religião freqüentemente promove a lealdade ao grupo e a hostilidade aos grupos que o ameaçam, o que favorece a sobrevivência do grupo. Mas, como as religiões tribais deram lugar a outras mais universais, o círculo de lealdade se expandiu. Por vários séculos, cada uma das grandes religiões mundiais representou uma "sabedoria peneirada", expressa nos termos dos melhores conhecimentos do mundo disponíveis em seu tempo. Mas, para serem dignas de crédito hoje, afirma Burhoe, as crenças religiosas devem estar firmemente baseadas em provas científicas. Essa fundamentação científica vai promover valores compartilhados por todo o planeta, necessários à sobrevivência na era nuclear.[15]

Burhoe defende o *naturalismo evolutivo* como a filosofia religiosa que mais se adapta a uma cultura científica. Para ele, a natureza tem muitas das características do Deus tradicional — principalmente a onipotência — e deve ser para nós um objeto de culto e obediência. Dependemos totalmente do processo evolutivo para nossa existência, nosso sustento e nosso destino. A natureza é o poder soberano de que somos súditos; é nosso criador e nosso juiz. "Faz pouca diferença denominá-la 'Deus' ou 'seleção natural'", diz Burhoe.[16] Devemos nos adaptar às exigências do "sistema de realidade que tudo determina (...). A salvação do homem vem do reconhecimento desse fato e de sua adaptação a ele, ou de curvar-se à majestade e à glória do magnífico programa de vida em evolução em que nós vivemos, e agimos, e temos o nosso ser".[17]

Ao *igualar Deus à natureza,* Burhoe parece ter abandonado o teísmo. Em seus últimos escritos, ele expressa, com efeito, um sentimento de mistério que poderia sugerir que a ciência tem limites; mas afirma também que a natureza é suprema e sacra, e que nada existe além dela. Se o sistema natural, como o Deus monárquico, determina tudo e é onipotente, como é possível defender uma autêntica liberdade humana? Para Burhoe, o pecado é a adaptação incompleta da cultura aos genes, e a salvação do pecado é a aquisição de uma adaptação melhor. Mas é possível que as decisões éticas exijam que nós, às vezes, resistamos às predisposições genéticas, em vez de nos adaptarmos a elas? A concepção de Burhoe do sistema impessoal da natureza parece conflitar com a interpretação cristã do Deus amoroso e pessoal que transcende a natureza.[18]

Willem Drees, como Burhoe, mescla uma filosofia naturalista com uma apreciação das *funções da religião* na vida humana, argumentando que "o mundo natural é a realidade inteira que conhecemos e com a qual interagimos".[19] Ele reconhece que essa é uma posição metafísica, e não uma conclusão científica, mas diz que é uma metafísica minimalista, próxima da ciência. Drees afirma que as religiões foram adaptativas na história evolutiva, porque estimularam a lealdade a grupos maiores que o de parentesco genético. Ele diz que, hoje, no entanto, "a concepção evolucionista desafia as religiões, não apenas apresentando uma explicação de suas origens como também comprometendo a credibilidade de suas referências a uma realidade que transcende os ambientes em que essas religiões surgiram".[20] As tradições religiosas são adaptações a ambientes históricos locais e, como tais, não fundamentam alegações universais sobre a realidade. Drees resume sua opinião:

> Isso difere do realismo no sentido de que não tenta proteger (por meio de reinterpretação, ou de outra maneira) as reivindicações de verdade das metáforas religiosas e dos modelos oriundos de uma época anterior — porque essas metáforas e esses modelos não são vistos como reivindicações de verdade, mas como uma linguagem que tinha uma função, na medida em que ajudava o indivíduo a conduzir sua vida e também a comunidade, ao criar e manter uma cultura.[21]

No entanto, Drees não exclui inteiramente todas as idéias de transcendência. Ele afirma que a ciência não consegue resolver as *questões-limite* a respeito do mundo como um todo: por que existe alguma coisa, e não nada, e por que o mundo possui a ordem que tem? Nós podemos expressar encanto e gratidão pela realidade que nos deu vida. Mas ele diz que a especulação sobre questões-limite não pode inspirar devoção ou culto. Drees conclui que *determinadas tradições religiosas* ainda são importantes, embora seja cético quanto às afirmações que elas fazem. "O naturalismo religioso pode se basear na herança das tradições religiosas e estar aberto à idéia de uma base não-natural da realidade — e ao mesmo tempo não crer nela."[22]

O *naturalismo religioso* de Drees não é conflitante com a ciência (na verdade, é intimamente integrado a ela), mas é conflitante (ou permanece cético) com a maior parte da "herança das tradições religiosas" em que ele pretende se basear. David Griffin diz que "as crenças religiosas de Drees são tão mínimas que é como se praticamente não existissem".[23] Tenho respeito pela detalhada discussão, feita por Drees, da literatura recente sobre ciência e religião, a qual naturalistas anti-religiosos como Atkins, Dawkins e Wilson rejeitam sumariamente sem um exame cuidadoso. Mas Drees não é cético em relação ao naturalismo, que defende como postura metafísica, e não simplesmente como uma filosofia que pode ter uma função na vida humana. Portanto, com alguma relutância, eu o classificaria, juntamente com Burhoe, no tópico do Conflito.

INDEPENDÊNCIA

Alguns autores afirmam que as teses teológicas e científicas não podem entrar em conflito porque a causalidade primeira de Deus está num plano completamente diferente do das causas secundárias na esfera da natureza. Outros sustentam que ciência e teologia são linguagens complementares que expressam pontos de vista diferentes, mas não concorrentes, sobre a realidade.

1. Causalidade Primária e Secundária

Em versões recentes do pensamento tomista, é dito que Deus, como *causa primeira*, opera por meio das *causas segundas* que a ciência estuda. Os dois tipos de causa são inseparáveis, mas encontram-se em níveis tão diferentes que as explicações teológicas e científicas dos eventos são completamente independentes umas das outras. Os neotomistas defendem a concepção clássica de onipotência divina e argumentam que ela não é incoerente com a existência de um Universo de leis estritas ou com a liberdade humana.

O intelectual católico Étienne Gilson recorre ao modelo do *artesão e instrumento*. Nas mãos de Deus, diz ele, "as criaturas são como um instrumento nas mãos do artesão". É possível dizer que o machado corta a madeira e também que a pessoa que usa o machado corta a madeira, uma vez que cada um produz o efeito como um todo. Gilson insiste na realidade das causas segundas. Ele argumenta que é equivocado dizer que as causas naturais são somente circunstâncias em que Deus produz efeitos. Deus delega a eficácia causal às criaturas; elas são centros autênticos de atividade, interligados e dependentes uns dos outros, bem como de Deus. A lei prevalece porque cada ser tem sua essência, seu modo natural de se comportar, e, portanto, produz sempre o mesmo efeito.[24] Como pode o mesmo efeito ser atribuído tanto à causalidade divina quanto à natural? Gilson diz que o efeito como um todo é produzido tanto por causas divinas como por causas naturais, mas sob aspectos completamente diversos. Deus, como causa primeira, é de uma ordem diferente da de todas as causas segundas instrumentais.

Esse controle divino impede o *acaso* e a *liberdade humana*? Os eventos acausais e as decisões humanas não são determinados exclusivamente por causas submetidas à lei. Gilson argumenta que, se Deus simplesmente calculasse o futuro a partir do presente, como nós precisamos fazer, ele não poderia saber o futuro. Como Deus, no entanto, é eterno, o futuro está presente para Deus do modo como realmente vai ocorrer — um resultado único definido. Estando acima do tempo e tendo um conhecimento imutável, Deus não conhece o futuro como um produto indeterminado de suas causas naturais, mas como se encontra especificado no eterno decreto divino. No mundo, um ato é incerto antes de acontecer. Mas, para Deus, não existe "antes"; para Deus o ato já aconteceu.

Autores neo-ortodoxos têm utilizado também a idéia de causas primeiras e segundas para defender a concepção de *soberania divina sobre a natureza*. Karl Barth afirma que Deus "governa incondicional e irresistivelmente todo acontecimento". A natureza é "serva" de Deus, é o "instrumento de seus desígnios". Deus controla, ordena e determina, porque "nada pode ser feito exceto a vontade de Deus". Deus conhece previamente e também predetermina e preordena. "A operação desse Deus é tão soberana quanto a descreve o ensinamento calvinista. No sentido mais estrito, é predestinadora."[25] Barth afirma tanto a soberania divina quanto a autonomia da criatura. Deus é quem controla, e toda determinação criada está "total e absolutamente à disposição do seu poder". A criatura "caminha por si mesma, mas, na verdade, permanece sempre no caminho de Deus". Toda a causalidade no mundo está completamente subordinada a Deus. Quando a mão humana escreve utilizando uma caneta, a ação total é executada por ambas — e não em parte pela mão e em parte pela caneta; Barth declara que as causas criadas, como a caneta, são reais, mas "têm apenas um papel de submissão" à mão divina que as conduz.[26]

Como um outro exemplo, consideremos a discussão da *dupla atuação* pelo teólogo anglicano Austin Farrer. "A atuação de Deus deve ser, na verdade, algo que opera onipotentemente sobre as atuações criadas, nelas e por meio delas — sem forçá-las nem competir com elas." Deus atua por meio da matriz das causas segundas e se manifesta apenas em seu padrão total. "Ele não impõe uma ordem contra a essência das coisas, mas faz com que elas sigam suas próprias inclinações e desenvolvam o mundo por serem elas mesmas."[27] Não podemos afirmar nada sobre *como* Deus atua; não existem "junções causais" entre a atuação infinita e a finita, nem lacunas na explicação científica. Assim, também, o ato livre de uma pessoa pode ser atribuído, ao mesmo tempo, à pessoa e à graça de Deus atuante na vida humana.

Em resposta a Farrer, Thomas Tracy examina os modos como dois agentes humanos podem contribuir conjuntamente para um evento. Eles podem combinar seus poderes causais (como ao puxar uma corda), ou um deles pode agir no interesse do outro (como o funcionário da corte faz para o rei), ou um deles pode induzir o outro a agir (usando o poder de persuasão). Mas a *ação básica* (a que não é instrumento de nenhum outro objetivo) só pode ser desencadeada por um agente único, e Tracy afirma que isso se aplicaria também a Deus. Os poderes ativos dos agentes humanos limitam inevitavelmente a liberdade de Deus. Se uma parte do trabalho causal é feito por agentes naturais, ele não pode ser *todo* feito por Deus. Não pode haver duas causas suficientes para um só evento.[28] Tracy sustenta que Deus atua com outras causas para moldar as possibilidades e o contexto em que se dá a autodeterminação humana. Ao discutir o problema do mal, Tracy argumenta que algumas escolhas humanas são contrárias à vontade de Deus e não podem ser atribuídas à determinação divina.[29] Ele afirma que os conceitos de causalidade primária e secundária não fornecem uma solução coerente para o problema da ação de Deus num mundo de leis científicas e liberdade humana — e eu me inclino a concordar com ele.

2. Linguagens Complementares

A tradição da análise lingüística da filosofia anglo-americana afirma que *tipos diversos de linguagem* cumprem funções radicalmente diferentes. Nos livros de filosofia da ação, afirma-se que a explicação dos atos pelas *intenções* é bem diferente da explicação dos efeitos pelas *causas*. O ato de um agente humano é uma sucessão de atividades dirigidas a um fim. Sua unidade consiste numa intenção de realizar um objetivo. O ato difere do movimento corporal. Um determinado movimento corporal (projetar meu braço para a frente de uma certa maneira, por exemplo) pode representar diversos atos (como postar uma carta, espalhar sementes ou acenar para alguém). Por sua vez, um determinado ato pode ser executado por diversas seqüências de movimentos corporais. Portanto, não se pode especificar um ato por um conjunto qualquer de movimentos corporais, mas apenas por seu propósito ou intenção.[30]

A análise em termos de *intenções* não exclui a análise em termos de *leis científicas*. O fisiologista não precisa se referir às minhas intenções ao explicar o movimento do meu braço. Além disso, as intenções nunca são diretamente observáveis. Chamar um movimento de "ato" envolve uma interpretação do propósito do agente e, em geral, requer um considerável período de observação; é claro que um ato pode ser mal interpretado e identificado erroneamente. Os autores dos atos são sujeitos corpóreos, que agem por meio do próprio corpo. Um agente é um corpo vivo em ação, e não uma mente invisível interagindo com um corpo visível. Ainda assim, o agente transcende qualquer ato isolado e nunca se manifesta inteiramente em nenhuma série de atos.

Do mesmo modo, podemos dizer que a história cósmica é um ato de *Deus como agente*. A referência às intenções divinas não exclui a explicação científica das seqüências causais. John Compton diz:

> Podemos distinguir o desenvolvimento causal dos fatos do sentido desses fatos encarados como ação de Deus. A análise científica da natureza física e da história humana não tem maior necessidade de Deus, como fator explicativo, do que o fisiologista da minha intenção consciente para explicar meus movimentos corporais. Tampouco Deus precisa de "lacunas" na natureza para agir, não mais do que você ou eu precisamos de semelhantes interstícios em nossa química corporal. Cada uma das histórias tem seu quadro completo de personagens, sem ne-

> cessidade de interação com a outra história, mas bastante compatível com ela. O que acontece é que a evolução das coisas é vista ou interpretada, na vida religiosa — assim como o movimento do meu braço é interpretado na vida individual — como parte de uma ação, como expressão de um propósito divino, além de ser considerado um processo naturalístico.[31]

As *intenções do agente* jamais são diretamente observáveis e podem ser difíceis de descobrir, com base nos fatos, num período curto de tempo. No caso dos desígnios de Deus, uma tradição religiosa fornece uma visão de um contexto maior no qual se interpreta o padrão. Existe, de fato, um forte precedente bíblico para se falar de Deus nos termos de seus propósitos na história. Hoje, a abordagem lingüística nos estimularia a tratar a linguagem da ação divina como alternativa à linguagem científica, e não como concorrente desta. O drama cósmico pode ser interpretado como expressão do desígnio divino. Deus é concebido atuando na estrutura e no movimento — e por meio da estrutura e do movimento — da natureza e da história.

O fisiologista Fraser Watts refere-se à ciência e à teologia como *perspectivas complementares*, como se mencionou no capítulo anterior. Ele enfatiza que elas representam gêneros de discurso bem diferentes e específicos — mas não totalmente irrelacionados entre si, porque se referem a um mesmo mundo (de acordo com o realismo crítico que o autor defende). Watts sugere, primeiro, que as linguagens da mente e do cérebro são formas diferentes de discurso, embora possam ser correlacionadas uma à outra. O ato de adormecer, por exemplo, pode ser descrito pelas mudanças no ritmo das ondas elétricas do cérebro ou por relatos, em primeira pessoa, sobre uma crescente fragmentação e desorientação no tempo e no espaço. Ciência e teologia, da mesma maneira, são complementares:

Pode-se falar sobre o que acontece no mundo em termos puramente naturais, sem referência a Deus, exatamente como se pode falar do cérebro em termos puramente materiais, sem referência à mente. De modo alternativo, pode-se também falar sobre o que acontece no mundo nos termos da atuação de Deus ou do movimento do Espírito. Eu argumentaria que essas duas perspectivas do mundo — a natural, de um lado, e a teológica ou espiritual, do outro — são perspectivas complementares da mesma realidade. Elas descrevem coisas intrinsecamente relacionadas a partir de diferentes pontos de vista, do mesmo modo como nossos relatos em termos mentais e em termos cerebrais sobre o ato de adormecer descrevem o processo único de adormecer a partir de diferentes pontos de vista.[32]

No entanto, Watts rejeita a compartimentalização absoluta da ciência e da teologia encontrada em certas versões da tese da Independência, entre elas a distinção entre causa primeira e causas segundas. Sua posição admite uma significativa interação interdisciplinar, a despeito de sua insistência no contraste entre as perspectivas e os gêneros de discurso adotados nos dois campos. Ele afirma que a ciência impõe limites às crenças religiosas e pode ser incompatível com certas proposições teológicas, o que abriria pelo menos algum espaço para o diálogo.

DIÁLOGO

Diversos teólogos e cientistas têm utilizado conceitos da ciência atual para representar a relação de Deus com o mundo. Deus pode ser visto como planejador de um processo auto-organizado ou como transmissor de informações. Outros autores sugerem que a idéia de autolimitação divina é coerente com as provas científicas e com certas linhas da tradição cristã. Todos os defensores desses modelos de Deus rejeitam formas de intervenção divina no mundo que violem as leis da natureza. Deus não é, nesses modelos, chamado para preencher determinadas lacunas de explicação científica; pelo contrário, o papel de Deus é visto como diferente do papel das causas naturais. Em cada um desses casos, há uma teoria científica da atualidade que fornece um paralelo conceitual de uma interpretação teológica da relação de Deus com a natureza.

1. Deus como Planejador de um Processo Auto-organizado

Até o século XIX, a complexa organização e o eficiente funcionamento das criaturas vivas eram vistos como provas da existência de um planejador inteligente. Depois de Darwin, o argumento foi reformulado: Deus não criou essas coisas em suas formas atuais, mas projetou um processo evolutivo pelo qual todas as formas vivas passaram a existir. Indiquei, no Capítulo 4, que a auto-organização de moléculas que possibilita a vida sugere um considerável planejamento inerente nas afinidades bioquímicas, nas estruturas moleculares e no potencial para a complexidade e a ordem hierárquica. O mundo das moléculas possui claramente uma tendência intrínseca para a emergência da complexidade, da vida e da consciência.

Se encararmos o planejamento como um detalhado projeto preexistente na mente de Deus, o *acaso* é a antítese do *planejamento*. Mas, se identificarmos o planejamento com a orientação geral do desenvolvimento em direção à complexidade, à vida e à consciência, tanto a lei quanto o acaso podem ser parte do planejamento. A desordem, às vezes, é uma condição de emergência de novas formas de ordem, como nos sistemas termodinâmicos distantes do equilíbrio ou nas mutações da história evolutiva. Não podemos mais aceitar o Deus relojoeiro que projetou cada detalhe de um mecanismo definido. Mas uma das opções, hoje, é um deísmo revisto no qual o mundo foi planejado por Deus como *processo criativo em múltiplos níveis de lei e acaso*. O físico Paul Davies é um dos expoentes dessa concepção.[33]

De acordo com essa escola de pensamento, um Deus paciente dotou a matéria de diversas potencialidades e deixou o mundo criar a si mesmo. Deus respeita a integridade do mundo e o permite ser o que é, sem interferir nele, assim como Deus respeita a liberdade humana e nos permite ser o que somos. A liberdade humana requer que o mundo tenha alguma abertura, o que toma a forma de acaso, nos níveis inferiores, e de escolha, no nível humano. Mas a escolha responsável requer também a legitimidade necessária para que tenhamos alguma idéia das conseqüências prováveis de nossas decisões.

Um fator atraente dessa opção é que ela garante soluções pelo menos parciais para os problemas do sofrimento e da morte, que representaram tão grandes desafios ao argumento clássico do planejamento. A competição e a morte são intrínsecas ao processo evolutivo. Maior sensibilidade e consciência são acompanhadas inevitavelmente de maior dor, que provê um valioso alerta contra perigos exteriores. Minha principal objeção ao deísmo reformulado é a de que ficamos com um Deus remoto e inativo, muito distante do ativo Deus da Bíblia, o qual permanece intimamente envolvido com o mundo e com a vida humana.

Niels Gregersen vai além do deísmo e sugere que Deus *cria continuamente* por meio de sistemas auto-organizados. Ele descreve o trabalho de Prigogine e Kauffman sobre a emergência de novas formas de ordem e complexidade em sistemas não-lineares. Distinguindo entre *causas estruturadoras*, que limitam as possibilidades num dado contexto, e *causas desencadeadoras*, que determinam certos eventos naquele contexto, Gregersen propõe que Deus atua não somente determinando unilateralmente certos eventos, mas também como causa estruturadora, influenciando a gama de possibilidades dentro da qual atuam as criaturas:

> Na minha opinião, falar de Deus estruturando ou reconfigurando o espaço de possibilidades de sistemas autoprodutivos, cada um de uma espécie, só é uma opção para aqueles sistemas que efetivamente revelam mudanças no padrão geral de possibilidades. Esse é o caso, porém, dos sistemas evolutivos (...). De um ponto de vista teológico, esse processo *autônomo* é, ao mesmo tempo, um processo *teônomo* se Deus é o poder estimulante de inspiração que engendra os mais fecundos espaços de possibilidade, nos quais as criaturas vão testando seus caminhos — e que também restringe outros espaços de possibilidade possíveis.[34]

Gregersen sugere que essa concepção é coerente com os comandos divinos no Gênesis: "Produzam as águas répteis animados e viventes (...). Produza a terra animais viventes segundo a sua espécie (...). Crescei e multiplicai-vos." Os autores do Gênesis não tinham, é claro, nenhuma idéia da história evolutiva, mas atribuíram às criaturas um papel ativo no processo de criação. Gregersen nota que um Deus que reconfigura possibilidades não é o soberano onipotente da tradição clássica. Mas ele encontra fundamento bíblico para a idéia de autolimitação divina, que examinaremos mais adiante. O Espírito representa Deus operando na criação, tomando parte e reagindo às alegrias e aos sofrimentos do mundo. Essa concepção difere tanto do Deus monárquico da tradição quanto do Deus inativo do deísmo.

2. Deus como Transmissor de Informações

No Capítulo 4, observamos que a informação é um padrão ordenado que é uma entre muitas seqüências ou estados possíveis de um sistema (de bases de DNA, letras do alfabeto, sons auditivos, dígitos binários ou quaisquer outros elementos combináveis). A informação é comunicada quando um outro sistema (uma célula viva, um leitor, um ouvinte ou um computador, por exemplo) responde seletivamente — ou seja, quando a informação é codificada, emitida e decodificada num contexto de interpretação. Em transmissões de rádio, redes de computador e sistemas biológicos, a comunicação de informações entre dois pontos requer uma absorção física e um gasto de energia. Mas, se Deus é onipresente (o que inclui uma presença em toda parte, no nível micro), nenhuma energia é necessária para a transmissão de informações. Além disso, a realização de determinados resultados, dentre as potencialidades alternativas já presentes no mundo quântico, propaga informações sem qualquer absorção física ou gasto de energia.

John Polkinghorne propõe que a ação de Deus é *"uma entrada de informação pura"*. Na teoria do caos, uma entrada de energia infinitesimalmente pequena produz uma mudança muito grande no sistema. Polkinghorne sugere que, ao imaginar a atuação de Deus, é possível extrapolar a teoria do caos para o caso-limite da energia zero. (É diferente da teoria quântica, na qual realmente existe diferença *zero* de energia entre potencialidades alternativas, de modo que não é necessário extrapolar.) Polkinghorne afirma que a atuação de Deus é uma entrada não-energética de informação, a qual expressa padrões holísticos. A seleção feita por Deus, em meio ao conjunto de possibilidades presentes nos processos caóticos, pode dar origem a estruturas novas e a tipos de ordem que exemplificam princípios sistêmicos de organização de nível superior.[35]

Como observamos antes, a idéia bíblica de Verbo divino, ou *logos*, assemelha-se ao conceito de informação. No pensamento grego, o *logos* era um princípio racional universal, mas o uso bíblico expressava também a interpretação hebraica da Palavra como poder criador. O Verbo, tanto na criação como na redenção, pode ser concebido, de fato, como transmissão de informações de Deus para o mundo. Como no caso das informações genéticas e da linguagem humana, o sentido da mensagem deve ser identificado dentro de um contexto mais amplo de interpretação. O Verbo de Deus, para os seres humanos, preserva a liberdade destes — porque desperta uma resposta, mas sem coação.[36] Sugiro, no entanto, que o *logos* divino não é simplesmente a transmissão de uma mensagem impessoal, uma vez que é inseparável de uma relação pessoal contínua. O *logos* não é uma estrutura de idéias abstratas à maneira das formas eternas de Platão, ou de um programa de computador que existisse independentemente de sua materialização num determinado meio ou sistema de *hardware*. Se acreditamos que um dos propósitos de Deus era criar pessoas capazes de amar e responsáveis, e não simplesmente processadores inteligentes de informações, temos que extrair nossos análogos da comunicação de Deus, em primeiro lugar, da vida humana, e não de códigos genéticos ou programas de computador.

3. A Autolimitação de Deus

Vamos examinar algumas das críticas feitas ao modelo clássico de onipotência divina, primeiro por teólogos e em seguida por cientistas e filósofos. W. H. Vanstone diz que o amor autêntico é sempre acompanhado de vulnerabilidade. Na vida humana, o amor inautêntico busca o controle, como quando a mãe ou o pai possessivo se agarra à criança. O amor autêntico é precário e traz consigo o risco de rejeição. Ele requer envolvimento, e não separação — o que também torna a pessoa vulnerável. O Deus bíblico é afetado pela criação, deliciando-se com sua beleza mas afligindo-se com seus aspectos trágicos. Vanstone diz que não existe um plano predeterminado nem um programa seguro. Em vez disso, há uma "visão que é descoberta em sua própria realização". Vanstone diz que o mal é inevitável no longo processo de criação. Deus precisa esperar pelas respostas da natureza e da humanidade. A natureza não é simplesmente o palco do drama humano; é o resultado de um trabalho de amor e, como tal, merece nossa celebração e nosso cuidado. Vanstone dá continuidade ao antigo tema da *kenosis* (autolimitação divina). Na Encarnação, Deus deixou de lado a onipotência "tomando a forma de servo (...). Humilhou-se a si mesmo, tornando-se obediente até à morte, e morte de cruz" (Flp 2:7-8). Vanstone afirma que a vida e a morte de Jesus Cristo revelam um Deus de amor, que toma parte no sofrimento do mundo.[37]

Keith Ward rejeita a onipotência e auto-suficiência divinas e atribui a Deus *reciprocidade* e *temporalidade*. A criatividade é intrinsecamente temporal, suscetível e contingente. O poder e o conhecimento de Deus são limitados pelo poder e pela liberdade das criaturas. De acordo com Ward, essa é uma autolimitação voluntária, porque Deus poderia destruir ou modificar o mundo a qualquer momento. O acaso, a lei e a pluralidade no mundo criam a possibilidade do conflito e do mal. A sensibilidade torna possíveis a dor e o sofrimento, assim como o prazer e a alegria. Deus prefere o bem e aceita o mal como concomitante. Ward diz que Deus não é nem onipotente nem fraco, mas conduz um processo evolutivo que inclui lei, acaso e emergência de inovação. A natureza e os propósitos de Deus são eternos e imutáveis — mas o conhecimento e a criatividade de Deus são mutáveis.[38]

Em *The Creative Suffering of God* [*O Sofrimento Criador de Deus*], Paul Fiddes é simpático ao pensamento de processo e inspira-se nele amplamente, embora, no fim, acabe por divergir dele. Ele apresenta detalhadas críticas às idéias de imutabilidade, auto-suficiência e atemporalidade divinas, e aceita a concepção de processo a respeito da relacionalidade e temporalidade de Deus. Deus está conosco no sofrimento, mas não é dominado ou derrotado por ele. Mas Fiddes não concorda com o pensamento de processo de que o envolvimento de Deus com o mundo é necessário, ou de que Deus precisa do mundo para realizar-se plenamente. Ele sustenta que Deus escolheu e aceitou livremente a autolimitação em nome da liberdade humana. Fiddes diz que a relacionalidade, a afinidade e a comunidade já estão presentes na vida do Deus trinitário e não precisam de um mundo para se realizar.

Fiddes pergunta como *o sofrimento de Deus nos afeta*. Na morte de Cristo, nós temos uma experiência de julgamento — mas também de uma aceitação que nos habilita a aceitar a verdade sobre nós mesmos. Uma absolvição tão custosa pode ter um efeito transformador. Mas Fiddes afirma que as idéias trinitárias expressam isso melhor: "O pensamento de processo, portanto, indica de maneira válida o poderoso efeito que pode ter, sobre nós, uma troca de sentimentos entre nós e um Deus que sofre; mas acredito que essa idéia pode se consumar melhor com a analogia mais pessoal de Deus apresentada no Trinitarianismo."[39]

Nancey Murphy, teóloga filosófica, e George Ellis, físico teórico, escreveram um livro em co-autoria defendendo uma teologia da *kenosis* que admite tanto a autolimitação divina quanto a humana. Eles sustentam que o amor auto-sacrificial na vida e na morte de Cristo é uma revelação da natureza de Deus, e também provê uma norma ética de não-violência para o cristão de hoje. "A resposta apropriada a um Deus kenótico é uma relação kenótica com Deus e com toda a criação de

Deus."[40] Deus quer nossa resposta livre, como agentes morais, e não nos coage a obedecer. Do mesmo modo, Deus respeita a integridade da ordem criada e não intervém coercitivamente. Murphy e Ellis observam que o processo evolutivo foi lento e doloroso:

> O processo, igualmente, deve refletir um amor não-coercitivo, persuasivo e diligente, em sua totalidade, do princípio ao fim, da última das criaturas de Deus até a mais esplêndida. Assim como o pecado é um subproduto necessário da criação de seres humanos livres e inteligentes, o sofrimento e a desordem são subprodutos necessários de um processo criador não-coercitivo que tem como finalidade o desenvolvimento de seres livres e inteligentes.[41]

Murphy e Ellis sugerem que a presença do *mal* e do *sofrimento*, tão problemática para a concepção clássica da onipotência divina, é mais compreensível se o poder de Deus é autolimitado. A dor, a destruição e a morte são características inevitáveis do processo evolutivo por meio do qual vieram a existir agentes morais livres. Comparado com o modelo monárquico, o modelo kenótico parece estar em melhor harmonia tanto com a mensagem bíblica da cruz quanto com a explicação científica da história evolutiva.

INTEGRAÇÃO

Não há nenhuma fronteira clara entre o Diálogo e a Integração, mas os autores discutidos abaixo buscam uma síntese mais sistemática entre ciência e teologia, e estão dispostos a aceitar reformulações de maior alcance das doutrinas teológicas clássicas a fim de obtê-la. Eles propõem modelos de Deus como determinador de indeterminações e como causa descendente. Veremos, por fim, a asserção de que a filosofia de processo oferece uma metafísica coerente para a integração do pensamento científico e religioso.

1. Deus como Determinador de Indeterminações

No Capítulo 3, argumentei que as incertezas nas previsões da teoria quântica refletem a indeterminação da própria natureza, e não uma incompletude da teoria atual. Nessa interpretação, existe uma *gama de possibilidades* presente no mundo. Os eventos quânticos têm causas físicas necessárias, mas não suficientes. Se não são completamente determinados por relações descritas pelas leis da física, talvez sua determinação final seja feita diretamente por Deus. Aquilo que parece devido ao acaso — que os ateus adotam como um argumento contra o teísmo — pode ser exatamente o ponto em que Deus atua.

Esses autores que utilizam a teoria quântica para fins teológicos não estão apresentando nenhuma nova forma de *teologia natural,* em que as provas científicas são usadas como argumentos em favor do teísmo. Eles estão propondo modos pelos quais um Deus que é aceito em outras bases (como a experiência religiosa de uma comunidade histórica de interpretação) possa ser repensado como atuando na natureza. Denominei esse tipo de abordagem *teologia da natureza,* em vez de teologia natural.

Aqueles que preferem essa abordagem acreditam que a soberania divina é preservada, porque Deus *controla providencialmente* os eventos que nos parecem devidos ao acaso. Não é preciso nenhuma entrada de energia, uma vez que as potencialidades alternativas num estado quântico têm a mesma energia. Deus não precisa intervir como uma força física impulsionando elétrons; mas pode, em vez disso, converter em ato uma das várias potencialidades já presentes — determinando, por exemplo, o instante em que decai um determinado átomo radioativo.[42]

Em determinadas condições, os efeitos de diferenças muito pequenas no nível micro ampliam-se enormemente nos *fenômenos de larga escala.* Na termodinâmica não-linear e na teoria do caos, uma mudança inicial infinitesimal pode produzir mudanças drásticas no sistema maior. Semelhantes efeitos de desencadeamento podem ocorrer, hoje, nas mutações evolutivas e em sistemas genéticos e neurais. A pesquisa científica identifica apenas lei e acaso, mas talvez, no conhecimento de Deus, todos os eventos estejam previstos e predeterminados por uma combinação entre lei e ação divina específica. Como a ação de Deus seria cientificamente indetectável, a ciência não poderia prová-la nem refutá-la. Isso excluiria qualquer prova da ação de Deus do gênero pretendido pela teologia natural, mas não a possibilidade de se afirmar a ação de Deus, com outros fundamentos, numa mais ampla teologia da natureza.

Se presumirmos que *Deus controla todas as indeterminações,* podemos preservar a idéia tradicional de predestinação. Isso seria um determinismo teológico, e não físico; mas, em ambos os casos, nada acontece por acaso. No entanto, os problemas do sofrimento e da liberdade humana continuariam acentuados. Nancey Murphy propôs que Deus determina todas as indeterminações quânticas, mas providencia para que normalmente resultem regularidades semelhantes a leis naturais — de maneira a possibilitar as estruturas estáveis e a investigação científica e assegurar que as ações humanas tenham conseqüências confiáveis, de modo que as escolhas morais sejam possíveis. Relações sob a forma de ordem não limitam a Deus, uma vez que se incluem nos desígnios divinos. Murphy afirma que, na vida humana, Deus age tanto no nível quântico como nos níveis superiores da atividade mental, mas o faz de modo que a liberdade humana não seja violada.[43]

Uma alternativa seria dizer que, enquanto a maioria dos eventos quânticos ocorre por acaso, Deus influencia *certos eventos quânticos* sem violar as leis estatísticas da física quântica. Discuti a versão de Robert Russell dessa proposta no fim do Capítulo 3, e uma concepção similar foi defendida por George Ellis e Thomas Tracy.[44] Suas idéias não estão em conflito com as provas científicas. Uma possível objeção a esse modelo seria a de que ele presume uma *causalidade ascendente* na natureza uma vez ocorrida a ação de Deus, o que parece admitir a alegação reducionista de que o comportamento de todos os seres é determinado por suas menores partes (ou pelos níveis mais inferiores). A ação seria de baixo para cima, mesmo se presumíssemos que as intenções de Deus dirigiam-se ao todo maior (ou aos níveis superiores) afetado por esses eventos quânticos. No entanto, a maioria desses autores admite também uma ação de Deus em níveis superiores, o que resulta, assim, numa influência descendente sobre os níveis inferiores, além dos efeitos quânticos de baixo para cima.

2. Deus como Causa Descendente

No Capítulo 4, examinamos a tese de que, no mundo biológico, as atividades em níveis superiores exercem uma *influência causal descendente* sobre os processos de níveis inferiores, sem violar as leis destes. No Capítulo 5, defendi uma concepção da pessoa em múltiplos níveis, em que os eventos mentais são considerados inseparáveis dos processos neurais, embora os influenciem em termos causais. Pode-se expandir a idéia de níveis de realidade para conceber Deus atuando de um nível ainda mais superior às interações na natureza.

Arthur Peacocke afirma que Deus exerce uma *causalidade descendente* sobre o mundo. A ação de Deus é, para as relações nos níveis inferiores, uma condição limitativa ou restrição que não viola as leis desses níveis. De modo geral, as condições limitativas podem ser introduzidas não apenas como limites espaciais ou temporais de um sistema, mas também internamente, por meio de qualquer outra especificação adicional permitida pelas leis de nível inferior. Nos seres humanos, Deus poderia influenciar o mais alto nível de evolução, que é o da atividade mental, e com isso alterar as redes neurais e os neurônios do cérebro.[45] Peacocke sustenta que a ação divina se realiza dos humanos para baixo, na hierarquia dos níveis naturais, em relação aos quais nós temos pelo menos alguma compreensão das relações entre níveis adjacentes. Ele apresenta uma tabela onde aparece uma hierarquia de disciplinas acadêmicas — das ciências físicas às humanidades — que estudam níveis cada vez mais elevados, com algumas disciplinas adicionais que tratam de questões interníveis.[46] Sua utilização da causalidade descendente me parece mais problemática, no caso da ação divina sobre a matéria inanimada; teríamos que presumir uma influência direta entre o nível mais alto e o mais baixo, na ausência de níveis intermediários — e, para isso, não existe nenhuma analogia na ordem natural.

Peacocke sugere que os desígnios de Deus se comunicam por meio do *padrão dos eventos* no mundo. Podemos ver a história evolutiva como ação de um agente que expressa intenções, mas não segue um plano predeterminado exato. Além disso, diz ele, Deus influencia nossas lembranças, imagens e conceitos, assim como nossos pensamentos influenciam a atividade dos neurônios. Peacocke defende que Cristo foi uma pessoa poderosamente movida por Deus e um veículo singularmente eficaz da auto-expressão divina — de modo que, em Cristo, os desígnios de Deus se revelam mais claramente do que na natureza ou em qualquer outro momento da história.[47]

Philip Clayton defende a causalidade descendente nos efeitos dos eventos mentais em padrões neuronais, observando que as idéias podem provocar mudanças no cérebro e em nosso comportamento. Apesar disso, ele reconhece plenamente que os eventos mentais dependem de eventos físicos, como entende a neurociência. Ele faz uma cuidadosa análise da emergência de fenômenos de nível superior a partir de componentes físicos; e denomina essa concepção *monismo emergente*. Emprega a relação mente/corpo como analogia da relação de Deus com o mundo, o que denomina *panenteísmo*. Enquanto o panteísmo identifica Deus com o mundo, e o teísmo enfatiza a transcendência e a separação entre Deus e o mundo, o panenteísmo afirma que o mundo está em Deus, mas Deus é mais do que o mundo. Deus inclui o mundo, mas não se esgota nele. Essa concepção representa um equilíbrio entre imanência e transcendência. "De acordo com o panenteísmo que defendo, Deus pode agir sobre qualquer parte do mundo de um modo semelhante ao de nossa ação em nosso corpo. Ao mesmo tempo, Deus também transcende o mundo, e vai existir muito tempo depois do fim do Universo físico."[48] O panenteísmo adota metáforas espaciais para distinguir Deus do mundo, mas Clayton insiste que o importante não são as distinções espaciais, mas os contrastes entre existência necessária *versus* existência contingente e ser perfeito *versus* ser imperfeito.

Intimamente aparentada ao panenteísmo é a analogia do *mundo como corpo de Deus*. Grace Jantzen começa defendendo uma interpretação holística da pessoa humana como unidade psicossomática, citando apoio na Bíblia e na psicologia e filosofia recentes. Ela rejeita o dualismo mente/corpo clássico, com sua desvalorização da matéria e do corpo. Jantzen pensa que a concepção clássica de Deus como um espírito sem corpo é produto do platonismo cristão, que opunha as formas eternas ao domínio inferior da matéria temporal e concluía que Deus é imutável e, portanto, imaterial. Mas alguns padres da Igreja, como Tertuliano, aceitavam a afirmação estóica de que Deus tem corpo, embora rejeitassem o determinismo e o panteísmo dos estóicos.

Jantzen reconhece que há diferenças significativas entre Deus e as pessoas humanas, mas sugere que isso pode ser mais bem expresso como uma *corporeidade perfeita de Deus*, e não como incorporeidade. Temos consciência direta dos nossos pensamentos, sensações e vários eventos em nosso corpo, mas há muita coisa acontecendo no nosso corpo que não sabemos (os processos dos nossos órgãos internos, por exemplo). Deus, ao contrário, tem conhecimento direto e imediato de todos os eventos do cosmos. Deus, enquanto onipresente, conhece de todos os pontos de vista, e não de uma perspectiva limitada como a nossa. Com tal imediatez, Deus não precisa de um análogo do sistema nervoso. Novamente, nós só podemos influenciar direta e intencionalmente um campo limitado de ações do nosso corpo; mas boa parte do que acontece, como o batimento de nosso coração, é involuntário. Deus, no entanto, é o agente universal para quem todos os eventos são ações básicas, mesmo que algumas sejam mais significativas e reveladoras do que outras.[49]

Embora Deus esteja livre de muitas das limitações impostas pelo corpo humano, a presença de um corpo, qualquer que seja, sempre impõe limitações. Mas Jantzen sustenta que, no caso de Deus, são *autolimitações* voluntárias. Deus é sempre corpóreo, mas tem a opção de escolher os detalhes do corpo, o que nós não temos. Sempre existiu um Universo, mas a sua forma atual é uma auto-expressão voluntária. Deus poderia erradicar o Universo atual e engendrar alguma coisa diferente; Deus poderia existir sem este mundo, mas não sem um mundo qualquer. Deus concedeu voluntariamente às criaturas uma considerável independência e autonomia. Jantzen, aqui, assemelha-se aos defensores da autolimitação de Deus discutidos anteriormente, embora se afaste deles ao dizer que Deus e o mundo são "uma só realidade". Ela afirma, porém, que Deus transcende o mundo, exatamente como se pode dizer, rejeitando o reducionismo mecanicista, que a pessoa transcende os processos físicos. Ela sugere também que a idéia do mundo como corpo de Deus nos levaria a respeitar a natureza e estimularia a responsabilidade ecológica. Assim como Peacocke e Clayton, ela se inspira tanto na tradição cristã quanto na ciência atual (principalmente na biologia e na psicologia) para sua reformulação da concepção clássica das relações de Deus com o mundo.

3. Teologia de Processo

A concepção de processo de todos os seres como momentos de uma experiência ao menos rudimentar foi apresentada nos Capítulos 4 e 5. A experiência humana tal como conhecida desde dentro é o ponto de partida dessa análise; postula-se uma interioridade semelhante, sob formas muito mais simples, nas entidades unificadas de níveis inferiores (embora não nos objetos inanimados, como as pedras, ou agregados, como as plantas, em que falta essa unidade). Uma entidade unificada, em qualquer nível, contribui com algo de próprio no modo como se apropria do seu passado, relaciona-se às várias possibilidades e produz uma nova síntese não estritamente dedutível das antecedentes. O pensamento de processo admite diversos tipos de causalidade, nenhum dos quais coercitivo ou totalmente determinante. Cada nova ocorrência pode ser vista como uma resposta presente (autocausa) a eventos passados (causa eficiente) nos termos das potencialidades compreendidas (causa final).

Whitehead atribui a Deus a ordenação das potencialidades. Deus, como *fundamento primordial da ordem*, estrutura as formas potenciais de relação antes que elas se convertam em ato. Nessa função, Deus parece um princípio abstrato e impessoal. Mas Deus é também o *fundamento da inovação*, apresentando novas possibilidades em que as alternativas estão em aberto. Deus provoca a autocriação das entidades individuais, permitindo criatividade, tanto quanto estrutura. Ao valorizar determinadas potencialidades às quais determinadas criaturas podem responder, Deus influencia o mundo sem determiná-lo. Deus atua ao ser experimentado pelo mundo, influenciando o desenvolvimento dos momentos sucessivos. Mas Deus nunca determina o resultado dos eventos nem viola a autocriação de nenhum ser. Todo ente é o produto conjunto de causas passadas, de desígnios divinos e da própria atividade do novo ente.[50]

De acordo com Whitehead, Deus é *influenciado pelos eventos do mundo*. As categorias centrais da filosofia de processo (temporalidade, interação, relacionalidade mútua) aplicam-se também a Deus. Deus é temporal no sentido de que a experiência divina muda conforme o que recebe do mundo e o que dá a ele. Os desígnios e o caráter de Deus são eternos, mas o conhecimento que Deus tem dos eventos muda conforme eles ocorrem. Deus influencia as criaturas fazendo parte dos dados a que elas respondem. Deus é supremamente sensível ao mundo, e complementa suas realizações vendo-as em relação às fontes infinitas de formas potenciais e devolvendo ao mundo um objetivo específico e relevante.

Whitehead foi, em primeiro lugar, um filósofo, embora seus interesses fossem amplos. Diversos teólogos têm adotado as categorias de processo na reformulação de crenças especificamente cristãs no mundo contemporâneo. John Cobb e David Griffin expressam o caráter bipolar do teísmo de processo referindo-se a Deus como *amor criativo-suscetível*.

Como *criativo*, Deus é a fonte primordial de ordem e de inovação, a qual pode ser identificada com o conceito bíblico do *logos* como princípio racional e Verbo divino. Como *suscetível*, Deus é temporal e influenciado pelo mundo. A concepção de processo admite determinadas iniciativas divinas. Se Deus fornece possibilidades específicas para cada novo ser, nenhum evento é inteiramente ato de Deus, mas todo evento é ato de Deus até certo ponto. Existe, portanto, uma semelhança estrutural entre as ações de Deus na vida não-humana e na vida humana, mas também existem diferenças importantes. O *modus operandi* básico de Deus é o mesmo em toda parte, mas as conseqüências variam amplamente entre os níveis de ser.[51]

Na *esfera humana*, de acordo com Cobb e Griffin, Deus utiliza como base o passado, inclusive as tradições culturais existentes, e sempre depende de reações livres dos indivíduos e das comunidades. Deus ama a todos igualmente, embora esse amor possa se revelar numa tradição, ou numa pessoa, de modo mais decisivo do que em outra. Deus chama a todos, mas as pessoas reagem de diversas maneiras. Algumas experiências da graça de Deus podem ser sentidas com um poder excepcional, e alguns indivíduos podem se comprometer de modo incomum com a realização da vontade de Deus. Os teólogos de processo conciliam a atuação de Deus na natureza, na experiência religiosa e em Cristo adotando um conjunto comum de conceitos, ao mesmo tempo em que reconhecem os traços específicos de cada uma dessas atuações. A criação contínua e a redenção são apresentadas num quadro conceitual único.

Cobb e Griffin podem, assim, referir-se a *Cristo como ato supremo de Deus*. Em Israel já existia uma tradição de iniciativa divina e reação humana, e essa tradição poderia prosseguir. A mensagem e a vida de Cristo enraizavam-se nesse passado e nos novos planos de Deus para ele — e ele expressou de modo poderoso os desígnios e o amor de Deus. Cristo pode ser encarado como encarnação do *logos*, da fonte universal de ordem, inovação e transformação criadora, onde quer que ocorram. Em Cristo, vemos uma instância específica e crucial de uma ação divina mais genérica. Mas a livre decisão e a fiel resposta de Cristo também foram necessárias para realizar os planos de Deus para ele, de modo que a humanidade completa de Cristo não foi comprometida. Cristo estava sujeito às mesmas condições e limitações das outras pessoas, mas ele foi único na satisfação dos planos de Deus para ele e na execução desses planos. Não foi uma intromissão descontínua e coercitiva de fora para dentro, mas a instância decisiva da presença criadora de Deus por todo o mundo; ele é, assim, nossa pista dessa presença maior. Observando a vida de Cristo e sua visão de Deus revelando a natureza da realidade, podemos estar abertos ao poder da transformação criadora na nossa própria vida.[52]

Proponho que é na idéia bíblica de *Espírito* que vamos encontrar o paralelo mais próximo da concepção de processo da presença de Deus no mundo. Vimos que, na Bíblia, o Espírito era associado com a criação inicial e com a criação contínua das criaturas. "Se envias o teu espírito, são criados" (Sl 104:30). O Espírito inspirou os profetas e está presente no culto e na prece: "não retires de mim o teu espírito santo" (Sl 51:11). Cristo recebeu o Espírito em seu batismo (Mc 1:10), e a primeira comunidade o recebeu no Pentecostes (At 2). Podemos reconhecer a atuação específica de Deus na vida de Cristo e na experiência religiosa dentro do contexto da atuação de Deus na natureza. Podemos também crer que Deus, como Espírito, opera em outras tradições religiosas.

Assim, o pensamento de processo oferece soluções específicas para cada um dos seis problemas do clássico modelo monárquico delineado anteriormente.

1. *Um Mundo em Evolução*. O pensamento de processo está em sintonia com a concepção evolucionista da natureza como um processo dinâmico de devir, sempre mudando e se desenvolvendo, de caráter radicalmente temporal. Este é um cosmos incompleto, ainda vindo a ser. A evolução é um processo criador cujo resultado não é previsível. A realidade tem múltiplos níveis, com os mais complexos erigidos sobre os mais simples; pode-se entender por que precisou ser um processo tão longo e demorado, uma vez que o papel de Deus foi de evocação, e não de controle. Fundamental também, para o pensamento de processo, é o reconhecimento da interdependência ecológica de todos os seres. Não existe, aqui, dualismo entre corpo e alma, nem separação nítida entre o humano e o não-humano. Evita-se o antropocentrismo, pois a humanidade é vista como parte da comunidade de vida, semelhante a outros seres, a despeito das características especifica-

mente humanas. Todas as criaturas são intrinsecamente valiosas, porque cada uma delas é um centro de experiência — mesmo havendo enormes gradações de complexidade e intensidade da experiência. Além disso, ao equilibrar imanência e transcendência, o pensamento de processo estimula um respeito pela natureza.

2. *Lei e Acaso na Natureza*. No modelo monárquico, qualquer elemento de acaso é uma ameaça ao controle divino; o que parece acaso para nós é, na verdade, determinado por Deus. O pensamento de processo se distingue por afirmar a indeterminação entre seus postulados básicos. Ele afirma a existência tanto de ordem como de abertura na natureza. Aqui, interpreta-se o propósito divino como dotado de objetivos imutáveis, mas sem um plano eterno detalhado; Deus reage ao imprevisível. O pensamento de processo reconhece possibilidades alternativas, potencialidades que podem ou não se realizar. Há várias influências sobre o resultado de um evento, e nenhuma delas o determina de modo absoluto.
3. *Liberdade Humana*. A experiência humana é o ponto a partir do qual o pensamento de processo generaliza e extrapola para desenvolver um conjunto de categorias filosóficas exemplificadas por todos os entes. A autocriatividade se dá no presente momentâneo de cada ser. Não surpreende, portanto, que o pensamento de processo não encontre dificuldade para defender a liberdade humana em relação tanto a Deus quanto às causas do passado. A onipotência e a predestinação, em particular, são rechaçadas em favor de um Deus de persuasão, cujas realizações no mundo dependem sempre da resposta dos outros seres. O teísmo de processo endossa fortemente nossa responsabilidade de trabalhar criativamente em prol dos desígnios de Deus, ao mesmo tempo em que reconhece a fragilidade humana e as limitações impostas pelas estruturas biológicas e sociais herdadas do passado. Fazemos parte de um Universo inacabado e da obra contínua de Deus. Deus nos chama para a liberdade, a justiça e o amor. O tempo, a história e a natureza devem ser afirmadas, pois é aqui que os desígnios de Deus podem ser cumpridos.
4. *Mal e Sofrimento*. O pecado humano pode ser interpretado como produto da liberdade e insegurança humanas. O sofrimento, no mundo humano e não-humano, não é mais uma punição divina

pelo pecado, nem uma anomalia inexplicável. Maior consciência e intensidade de experiência são inevitavelmente acompanhadas da capacidade para a dor. Maior capacidade de ferir os outros acompanha as novas formas de interdependência presentes nos níveis superiores de vida. Num mundo em evolução, a luta, a morte e os objetivos conflitantes são parte integrante da realização de um valor maior. Reconhecendo a limitação do poder divino, nós evitamos responsabilizar Deus por determinadas formas de mal e de sofrimento. No lugar do Deus julgador, que outorga punições retributivas, temos um Deus amigo, junto de nós no sofrimento e trabalhando conosco para mitigá-lo.

5. *Atributos "Masculinos" e "Femininos"*. A idéia clássica de Deus era pesadamente carregada com o que nossa cultura concebe como virtudes "masculinas": poder, racionalidade, independência e impassibilidade. Por contraste, os pensadores de processo atribuem a Deus o que a nossa cultura encara como virtudes "femininas": cuidado, sensibilidade, interdependência e suscetibilidade. Esses autores referem-se à ternura, à paciência e ao amor suscetível de Deus. A típica imagem masculina de controle e auto-suficiência é rejeitada em prol de imagens de participação, educação e cooperação. Ao reagir contra o modelo monárquico de poder divino, os pensadores de processo podem parecer, às vezes, enfraquecer Deus; mas, na verdade, eles estão indicando formas alternativas de poder, tanto em Deus como na vida humana. O poder enquanto controle é um jogo de soma zero: quanto mais uma das partes tem, menos a outra pode ter. O poder enquanto delegação é um jogo de soma positiva, no qual ambas as partes podem se beneficiar. Ao retratar tanto virtudes divinas como humanas, o pensamento de processo integra os atributos masculinos e femininos numa nova forma.
6. *Diálogo Inter-religioso*. Em contraste com as reivindicações exclusivistas da revelação no teísmo clássico, o pensamento de processo nos permite reconhecer que a presença criadora de Deus opera em todos os pontos da natureza e da história. Mas ele nos permite também falar da particularidade das iniciativas divinas em tradições específicas e na vida e na experiência de pessoas específicas. Diferentemente do deísmo, advoga a idéia de uma

ação permanente de Deus no mundo — incluindo ações sob circunstâncias especiais que revelam os desígnios de Deus com profundidade e clareza excepcionais. Esse quadro ofereceria um estímulo à via do diálogo entre as religiões mundiais, como alternativa tanto à militância do absolutismo quanto à imprecisão do relativismo. Podemos aceitar nosso enraizamento numa determinada comunidade e permanecer, ainda assim, abertos à experiência de outras comunidades.

Em resumo, acredito que o Diálogo e a Integração são meios mais promissores de relacionar idéias científicas e religiosas do que o Conflito ou a Independência. Em resposta aos problemas postos pelo modelo monárquico de Deus, vejo excitantes possibilidades novas no uso de idéias específicas da ciência recente para se conceber Deus como planejador e mantenedor de um processo auto-organizado e como transmissor de informações. Simpatizo com o tema da autolimitação de Deus. Admiro também o desenvolvimento mais sistemático das idéias de Deus como determinador de indeterminações quânticas e como causa descendente. Por fim, considero os conceitos da filosofia de processo particularmente úteis, mas estou ciente de que um só conjunto coerente de categorias filosóficas pode não dar conta da rica diversidade da experiência humana.

Todos os modelos são limitados e parciais, e nenhum deles fornece uma representação completa ou suficiente da realidade. O mundo é diversificado, e diferentes aspectos dele podem ser mais bem representados por um modelo do que por outro. A relação de Deus com as pessoas difere da relação de Deus com objetos impessoais, como as estrelas ou as pedras. A busca de coerência não deve nos levar a descuidar dessas diferenças. Além disso, o uso de diversos modelos pode nos resguardar da idolatria que ocorre quando interpretamos um modelo único de Deus de maneira demasiado literal. É somente no culto que podemos reconhecer o mistério de Deus e as pretensões de qualquer sistema de pensamento que alegue haver descoberto os caminhos de Deus.

Notas

1. Étienne Gilson, *The Christian Philosophy of Thomas Aquinas* (Nova York: Random House, 1956).
2. Dante Alighieri, *Paraíso*, canto 33.
3. Sigmund Freud, *The Future of An Illusion* (Nova York: Doubleday, 1957).
4. Peter Atkins, "The Limitless Power of Science", *in Nature's Imagination*, org. John Cornwell (Oxford: Oxford University Press, 1995), p. 127.
5. Peter Atkins, *Creation Revisited* (Oxford e Nova York: Freeman, 1992), p. 157.
6. Atkins, "The Limitless Power of Science", pp. 129, 132.
7. Richard Dawkins, *Climbing Mount Improbable* (Nova York: Norton, 1996).
8. Richard Dawkins, *in Growing Up in the Universe: BBC Study Guide to the Christmas Lectures* (Londres: BBC Education, 1991), p. 21.
9. Richard Dawkins, "A Reply to Poole", *Science e Christian Belief* 7 (1994): 62.
10. Richard Dawkins, "Is Science a Religion?", *The Humanist* 56 (jan./fev. 1997): 26, 27.
11. Edward O. Wilson, *Consilience: The Unity of Knowledge* (Nova York: Knopf, 1998), pp. 266, 267.
12. Dale Jamieson, "Cheerleading for Science", *Issues in Science and Technology* 15, nº 1 (outono de 1998): 90.
13. Wilson, *Consilience*, p. 259.
14. Wilson, *Consilience*, p. 265.
15. Ralph Wendell Burhoe, "War, Peace, and Religion's Biocultural Evolution", *Zygon* 21 (1986): 439-72.
16. Ralph Wendell Burhoe, *Towards a Scientific Theology* (Belfast: Christian Journals, 1981), p. 21.
17. Ralph Wendell Burhoe, "The Human Prospect and 'The Lord of History'", *Zygon* 10 (1975): 367; ver também, do mesmo autor, "Natural Selection and God", *Zygon* 7 (1972): 30-63.
18. Ver as críticas a Burhoe de autoria de Joel Haugen e Hubert Meisinger *in Zygon* 30 (1995): 553-72, 573-90, e de Karl Peters e Willem Drees *in Zygon* 33 (1998): 313-21, 489-95. Ver também David Breed, *Yoking Science and Religion: The Life and Thought of Ralph Wendell Burhoe* (Chicago: Zygon Books, 1992).
19. Willem Drees, *Religion, Science, and Naturalism* (Cambridge: Cambridge University Press, 1996), p. 12.
20. Drees, *Religion, Science, and Naturalism*, p. 251.
21. Willem Drees, "The Significance of Scientific Images: A Naturalistic Stance", *in Rethinking Theology and Science*, org. Niels Gregersen e J. Wentzel van Huyssteen (Grand Rapids: Eerdmans, 1998), p. 112.
22. Willem Drees, "Should Religious Naturalists Promote a Naturalistic Religion?", *Zygon* 33 (1998): 617.
23. David Griffin, "A Richer or a Poorer Naturalism? A Critique of Willem Drees's *Religion, Science, and Naturalism*", *Zygon* 32 (1997): 595.

24. Étienne Gilson, "The Corporeal World and the Efficacy of a Second Cause", *in God's Activity in the World*, org. Owen Thomas (Chico, CA: Scholars Press, 1983).
25. Karl Barth, *Church Dogmatics*, vol. 3, parte 3 (Edimburgo: Clark, 1958), p. 148.
26. *Ibid.*, pp. 42, 94, 106 e 113.
27. Austin Farrer, *A Science of God?* (Londres: Geoffrey Bles, 1966), pp. 76, 90.
29. Thomas Tracy, "Narrative Theology and the Acts of God", *in Divine Action: Studies Inspired by the Philosophical Theology of Austin Farrer*, org. Brian Hebblethwaite e Edward Henderson (Edimburgo: Clark, 1990).
29. Thomas Tracy, "Divine Action, Created Causes, and Human Freedom", *in The God Who Acts: Philosophical and Theological Explorations*, org. Thomas Tracy (University Park: Pennsylvania State University Press, 1994).
30. Alan White, org., *The Philosophy of Action* (Oxford: Oxford University Press, 1968).
31. John J. Compton, "Science and God's Action in Nature", *in Earth Might Be Fair*, org. Ian G. Barbour (Englewood Cliffs, NJ: Prentice-Hall, 1972), p. 39.
32. Fraser Watts, "Brain, Mind, and Soul", *in Science Meets Faith: Theology and Science in Conversation*, org. Fraser Watts (Londres: SPCK, 1998), p. 66.
33. Paul Davies, *The Mind of God: The Scientific Basis for a Rational World* (Nova York: Simon & Schuster, 1992).
34. Niels Henrik Gregersen, "The Idea of Creation and the Theory of Autopoietic Processes", *Zygon* 33 (1998): 359, 360.
35. John Polkinghorne, *Reason and Reality* (Filadélfia: Trinity International Press, 1991), cap. 3; ver também, do mesmo autor, *The Faith of a Physicist* (Princeton, NJ: Princeton University Press, 1994), pp. 77-78.
36. John Puddefoot, "Information Theory, Biology, and Christology", *in Religion and Science: History, Method, Dialogue*, org. W. Mark Richardson e Wesley J. Wildman (Nova York: Routledge, 1996).
37. W. H. Vanstone, *Love's Endeavor, Love's Expense* (Londres: Dartmon, Longman, & Todd, 1977).
38. Keith Ward, *Rational Theology and the Creativity of God* (Oxford: Blackwell, 1982); ver também, do mesmo autor, *God, Chance, and Necessity* (Oxford: One World Publications, 1996).
39. Paul Fiddes, *The Creative Suffering of God* (Oxford: Clarendon Press, 1988), p. 157.
40. Nancey Murphy e George Ellis, *On the Moral Nature of the Universe: Theology, Cosmology, and Ethics* (Minneapolis: Fortress Press, 1996), p. 196.
41. Murphy e Ellis, *On the Moral Nature of the Universe*, p. 247.
42. William Pollard, *Chance and Providence* (Nova York: Scribner, 1958).
43. Nancey Murphy, "Divine Action in the Natural Order: Buridan's Ass and Schrödinger's Cat", *in Chaos e Complexity: Scientific Perspectives on Divine Action*, org. Robert John Russell, Nancey Murphy e Arthur R. Peacocke (Roma: Vatican Observatory e Berkeley, CA: Center for Theology and the Natural Sciences, 1995).

44. Ver os capítulos de autoria de George Ellis e Thomas Tracy *in Chaos and Complexity*.
45. Arthur Peacocke, *Theology for a Scientific Age*, ed. ampliada (Minneapolis: Fortress Press, 1993), cap. 3; ver também, do mesmo autor, "God's Interaction with the World", *in Chaos e Complexity*.
46. Peacocke, *Theology for a Scientific Age*, p. 217.
47. *Ibid.*, cap. 9.
48. Philip Clayton, *God and Contemporary Science* (Grand Rapids: Eerdmans, 1997), p. 264.
49. Grace Jantzen, *God's World, God's Body* (Filadélfia: Westminster Press, 1984).
50. Ver Barbour, *Religion e Science: Historical and Contemporary Issues* (San Francisco: HarperSanFrancisco, 1997), cap. 11.
51. John B. Cobb e David Ray Griffin, *Process Theology: An Introduction* (Filadélfia: Westminster Press, 1976), cap. 3.
52. Cobb e Griffin, *Process Theology*, cap. 6.